【二訂版】

フローチャート印紙税

図解による印紙税課否判定

税理士・司法書士 内川 毅彦【著】

法令出版

二訂版発刊に当たって

　本書の初版発刊から５年が経過しました。

　この間に民法、商法などの改正がありましたので、それに合わせて細部を見直すと共にＢ５版にサイズアップしてフローチャートの視認性を高めました。

　電子契約の普及が著しい昨今ですが、重要文書を書面化して残すニーズや、作業現場での手書き伝票、メモ類は依然として存在しています。そのような状況においては、印紙税の観点からそのポイントを簡便に参照できる意義がありますので、ここに二訂版を発刊することにしました。

　二訂版の出版にあたっても、法令出版編集部の下島克仁氏にはひとかたならぬお世話になりました。この場を借りてお礼申し上げます。

令和５年10月

内川　毅彦

初版　はじめに

　印紙税の課否判定については、作成される文書がどの号別の課税文書に該当するのか、印紙税法の課税物件表の第1号から第20号までの当てはめを行い得られる回答に、100％の確信を持てない、といった不安の声を聞くことがあります。

　この課税物件表に掲載された文書の名称・内容が、判断しようとする文書と一致する場合は簡単ですが、実際に作成される文書の名称・内容や取引対象は無数に存在するため、課税物件表の物件名や定義だけで課否を絞り込むことにはある程度の困難を伴い、基本通達等を参照したとしても、その当てはめに悩むことが多いと思われます。

　一方、課税物件表に載っていない文書（いわゆる不課税文書）の判断についても、上記の当てはめの作業過程を経なければ不課税文書であるとの判断はできないことから、このような文書なども含めるとますます判断対象となる文書は広がり、その課否判定も煩瑣なものとなるのかもしれません。

　また、課税事項を複数有する文書などは、含まれる課税事項の組合せ次第で、あるいは記載金額の有無などによって最終的な文書の所属が決定されるため、そのルールの適用を誤ると、誤った税額を納付してしまうことにもなりかねません。

　以上述べたように、一般的に印紙税の課否判定は分かりづらくて煩瑣なもの、といわれています。しかしながら、その複雑性・困難性は、実はポイントを絞らずに漫然と課税要件の当てはめをしていることに原因があるとも思われます。

本書では、本編に入る前に課税物件表の文書の形態に着目し、その形態ごとに文書を振り分け、次に各課税文書のポイントを絞り込むために必要な判断過程をフローチャートにしました。

　最も基本的で重要なことですが、印紙税は文書課税です。そこに書かれている内容を法的に解釈するというよりは、どのような文言が記載されているかを基準に判断することが重要です。ある文言の有る無しによって印紙税がかかったりかからなかったり、あるいは、文言の記載ぶりによって税額に差が出たりもします。

　まず、文書を見て、そこに書かれている文言、又は書こうとする文言の中からキーとなる文言を探す。そして、その「文言」を基に要件の当てはめを行う、という作業を行う必要があります。

　印紙税の課否判定は、このように類型ごとに振り分けてポイント・キーワードを絞り、ルールを当てはめていくという作業過程を経ますので、フローチャートによる整理・絞込みは有効であると考えます。

　本書を印紙税課否判定の手引書としてご活用していただくことで、日常の作成文書の課否判定を正確にまた要領よく行っていただく一助となれば幸いです。

　本書の出版に当たり、法令出版編集部の下島克仁氏にはひとかたならぬお世話になりました。この場を借りて御礼申し上げます。

平成30年8月

内川　毅彦

目　次

第18号文書	預貯金通帳、信託行為に関する通帳、銀行若しくは無尽会社の作成する掛金通帳、生命保険会社の作成する保険料通帳又は生命共済の掛金通帳	236

第19号文書	第1号、第2号、第14号又は第17号に掲げる文書により証されるべき事項を付け込んで証明する目的をもって作成する通帳（第18号の通帳を除く。）	241

第20号文書	判取帳	245

第7章　契約書の「重要な事項」

1	第1号の1文書	不動産、鉱業権、無体財産権、船舶若しくは航空機又は営業の譲渡に関する契約書	303
	第1号の2文書のうち右に掲げる文書	地上権又は土地の賃借権の譲渡に関する契約書	
	第15号文書のうち右に掲げる文書	債権譲渡に関する契約書	

2	第1号の2文書のうち右に掲げる文書	地上権又は土地の賃借権の設定に関する契約書	306

3	第1号の3文書	消費貸借に関する契約書	308

4	第1号の4文書	運送に関する契約書（傭船契約書を含む。）	310
	第2号文書	請負に関する契約書	

5	第7号文書（令26一）	令第26条第1号の継続的取引の基本となる契約書	313

6	第7号文書（令26二）	令第26条第2号の継続的取引の基本となる契約書	317

付　録

凡　例

　本文で用いた法令等の略称は、次のとおりです。

法	印紙税法
通則	印紙税法別表第1「課税物件表の適用に関する通則」
課税物件表	印紙税法別表第1「課税物件表」
令	印紙税法施行令
基達	印紙税法基本通達
旧法	改正法施行（平成元年4月1日）前の印紙税法
旧通達	平成元年4月1日に改正される前の印紙税法基本通達
第○号文書	印紙税法別表第1「課税物件表」の「番号」の文書

序 章

本書の活用法
～課否判定のプロセス～

1　課否判定のプロセス

　実際の印紙税の課否判定においては、①課税対象外かどうかの判断（不課税判定）、②課税物件表の定義・要件の判断（要件判定）、③各号への文書の所属の決定判断（号別判定）、及び④非課税要件の該当性判断（非課税判定）など㊟が混然と行われていて、課否判定をいたずらに複雑にしているという傾向が見られます。

　㊟　ほかに一部の課税文書には記載金額による税額判断などもあります。

　このような課否判定の複雑さを少しでも解消するために、本書で提供する判断項目の整理と絞り込みのプロセスを次に概観してみることにします。

1	明らかな不課税文書を除く	☞	第1章
			不課税文書を知る〜不課税判定〜
			（p.8〜）

　平成元年３月31日をもって課税が廃止された文書があります。

　これらは、現在の印紙税法別表第1「課税物件表」には当然のことながら掲名されてはいませんが、非課税とされる文書と同様に明らかに課税されない文書として重要なものです。

　課否判定においては、まずこれらの課税廃止された文書や、その他の不課税文書を取り除く必要があります。

2	文書をタイプごとに仕分けする	☞	第2章
			課税文書の三つのタイプ
			（p.28〜）

　課税文書は、文書の形態から①契約書タイプ、②証券・証書タイプ、及び③通帳タイプの三つに区分することができます。

　伝票などの定型化された文書以外で日常において随時課否判定を必要とする文書の多くは「互いに対立する２個以上の意思表示の合致」、つまり「契約」（印紙税法基本通達第14条）を書面化した契約書や覚書、

念書などの類（①契約書タイプ）です。

　これら以外の課税文書で、例えば、預金証書や保険証券などの文書（②証券・証書タイプ）や、預金通帳などの通帳（③通帳タイプ㊟）は、定型化・様式化されていて大量に作成されるものであることから、その課否判定を新たに行うことはそう頻繁にあるものではありません。

　そうすると、課税文書のうちに「契約」を書面化したタイプの文書は全部で八つの号の文書に限られることから、実際に課否判定を行う機会が多い契約書タイプの文書は、これら8種類の文書に絞り込むことが可能となります。

　㊟　③通帳タイプのうち、特に第19号、第20号文書については、使用
　　形態から、固有の留意点があります（p.241〜参照）。

3	タイプに応じて 更に絞り込む	☞	第3章
			フローチャートによる課税文書の絞込み
			（p.40〜）

　各タイプの文書について、フローチャートを使ってどの号に該当する課税文書か絞り込みを行います。

4	絞り込んだ号別の 詳細判定	☞	第4章
			本　編〜課税文書〜
			（p.56〜）

　上記3により絞り込んだ課税文書について、次に詳細判定を行います。もちろん、当初から見当を付けた号別の課税文書がある場合は、第3章までを飛ばして直接第4章本編から当てはめを行います。

　実際の文書には多くの合意内容を盛り込んでいるものもあり、複数の号別に当たる文書の場合、最終的な文書の所属の決定や税額に影響する記載金額の判断なども必要となります。

　これら細部の絞込みには、まず文書に何が書かれているのかが重要であり、記載文言を基準として印紙税法等の法令及び印紙税法基本通

達などの定義・要件を解釈して当てはめる作業が必要となります。

　その作業を容易にするため、本書ではその作業・判断過程をフローチャート化しています。

2　印紙税課否判定の基本

(1)　文書課税

　印紙税の課否判定のプロセスは上記1のとおりですが、そもそもの前提として、印紙税は「文書課税」であるという印紙税課否判定の基本を、常に念頭に置く必要があります。

　この「文書課税」の原則は、次の印紙税法基本通達第3条に示されています。すなわち、課税文書に該当するかどうかは、文書の記載文言の実質的な意義に基づいて判断するものとされ（同条第1項）、その「記載文言の実質的な意義の判断は、その文書に記載又は表示されている文言、符号を基として」（同条第2項）行うのが原則とされます。そしてこのことから、逆にその文書に記載又は表示されていない事項については判断される余地はないことになります。

　もっとも、同項にもあるとおり、その判断に当たっては「関係法律の規定、当事者間における了解、基本契約又は慣習等を加味し、総合的に行」われるものではあります。しかしながら、そうであるからといって契約書等に記載又は表示された事項を離れて、当事者の意図するところや趣旨解釈を行うことは許されないはずです。そして、このことが「文書課税」の内容であるとするならば、契約書などの作成に当たっては、経済取引の実態はどうあれ、文書上の記載又は表示の有無が課否判定に影響を与えるものである以上、それらの「書きぶり」や「表示方法」について十分注意しなければなりません。

　また、このような「文書課税」の原則からは、「単に文書の名称又は呼称及び形式的な記載文言」のみで判断することができないことにも注意すべきです。

○ 印紙税法基本通達（以下「基達」といいます。）

> （課税文書に該当するかどうかの判断）
>
> **第3条** 文書が課税文書に該当するかどうかは、文書の全体を一つとして判断するのみでなく、その文書に記載されている個々の内容についても判断するものとし、また、単に文書の名称又は呼称及び形式的な記載文言によることなく、その記載文言の実質的な意義に基づいて判断するものとする。
>
> **2** 前項における記載文言の実質的な意義の判断は、その文書に記載又は表示されている文言、符号を基として、その文言、符号等を用いることについての関係法律の規定、当事者間における了解、基本契約又は慣習等を加味し、総合的に行うものとする。

※ アンダーラインは筆者による。

(2) 判断対象となる文書～他の文書を引用している場合の判断対象の拡張

　イ　原則～その文書のみを判断

　　上記(1)によれば、印紙税の課否判定は「その文書」を対象に、その記載又は表示を判断することになります。

　ロ　例外～他の文書を引用する

　　「その文書」に他の文書を引用する旨の文言がある場合は、「他の文書」の内容によって、その記載内容を判断対象とすることがあります（基達4）。

　　これをフローチャートにすれば、次頁のとおりです。

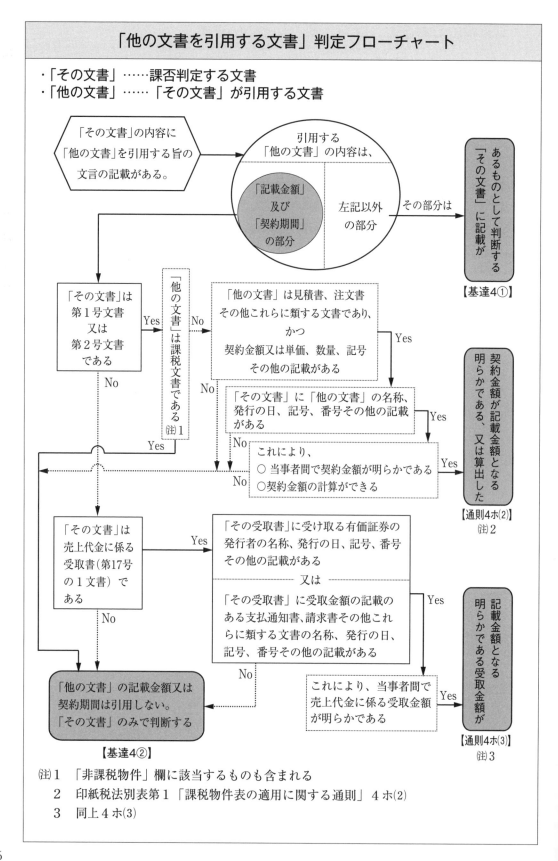

「他の文書を引用する文書」判定フローチャート

・「その文書」……課否判定する文書
・「他の文書」……「その文書」が引用する文書

注1　「非課税物件」欄に該当するものも含まれる
2　印紙税法別表第1「課税物件表の適用に関する通則」4ホ(2)
3　同上4ホ(3)

第1章

不課税文書を知る
〜不課税判定〜

1　不課税文書とは

(1)　不課税文書にはいくつかの種類があります。

　　その代表的なものは、印紙税法別表第1「課税物件表」に掲名されていない文書であり、当然のことながら掲名されていなければ課税されない文書となります（後記2、3）。

　　そのほか、課税物件表に該当するかに見えて、その要件から外れる文書も不課税文書となります（後記4）。

　　また、印紙税法上の「契約書」は、契約の成立を証明するものとされていることから、証明する内容が契約の消滅の事実を目的とするものであれば「契約書」には該当せず、不課税文書となるものもあります（後記5）。

　　更に、海外で作成される文書については、法施行地外の作成文書ということで不課税とされる場合があります（後記6）。

　　これらの不課税文書は、課税されないという意味では「非課税文書」と同じですが、非課税文書は印紙税法又は関係法令で非課税とする旨の規定がある文書であるのに対し、不課税文書のうちでも上記代表的なもの（後記2．3）については、印紙税法上、課税文書とする規定がないことで課税されない文書ということになります。

　　ところで、この代表的な不課税文書についてみると、実務で作成される文書には民法上の典型契約だけでなく、非典型契約といわれるタイプのものや、種々の契約内容を含む混合契約など、多種多様な契約書の類が作成されているのが現状です。そして、このように多種多様な文書の中には印紙税法上掲名されていない不課税文書の方がむしろ多く存在するとも思われ、不課税文書はそのことが法令上明らかでないために「課税されない」との確信を得ることに覚束なさがあるといえるのではないでしょうか。そこに印紙税の課否判断が難しいといわれる原因もあるように思われます。

　　課税文書をタイプ別、契約内容別に絞り込む作業はもちろん有用であると考えますが、その前提として典型的に不課税文書に該当するものを認識し、除外することも重要です。その意味で、過去に課税文書とされ

ていて現在は課税廃止された文書は不課税文書の典型であり、法令から消え去った今でも重要な意義を有するものであるといえるでしょう。

(2)　次頁に掲げた表は、平成元年３月31日をもって課税が廃止された文書を一覧にしたものです。

　このリストの文書のいずれかに該当すれば課税文書に該当しないことは明らかであり、その認識があることで、課否判定がそこで終了することもあります。

　しかし、この不課税文書のリストが頭になければ、現在の課税物件表を最初から最後まで検討した上で、「掲載がないからどうも課税されないらしい」などと回り道をしてしまうことにもなりかねません。

　次項では、この課税廃止された文書について、「３」以降ではその他の不課税文書について、整理することとします。

現在は課税されていない文書		具　体　例
物品切手（商品券等）	旧4号文書	商品券、ビール券など
永小作権、地役権、質権、抵当権、租鉱権、採石権、漁業権又は入漁権の設定又は譲渡に関する契約書	旧14号の1文書	抵当権設定契約書、根抵当権設定契約書、質権設定契約書、地役権設定契約書など
無体財産権の実施権又は使用権の設定又は譲渡に関する契約書	旧14号の2文書	ソフトウェア使用許諾契約書、実用新案権の専用実施権設定契約書など
賃借権又は使用貸借に関する契約書（土地の賃貸借は除かれます（課税されます））	旧16号文書	建物賃貸借契約書、リース契約書など
委任状又は委任に関する契約書	旧17号文書	アドバイザリー契約書、コンサルティング契約書など
物品又は有価証券の譲渡に関する契約書	旧19号文書	商品売買契約書㊟、株券譲渡契約書など ㊟　請負契約を内容としたり（現2号文書）、継続的取引の基本となる契約書（現7号文書）は除かれます（課税）。

2　課税廃止された文書（旧課税文書）

　以下は、平成元年3月31日をもって課税廃止された旧課税文書について、旧印紙税法基本通達から旧課税文書の定義などを定めた部分を抜粋しています。

　現在は明らかに不課税文書となりますので、どのような文書であれば課税されないのか、その目安となります。

⑴　物品切手（不課税文書：旧4号文書）～商品券など

　「物品切手とは、商品券その他名称のいかんを問わず、物品の給付請求権を表彰する証書をいう。」（旧印紙税法（以下「旧法」といいます。）別表第1第4号「定義」）

　以下は、旧通達別表第1「課税物件、課税標準及び税率の取扱い」（以下「旧通達別表第1」といいます。）「第4号文書」からの抜粋です。

（物品の給付請求権を表彰する証書の意義）

一　「物品の給付請求権を表彰する証書」とは、証書の所持人に対してその作成者がこれと引換えに物品を給付することを約する証書をいい、当該証書が有償で交付されるものかどうか、又は当該証書の作成者と物品給付義務者とが同一であるかどうかを問わない。

（物品切手かどうかの判定）

二　物品切手に該当するかどうかの判定に当たっては、次のいずれにも該当する証書を物品切手として取り扱う。

　⑴　一定の物品との引換え給付を約するものであること

　⑵　免責証券であること

　　㊟　記名式の証書であっても、記名人本人であるかどうかを確認しないで証書の所持人に物品が給付される等形式的な記名である場合は、免責証券に該当するのであるから留意する。

　⑶　給付請求権利者が当該証書と引換えに一定の物品の給付を受けたことによって、当該物品の代金支払債務を負担しないものであること。

（出荷依頼書等）

三　次に掲げる文書又はこれらに類する文書は、たとえ指示先又は依頼先以外の第三者に交付するものであっても、物品切手として取り扱わない。

(1)　寄託者が倉庫業者あてに作成する出荷依頼書

(2)　販売業者が自己の倉庫あてに作成する出荷指図書

(3)　買主が売主あてに作成する出荷依頼書

留意点	サービス（役務の提供）との引換給付を約する文書

　　以前は、ビール券などの物品切手は課税対象とされていましたが、物品ではなく、証書と引換えにサービスを提供することを約するものは旧法時代においても不課税とされていました。もちろんこのような文書は現在も不課税文書です。

(2)　永小作権、地役権、質権、抵当権、租鉱権、採石権、漁業権又は入漁権の設定又は譲渡に関する契約書（不課税文書：旧14号の１文書）

以下は、旧通達別表第１「第14号の１文書」からの引用です。

なお、引用文中の課税文書番号には、筆者にて「(旧)」を付しています。

（永小作権の意義）

一　「永小作権」とは、民法第270条に規定する永小作権をいう。

（地役権の意義）

二　「地役権」とは、民法第280条に規定する地役権をいう。

（質権の意義）

三　「質権」とは、民法第342条に規定する質権をいい、根質権を含む。

（担保品差入証書、担保品預り証書、担保品差換証書）

四　担保品差入証書、担保品預り証書及び担保品差換証書は、(旧)第14号の１文書（質権の設定に関する契約書）に該当するものとして取扱う。

（保証金差入証書等）

五　金銭を担保として差入れることを内容とする保証金差入証書等は、(旧)第14号の１文書（質権の設定に関する契約書）に該当しない。

（質権設定承諾書等）

六　火災保険金等の請求権に質権を設定することについて保険会社等が当該設
　　定契約を承諾する旨を内容とする質権設定承諾書等は、（旧）第14号の１文書
　　（質権の設定に関する契約書）に該当しない。

（抵当権の意義）

七　「抵当権」とは、民法第369条に規定する抵当権をいい、同法第398条の２に
　　規定する根抵当権を含む。

（租鉱権の意義）

八　「租鉱権」とは、鉱業法第６条《租鉱権》に規定する租鉱権をいう。

（採石権の意義）

九　「採石権」とは、採石法（昭和25年法律第291号）第４条《採石権の内容及
　　び性質》に規定する採石権 をいう。

（漁業権の意義）

十　「漁業権」とは、漁業法第６条《漁業権》に規定する定置漁業権、区画漁業
　　権及び共同漁業権をいう。

（入漁権の意義）

十一　「入漁権」とは、漁業法第７条《入漁権》に規定する入漁権をいう。

留意点　担保権の設定契約書などは不課税文書

　　特に、質権、抵当権（根抵当権を含む。）など、経済取引上重要な契
約である担保権の設定契約書などは、担保権の設定のみを内容とする
ものであれば現在は不課税文書とされています。

留意点　根抵当権設定契約書（債権譲渡の条項を持つもの（現第15号文書））

　　上記のとおり、根抵当権設定契約書などの担保権設定契約書は、現
在は課税対象から外れていますが、根抵当権設定契約書の中には、「抵
当不動産について、収用その他の原因により補償金、清算金などの債
権が生じたときは、債務者（担保提供者）はその債権を貴行に譲渡しま
す。」といった条項を持つものもあります。

　　このような担保権の設定契約書は、将来、根抵当権設定者が補償金

等請求権を取得した場合には当該債権を根抵当権者に譲渡することを内容とするものであり、債権の譲渡に関する契約書（現第15号文書）に該当することとされます。

　なお、仮に上記文言が「債権譲渡の手続きを取ります。」旨の記載である場合は、債権譲渡自体を約しているものではないとして、現第15号文書には該当しないものとして取り扱われます。

⑶　無体財産権の実施権又は使用権の設定又は譲渡に関する契約書（不課税文書：旧14号の2文書）

留意点	無体財産権の譲渡に関する契約書（現第1号の1文書）との違い

　無体財産権の本権自体の譲渡に関する契約書は、現在でも第1号の1文書として課税対象とされていますが、これらの本体たる権利とは別に観念される利用権としての「実施権」又は「使用権」の設定又は譲渡については、現在は不課税とされています。

　以下は、旧通達別表第1「第14号の2文書」からの引用です。

（特許権の実施権又は使用権の意義）

一　特許権の実施権又は使用権とは、特許法第77条《専用実施権》に規定する専用実施権及び同法第78条《通常実施権》に規定する通常実施権をいう。

　なお、「無体財産権の使用権には、出版権を含むものとする。」（旧法別表第1（旧）第14号「定義」2）

留意点	特許権の譲渡に関する契約書（現第1号の1文書）との違い

　特許権の譲渡契約書は現在も課税文書（現第1号の1文書）ですが、特許を使用する権利（「実施権」又は「使用権」）のみを設定し又は譲渡する契約書は不課税とされます。

　　特許を受ける権利（出願権）の譲渡（特許法第33条）を約する契約書は、現課税物件表第1号の1の「無体財産権」には含まれませんので、不課税文書とされます。

（実用新案権の実施権又は使用権の意義）

二　実用新案権の実施権又は使用権とは、実用新案法第18条《専用実施権》に規定する専用実施権及び同法第19条《通常実施権》に規定する通常実施権をいう。

（商標権の実施権又は使用権の意義）

三　商標権の実施権又は使用権とは、商標法第20条《専用使用権》に規定する専用使用権及び同法第21条《通常使用権》に規定する通常使用権をいう。

（意匠権の実施権又は使用権の意義）

四　意匠権の実施権又は使用権とは、意匠法第27条《専用実施権》に規定する専用実施権及び同法第28条《通常実施権》に規定する通常実施権をいう。

（商号の使用権の意義）

五　商号の使用権とは、商法第23条に規定する商号を使用する権利をいう。

（著作権の実施権又は使用権の意義）

六　著作権の実施権又は使用権とは、著作権を利用する権利をいう。

留意点　　出版権

　　出版権は、旧法時代も「無体財産権の使用権」に含むものとされていました（旧法別表第1第14号「定義」2）。したがって、現在も課税対象となる著作権の譲渡に関する契約書（現第1号の1文書）とは異なり、出版権は「無体財産権の使用権」であることから、その設定又は譲渡に関する契約書は、不課税文書とされます。

(4)　賃貸借又は使用貸借に関する契約書（不課税文書：旧16号文書）

　　以下は、旧通達別表第1「第16号文書」からの引用です。

なお、引用文中の課税文書番号には、筆者にて「(旧)」を付しています。

（賃貸借の意義）

一　「賃貸借」とは、民法第601条に規定する賃貸借をいい、借家法（大正10年法律第50号）※の適用を受けない建物賃貸借を含む。

　※【筆者補足】　現・借地借家法

（使用貸借の意義）

二　「使用貸借」とは、民法第593条に規定する使用貸借をいう。

（土地の賃貸借と土地の使用貸借）

三　土地の賃貸借契約書は(旧)第1号の2文書（土地の賃借権の設定に関する契約書）となり、土地の使用貸借契約書は(旧)第16号文書（使用貸借に関する契約書）となるのであるから留意する。

（建物賃貸借契約書）

四　建物賃貸借契約書に当該建物の敷地等の面積が付記されているものであっても、当該付記が当該敷地についての賃貸借契約を結んだものであることが明らかであるものを除き、(旧)第16号文書（賃貸借に関する契約書）として取扱う。

（住宅使用請書）

五　≪省略≫

（被服借用証等）

六　≪省略≫

留意点　ソフトウエアのリース契約書

　旧法時代は、ソフトウエアのリース契約書は賃貸借契約書として課税対象とされていましたが、現在は旧16号文書の廃止により不課税文書とされています。

留意点　不課税となる賃貸借に関する契約書

　現在は、土地（現第1号の2文書）を除き、その他すべての賃貸借契

約書は不課税文書となります。

また、使用貸借契約書については、すべて不課税文書となります。

⑸ 委任状又は委任に関する契約書（旧17号文書）

以下は、旧通達別表第1「第17号文書」からの引用です。

なお、引用文中の課税文書番号には、筆者にて「(旧)」を付しています。

㊟ 委任（不課税）と請負（課税）の判断基準については、p.89以降を参照。

（委任状の意義）

一 「委任状」とは、委任者が受任者に対して一定の法律行為その他の事務の処理をすることを委託する委任契約を締結した場合に、委託事務の処理上その相手方である第三者に対し、真正に代理権の授与があったことを受任者をして証明させるため、交付するものをいう。

（白紙委任状）

二 代理人の氏名、日付又は授権事項を記載しないいわゆる白紙委任状は、(旧)第17号文書（委任状）として取扱う。

（代理権授与通知書）

三 当事者の一方（本人）が相手方に対して、第三者（代理人）を自己の代理人として選任し、一定の法律行為その他の事務の処理をすることを委託した旨を通知する代理権授与通知書又は代理人選任届出書等と称するものは、相手方に対して真正に代理権の授与があったことを代理人をして証明させるためのものではないから、(旧)第17号文書（委任状）に該当しない。

（専ら金銭の受領を委任する委任状の範囲）

四 ≪省略≫

（専ら金銭の受領を委任する委任状で営業に関しないものの範囲）

五 ≪省略≫

（公租公課の過誤納金を受領することの委任状）

六 ≪省略≫

（生活保護法に基づく給付物品の受領を委任する委任状）

七 ≪省略≫

（委任の意義）

八　「委任」とは、民法第643条に規定する委任に限らず、民法第656条に規定する準委任を含む。

（預金口座振替依頼書）

九　預金契約を締結している金融機関に対して、電信電話料金、電力料金、租税等を預金口座振替の方法により支払うことを依頼する場合に作成する預金口座振替依頼書は、(旧)第17号文書（委任に関する契約書）に該当するものとして取扱う。ただし、当該支払いが納税貯蓄組合預金からなされるもの又は当該依頼が納税貯蓄組合のあっ旋に基づいてなされるもので租税の支払に関するものは、納税貯蓄組合法（昭和26年法律第145号）第９条《印紙税の非課税》の規定により課税文書に該当しない。

（金融機関に対する債務等の預金口座振替依頼書）

十　預金契約を締結している金融機関に対し、当該金融機関に対する借入金、利息金額、手数料その他の債務、又は積立式の定期預貯金若しくは積金を預金口座から引落して支払い又は振替えることを依頼する場合に作成する預金口座振替依頼書は、(旧)第17号文書（委任に関する契約書）に該当するものとして取扱う。

　　なお、当該金融機関に対する債務を預金口座から引落して支払うことを内容とする文書であっても、原契約である消費貸借契約、賃貸借契約等の契約金額、利息金額、手数料等の支払方法又は支払期日を定めることを証明目的とするものは、その内容により、第１号の３文書(消費貸借に関する契約書)※、(旧)第16号文書（賃貸借に関する契約書）等に該当するのであるから留意する。

※【筆者補足】　現第１号の３文書（消費貸借に関する契約書）として取り扱われます。

留意点	金融機関に対する債務等の預金口座振替依頼書

　　金融機関に対する債務を預金口座から引き落して支払うことを内容とする文書であっても、原契約である消費貸借契約の契約金額、利息金額等の支払方法又は支払期日を定めることを証明目的とするものは、その内容により、現第１号の３文書（消費貸借に関する契約書）に

該当することとなります。

（取次票等）

十一　金融機関が得意先から送金又は代金取立等の依頼を受けた場合に作成する「取次票」等と称する文書は、（旧）第17号文書（委任に関する契約書）に該当する。

　　　なお、当該依頼を受けた場合であっても、送金資金又は取立てのための金銭又は有価証券の受領事実を証明目的とする「預り証」、「受取書」等と称する文書で、取次についての受託文言が記載されていないものは、（旧）第22号文書（金銭又は有価証券の受取書）※として取扱う。

　※【筆者補足】　現第17号文書（金銭又は有価証券の受取書）として取り扱われます。

留意点	金融機関の取次票等

　　　金融機関が得意先から送金又は代金取立等の依頼を受けた場合に、送金資金又は取立てのための金銭又は有価証券の受領事実を証明目的とする「預り証」、「受取書」等と称する文書で、取次についての受託文言が記載されていないものは、現第17号文書（金銭又は有価証券の受取書）に該当します（第4章「第14号文書」7(1)（p.142）参照）。

（当座勘定借越約定書）

十二　当座預金の残額がない場合に、一定の金額を限度として預金者の振出した小切手等の支払いに応ずることを約する当座勘定借越約定書は、（旧）第17号文書（委任に関する契約書）に該当する。

（株式名義書換取次票等）

十三　証券会社等が株式の名義書換えの取次依頼を受けた場合に作成する株式名義書換取次票等で、名義書換えのための預りである旨又は名義書換えによる引渡予定日を記載したものは、（旧）第17号文書（委任に関する契約書）に該当する。

（株式事務代行委託契約書）

十四　株式事務代行委託契約書は、(旧)第17号文書（委任に関する契約書）に該当するのであるが、そのうち株式の発行又は名義書換えの事務を3か月を超えて継続して委任するものは、(旧)第8号文書（継続的取引の基本となる契約書）※にも該当することに留意する。

　※【筆者補足】　現第7号文書（継続的取引の基本となる契約書）として取り扱われます（第4章「第7号文書」2（p.120）参照）。

（役員就任承諾書）

十五　会社等の取締役又は監査役等の役員に就任することを承諾する場合に作成する役員就任承諾書等は、(旧)第17号文書（委任に関する契約書）に該当する。

（税理士依嘱契約書）

十六　税理士依嘱契約書は、(旧)第17号文書（委任に関する契約書）に該当する。
　なお、税務書類等の作成を目的とし、これに対して一定の金額を支払うことを約した契約書は、第2号文書（請負に関する契約書）※に該当するのであるから留意する。

　※【筆者補足】　現第2号文書（請負に関する契約書）として取り扱われます（p.90参照）。

留意点　税理士依嘱契約書

　税務書類等の作成を目的とし、これに対して一定の金額を支払うことを約した税理士の委嘱契約書は、税務書類等の作成という完成物の引渡しを内容とするものですから、請負に関する契約書（現第2号文書）に該当します。

留意点　委任契約（不課税）と請負契約（現第2号文書）

　以上のように、現在は、委任に関する契約書は不課税文書とされています。
　実際には、契約内容が「委任」か「請負」のいずれに該当するかの

判別が困難な文書も多く見受けられます。コンサルタント契約などでは巨額の契約金額が記載されることもありますが、その記載内容のいかんにより、課否が正反対となる結果となります（p.90参照）。

(6)　物品又は有価証券の譲渡に関する契約書（旧19号文書）

「物品の譲渡に関する契約書には、動植物その他通常物品とはいわない動産の譲渡に関する契約書及び電気の供給に関する契約書を含むものとする。」（旧法別表第1（旧）第19号文書「定義」1）

以下は、旧通達別表第1「第19号文書」からの抜粋です。

なお、引用文中の課税文書番号には、筆者にて「（旧）」を付しています。

（物品の範囲）

一　「物品」とは、金銭、有価証券以外の動産をいい、ガス、水及び調整された冷暖房等空気を含む。

（割賦販売契約書）

二　物品の割賦販売契約書のうち、代金の支払いが完了するまで所有権の移転を留保するもので、当該物品について賃貸借契約又は使用貸借契約を結んでいることが明らかなものについては、（旧）第19号文書（物品の譲渡に関する契約書）及び（旧）第16号文書（賃貸借又は使用貸借に関する契約書）に該当することに留意する。

（物品売買に基づく債務承認及び弁済契約書）

三　いわゆる債務承認弁済契約書で、物品売買に基づく既存の代金支払債務を承認し、併せて支払期日又は支払方法を約するものは、（旧）第19号文書（物品の譲渡に関する契約書）に該当する。

なお、債務承認弁済契約書と称するものであっても、代金支払債務を消費貸借の目的とすることを約するものは、第1号の3文書（消費貸借に関する契約書）※に該当し、この場合の債務承認金額は、当該契約書の記載金額となるのであるから留意する。

※【筆者補足】　現第1号の3文書（消費貸借に関する契約書）として取り扱われます（p.77参照）。

（売買仕切り書）

四　問屋営業者が、ある標準価格で物品の売買を委託された場合において、売買結了後確定価額及び諸費用を通知して精算をする売買仕切り書は、課税文書に該当しない。

（割賦販売等の場合のお買上票等）

五　商店が割賦販売、信用販売等の方法で物品を販売する場合に買受人に交付するお買上票等と称する文書で、代金の支払期日若しくは支払方法又は物品の引渡期日が記載されているものは、別に売買に関する契約書を作成することが文書上明らかにされているものを除き、（旧）第19号文書（物品の譲渡に関する契約書）として取扱う。

（申込みの内容を記載した書面）

六　割賦販売法（昭和36年法律第159号）第4条の2《書面の交付》又は訪問販売等に関する法律（昭和51年法律第57号）第4条《書面の交付》の規定に基づいて販売業者が契約の申込人に交付する書面のうち、次のいずれかに該当するものは、（旧）第19号文書（物品の譲渡に関する契約書）に該当しないものとして取扱う。

⑴　当該文書に別に契約の成立を証明する文書を作成することが記載されているもの

⑵　契約の申込みを受けた後、信用調査等を行って申込みを承諾するかどうかを決定することとしている場合において、当該文書にその旨が記載されているもの

⑶　契約の申込者が申込書とともに記載して、その控えとして所持するもので、販売業者等の署名、押印又は証明事項のないもの

⑷　その他文書の記載内容からみて、契約の成立を証明する文書ではないことが明らかなもの

留意点	物品の売買契約書、製造物供給契約書など

　現在は、物品又は有価証券の譲渡に関する契約書は不課税とされていますが、物品の売買に関する契約書であっても、継続的取引に関する契約書（現第7号文書）や、請負に関する契約書（現第2号文書）に

該当する場合は課税文書となります（第4章「第7号文書」1 （p.109）、「第2号文書」3 （p.94）参照）。

3　課税物件表に掲名されていない文書

　課税物件表に掲名されていない文書(注)、例えば、民法上の組合契約（民法667）や雇用契約（民法623）について契約書が作成されたとしても、このような契約書は課税物件として掲名されていないので（p.48参照）、不課税文書となります。

　(注)　前記「2　課税廃止された文書」もこれに含まれます。

4　課税文書の要件を満たさない文書

　課税物件表の「課税物件」欄の要件を満たさない文書は、不課税文書となります。

　例えば、一般社団法人等の合併に際して、合併契約書が作成されたとしても、当該文書は会社法第748条によるものではないので、不課税文書となります（p.103参照）。

　また、第6号文書として課税される「定款」は会社法上の会社（相互会社を含みます。）の定款が課税文書となります。したがって、これに該当しない一般社団法人などの定款は、不課税とされます（p.179参照）。

5　解除契約書、解約契約書など

　法に規定する「契約書」とは、契約の成立等を証明する目的で作成される文書をいい、契約の消滅の事実を証明する目的で作成される文書は含まないこととされます（基達12）。したがって、解除契約書、解約契約書など契約の消滅を証明する目的で作成される文書は不課税文書となります（p.49参照）。

6　法施行地外で作成される文書

　文書の作成場所が法施行地外（海外）である場合の当該文書については、課税対象外とされます（印紙税法は適用されません。基達49）。

　海外で作成された文書は、たとえ当該文書に基づく権利の行使又は当該文書の保存が法施行地内で行われるものであっても、課税対象外とされます。

留意点	海外の作成場所を記載した文書

　その文書に法施行地外の作成場所が記載されていても、現実に法施行地内で作成されたものについては、課税対象とされます（基達49）。

7　写（コピー）、副本、謄本等

　印紙税は正本又は原本とされるものを課税対象としており、契約書等の写（コピー）、副本、謄本等については、次のような形態のものを除き課税されないものとして取り扱われます（基達19②）。

① 　契約当事者の双方又は文書の所持者以外の一方の署名又は押印があるもの

② 　正本等と相違ないこと、又は写し、副本、謄本等であることなどの契約当事者の証明のあるもの（ただし、文書の所持者のみが証明しているものを除きます。）

留意点	コピー、ファックス、電子メール等

【コピー文書】

　契約書の正本を複写機でコピーしただけのもので、上記のような署名若しくは押印又は証明のないものは、単なる写しにすぎず、課税されません。

【ファックス、電子メール等】

　電子送信されるもので、プリントアウトされたものに殊更に上記のよ

うな加工をしない限り、単なる写しとしての取扱いとされます。

留意点	複数作成する課税文書

　例えば、一つの契約について2通以上の文書が作成された場合であっても、その全部の文書がそれぞれ契約の成立を証明する目的で作成されたものであれば、すべて印紙税の課税対象とされます（基達19①）。

㊟　仮契約書や仮領収書など、一時的であっても課税事項を証明する目的で作成される以上、課税対象とされます。

8　契約当事者以外の者に提出する文書

　契約当事者以外の者（例えば、監督官庁、融資銀行等当該契約に直接関与しない者をいい、消費貸借契約における保証人、不動産売買契約における仲介人等当該契約に参加する者はこれに含まれません。）に提出又は交付する文書であって、当該文書に提出若しくは交付先が記載されているもの又は文書の記載文言からみて当該契約当事者以外の者に提出若しくは交付することが明らかなものについては、課税文書に該当しないものとされます（基達20）。

　なお、消費貸借契約における保証人、不動産売買契約における仲介人等は、課税事項の契約当事者ではないので当該契約の成立等を証すべき文書の作成者にはならないものとされます（基達20注書）。

第2章

課税文書の三つのタイプ

　印紙税法で定める第1号から第20号までの課税文書には、大きく分けて、
　Ⅰ　契約書タイプ
　Ⅱ　証券・証書タイプ
　Ⅲ　通帳タイプ
の三つの類型に区分することができます。

Ⅰ　契約書タイプ

1　契約書とは

　印紙税法における「契約書」とは、印紙税法別表第1「課税物件表の適用に関する通則」（以下、単に「通則」といいます。）の5において、「契約証書、協定書、約定書その他名称のいかんを問わず、契約（その予約を含む。以下同じ。）の成立若しくは更改又は契約の内容の変更若しくは補充の事実（以下「契約の成立等」という。）を証すべき文書をいい、念書、請書その他契約の当事者の一方のみが作成する文書又は契約の当事者の全部若しくは一部の署名を欠く文書で、当事者間の了解又は商慣習に基づき契約の成立等を証することとされているものを含むものとする。」と規定されています。

　そして上記通則5にいう「契約」とは、「互いに対立する2個以上の意思表示の合致、すなわち一方の申込みと他方の承諾によって成立する法律行為をいう。」（基達14）と定められています。つまり、このような意思表示の合致を定める書面が印紙税法上の「契約書」であって、この点で、次に整理する証券・証書タイプや通帳タイプの文書とは内容も形態も異なるものであるということができます。

　このような契約書タイプの文書は、次の第1号、第2号、第5号、第7号及び第12号から第15号までの文書ですが、日常業務で作成する文書について、新たに課否判定が問題となるのはこれらの文書であることから、日常作成する契約書タイプの文書の課否判定は、これら八つの号に絞り込むことが可能です。

契約書タイプ		
○ 不動産、鉱業権、無体財産権、船舶若しくは航空機又は営業の譲渡に関する契約書		第1号の1文書
○ 地上権又は土地の賃借権の設定又は譲渡に関する契約書		第1号の2文書
○ 消費貸借に関する契約書		第1号の3文書
○ 運送に関する契約書		第1号の4文書
○ 請負に関する契約書		第2号文書
○ 合併契約書又は吸収分割契約書若しくは新設分割計画書		第5号文書
○ 継続的取引の基本となる契約書		第7号文書
○ 信託行為に関する契約書		第12号文書
○ 債務の保証に関する契約書		第13号文書
○ 金銭又は有価証券の寄託に関する契約書		第14号文書
○ 債権譲渡又は債務引受けに関する契約書		第15号文書

2 「契約書」とされる文書の各形態

　契約書タイプの文書も、更に双方向の合意を一つの文書にしたもの（合意文書型）、申込みに対する承諾の意思を文書にしたもの（請書・通知書型）、そして伝票類であって当事者間における了解、基本契約又は商慣習等から契約の成立を証するもの（伝票型）の三つの形態を認めることができます。

　合意文書型は、個々の取引に応じた内容を種々盛り込む文書であることが多いのに対し、伝票型は様式化されて大量に作成される文書であり、また請書・通知書型の中にも単票の形態で様式化されたものが見受けられます。このように様式化された文書の場合で、仮に課否判定誤りがあれば、その不納付税額は乗数倍的に多額になるおそれがあります。

(1) 合意文書型

　文書上、複数の意思の合致が証されている文書です（基達14、12）。

　契約書、契約証書、協定書、約定書、同意書、念書、確約書等といった名称の文書がこれに当たります。

　なお、2以上の意思の合致が証されている文書であれば、その表題がどのようなものであっても「契約書」として取り扱われます（基達3）。

留意点	（例外としての）信託証書（法別表第1「第12号文書」定義欄）

　信託行為に関する契約書（第12号文書）には、信託証書を含むこととされています（法別表第1「第12号文書」定義欄）。タイプからすると「証券・証書タイプ」ですが、第12号文書（契約書タイプ）の取扱いとなります。

留意点	（例外としての）保険証券（法別表第1「第10号文書」定義欄）

　保険証券とは、保険証券その他名称のいかんを問わず、保険契約に係る保険者が当該保険契約を締結したときに当該保険契約に係る保険契約者に対して交付する書面をいうこととされます（法別表第1「第10号文書」定義欄）。

　したがって、「保険証券」の名称ではなくとも、保険者が当該保険契約を締結したときに保険契約者に対して交付する書面であれば、第10号文書の「保険証券」として課税対象となります（p.189参照）。

(2)　請書・通知書型

　当事者の一方のみが作成する文書です。請書、承諾証、承り票、通知書、差入証等といった名称の文書がこれに当たります。承諾内容が記載証明された文書であれば、その表題がどのようなものであっても「契約書」として取り扱われることになります（基達3）。

留意点	納入仕様書、製品仕様書等（第2号文書）

　製造者間では、製品仕様について上記納入仕様書等の文書が多数作成されます。これらの文書について、その内容（規格、仕様、材質の変更等）を承諾しサイン・押印等して返送すれば、製造請負の内容（又は方

法）の全部又は一部について変更、補充の承諾があったものと判断される場合があります。仮に工程が多数ある製品について、各工程ごとに作成される仕様書等がすべて課税対象となれば膨大な額の税負担となってしまいます。

このようなことから、実際には、変更又は補充内容の承諾ではなく、仕様書という「文書」の「受領」の事実を証する「受領印」が押印されています。

(3) 伝票型

様式化され大量に作成される伝票類のうち契約の成立を証すると認められる文書です。つまり、正式な署名・押印等がされるものではありませんが、現場担当者のサイン・印鑑がある場合や当事者間における了解、基本契約又は商慣習等から契約の成立が証されると認定される伝票類です。

このような伝票類も契約の成立を証するものであることから契約書に含まれる取扱いとなります。「契約の当事者の全部若しくは一部の署名を欠く文書で、当事者間の了解又は商慣習に基づき契約の成立等を証することとされているもの」も「契約書」に含むとされているからです（通則5）。

例えば、次のものがこれに当たります。

① 送り状、運送状、発送伝票、運送明細書、貨物受取書、荷物運送証、運賃請求書、インボイス等（第1号の4文書。p.85参照）

留意点	（例外としての）送り状、運送状、発送伝票等

送り状、運送状、発送伝票などは、見た目は「伝票」タイプですが、その外観に相違して第1号の4文書（運送に関する契約書）に該当する場合があります。

このような伝票形式のものでも、運送物品の種類、数量、発地、着地など、運送契約の内容を称する事実が記載され、運送を引き受けたことを証するために荷送り人に交付する文書であれば、「運送に関する契約書」とされます（第1号の4文書、p.85参照）。

② （金融機関等が作成する）受取書、領収書、預り証、入金取次票、入金受付票、集金入金票、取次票、振込受付書、口座振込依頼書等（第14号文書（p.141〜参照）又は第17号文書（p.199〜参照））

留意点	金融機関が作成する受取書、領収書等

　一般の受取書、領収書等は次の「Ⅱ　証券・証書タイプ」に該当しますが、金融機関が作成するこれらの文書の中には、消費寄託契約（預金契約）の成立を証する内容が記載されることもあります（第４章「第14号文書」７（p.141）参照）。

③　借入金の受領の事実を証する受取書、領収書等

留意点	借入金の受領を証する受取書、領収書等

　受取書、領収書等という表題であっても、金銭の受取事実とともに返還期日、返還方法、利率等の記載がある場合は、これも「借用証」であり、第１号の３文書（消費貸借に関する契約書）と第17号の２文書の双方に該当し、通則３のイにより第１号の３文書となります（p.81参照）。

3　申込書等の取扱い

　契約は、申込みと当該申込みに対する承諾によって成立するため、契約の申込みの事実を証明する目的で作成される単なる申込文書は契約書には該当しませんが、申込書、注文書、依頼書等（以下「申込書等」といいます。）と表示された文書であっても、相手方の申込みに対する承諾事実を証明する目的で作成されるものは、契約書に該当するものとされます（基達21①）。

留意点	契約書に該当するとされる申込書等

具体的には、次のような申込書等は原則として契約書に該当するものとされます（基達21②）。

① 契約当事者の間の基本契約書、規約又は約款等に基づく申込みであることが記載されていて、一方の申込みにより自動的に契約が成立することとなっている場合における当該申込書等

  ただし、契約の相手方当事者が別に請書等契約の成立を証明する文書を作成することが記載されているものは除かれます。

② 見積書その他の契約の相手方当事者の作成した文書等に基づく申込みであることが記載されている当該申込書等

  ただし、契約の相手方当事者が別に請書等契約の成立を証明する文書を作成することが記載されているものは除かれます。

③ 契約当事者双方の署名又は押印があるもの

Ⅱ　証券・証書タイプ

　印紙税の取扱いにおいては、課税文書を「証書」と「通帳」という二つのタイプに分けています。印紙税法基本通達第6条では、第1号から第17号までに掲げる文書を「証書」といい、第18号から第20号までの文書を「通帳等」というものと定めています。

　この通達の区分からすると、上記Ⅰの契約書タイプも「証書」に含まれますが、本書では「証書」のうちで上記Ⅰの契約書タイプを除いたものを、便宜上「証券・証書タイプ」と称することとします。

　具体的には、次頁の表に掲げるものものが、証券・証書タイプに該当します。

　「証券・証書タイプ」の文書は、相対立する意思の合致を定めるものではなく、様式化・定型化された文書であるという特徴があり、契約書タイプの文書とは、外形的に区分できるものといえます。

証券・証書タイプ	○　約束手形又は為替手形	第3号文書
	○　株券、出資証券若しくは社債券又は投資信託、貸付信託、特定目的信託、若しくは受益証券発行信託の受益証券	第4号文書
	○　定款	第6号文書
	○　預貯金証書	第8号文書
	○　倉荷証券、船荷証券又は複合運送証券	第9号文書
	○　保険証券(注)	第10号文書
	○　信用状	第11号文書
	○　配当金領収書又は配当金振込通知書	第16号文書
	○　金銭又は有価証券の受取書	第17号文書

(注)　例外としての保険証券については、p.30、p.189を参照。

Ⅲ 通帳タイプ

　印紙税法上、次の第18号から第20号までに掲げる文書を「通帳等」といい、この「通帳等」とは、課税事項を継続的又は連続的に記載証明する目的で作成される文書をいうものとされています（基達6）。

　このように、課税事項を継続的又は連続的に記載証明する文書は、外形的にも他と区別が可能であり、本書ではこのような文書を「通帳タイプ」と称することとします。

　㊟1　印紙税の取扱上「証書」（上記Ⅰ及びⅡのタイプの文書）は、課税事項を1回限り記載証明する目的で作成されるものとされます（基達6）。

　　2　通帳等であっても、「証書兼用通帳」という双方のタイプを併せ持つ文書もありますが、その取扱いについては後掲のフローチャートによります（第5章「通帳タイプの所属の決定」Ⅱ1⑵（p.259）参照）。

通帳タイプ	○　預貯金通帳、信託行為に関する通帳、掛金通帳等	第18号文書
	○　（地代、家賃等の）領収通帳、請負通帳等	第19号文書
	○　判取帳	第20号文書

◎上記各タイプの文書の整理用フローチャート

　以上の３タイプの文書の区分は、下記のフローチャートのとおりであり、第３章からは、このタイプごとに課否判定のフローチャートを示します。

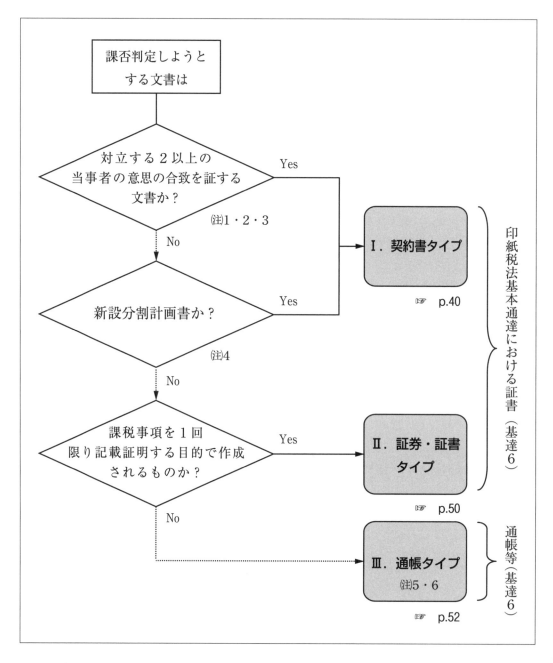

㊟１　契約書タイプの文書には、契約書、約定書、協定書などのほか、念書、覚書等、対立する２当事者以上の意思の合致を証する文書が含まれます（合意

文書型。前掲Ⅰ2⑴（p.29）参照）。

2　請書などの申込みに対する承諾を証する文書は単独作成の文書ですが、承諾により意思の合致を証する文書であり、契約書タイプの文書に含まれます（請書・通知書型。（前掲Ⅰ2⑵（p.30）参照）。

3　様式化され大量に作成される伝票類の中にも、契約の成立を証するものもあり、これらも契約書タイプの文書に含まれます（伝票型。前掲Ⅰ2⑶（p.31）参照）。

4　「新設分割計画書」は、一の株式会社又は合同会社が作成する場合には、単独作成され、2以上の当事者の意思の合致を証するものではありませんが（会社法762）、合併契約書等の第5号文書に所属することから、「契約書タイプ」に含めています。

5　通帳等タイプの文書には、継続的又は連続的に記載証明する目的で作成されるもの（基達6）が該当します。

6　通帳等でありながら証書の内容を併せ持つ通帳等と証書の混合型の文書もあります。

第3章

フローチャートによる課税文書の絞り込み

Ⅰ　契約書タイプのフローチャート

　ここでは、契約書タイプの文書についてステップ1からステップ2へと絞り込みを行います。それらのフローに従って絞り込んだ文書について、更に「第4章　本編」の各課税文書に進み、具体的な課否判断を行います。

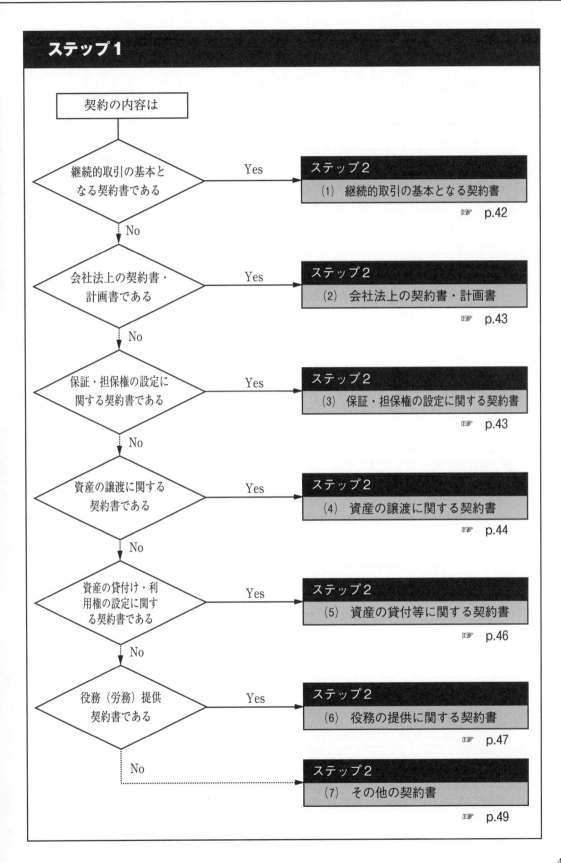

ステップ1

契約の内容は

継続的取引の基本と
なる契約書である → Yes →

ステップ2
（1）　継続的取引の基本となる契約書
☞　p.42

↓ No

会社法上の契約書・
計画書である → Yes →

ステップ2
（2）　会社法上の契約書・計画書
☞　p.43

↓ No

保証・担保権の設定に
関する契約書である → Yes →

ステップ2
（3）　保証・担保権の設定に関する契約書
☞　p.43

↓ No

資産の譲渡に関する
契約書である → Yes →

ステップ2
（4）　資産の譲渡に関する契約書
☞　p.44

↓ No

資産の貸付け・利
用権の設定に関す
る契約書である → Yes →

ステップ2
（5）　資産の貸付等に関する契約書
☞　p.46

↓ No

役務（労務）提供
契約書である → Yes →

ステップ2
（6）　役務の提供に関する契約書
☞　p.47

No →

ステップ2
（7）　その他の契約書
☞　p.49

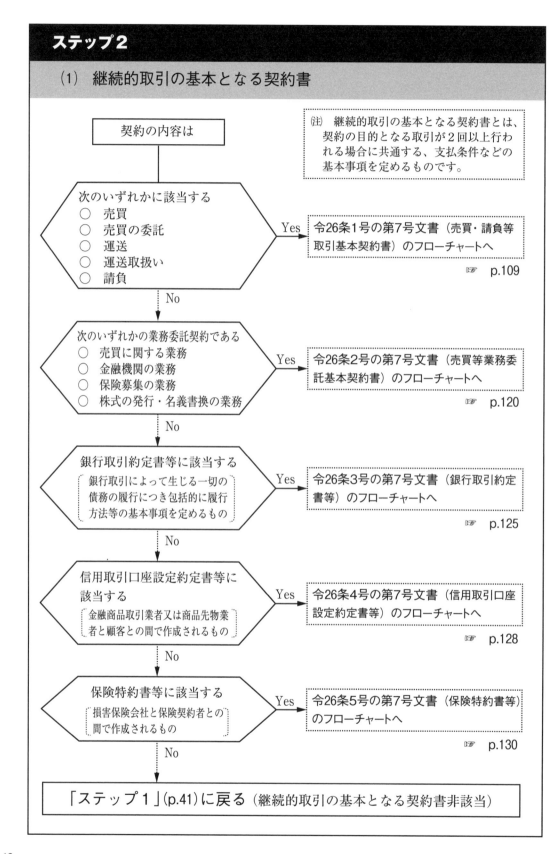

ステップ2

（1）　継続的取引の基本となる契約書

契約の内容は

（注）　継続的取引の基本となる契約書とは、契約の目的となる取引が2回以上行われる場合に共通する、支払条件などの基本事項を定めるものです。

次のいずれかに該当する
○　売買
○　売買の委託
○　運送
○　運送取扱い
○　請負

Yes → 令26条1号の第7号文書（売買・請負等取引基本契約書）のフローチャートへ
☞　p.109

No

次のいずれかの業務委託契約である
○　売買に関する業務
○　金融機関の業務
○　保険募集の業務
○　株式の発行・名義書換の業務

Yes → 令26条2号の第7号文書（売買等業務委託基本契約書）のフローチャートへ
☞　p.120

No

銀行取引約定書等に該当する
銀行取引によって生じる一切の債務の履行につき包括的に履行方法等の基本事項を定めるもの

Yes → 令26条3号の第7号文書（銀行取引約定書等）のフローチャートへ
☞　p.125

No

信用取引口座設定約定書等に該当する
金融商品取引業者又は商品先物業者と顧客との間で作成されるもの

Yes → 令26条4号の第7号文書（信用取引口座設定約定書等）のフローチャートへ
☞　p.128

No

保険特約書等に該当する
損害保険会社と保険契約者との間で作成されるもの

Yes → 令26条5号の第7号文書（保険特約書等）のフローチャートへ
☞　p.130

No

「ステップ1」（p.41）に戻る（継続的取引の基本となる契約書非該当）

ステップ2

(2)　会社法上の契約書・計画書

```
┌─────────────────┐
│   契約の内容は   │
└─────────────────┘
         │
         ▼
    ◇─────────◇          ・合併契約書(会社法748)        ┌──────────┐
   会社法上の契約書・  ──→  ・吸収分割契約書(会社法757)    │ 課税文書 │
    計画書である        ・新設分割計画書(会社法762①)  │【第5号】 │
    ◇─────────◇                                     └──────────┘
                                                       ☞ p.103

                          ・株式交換契約書(会社法767)   ┌──────────┐
                     ──→                               │ 不課税文書│
                          ・株式移転計画書(会社法772)   └──────────┘
```

(3)　保証・担保権の設定に関する契約書

```
┌─────────────────┐
│   契約の内容は   │
└─────────────────┘
         │
         ▼
    ◇─────────◇  Yes  ┌──────────────────┐ Yes ┌──────────┐
   債務の保証に関する ──→ 身元保証に関する契約書である ──→ │非課税文書│
    契約書である        └──────────────────┘     └──────────┘
    ◇─────────◇                  │ No
         │ No                      ▼
         │              ┌──────────────────┐ No  ┌──────────┐
         │              │主たる債務の契約書に併記されている│┄→│ 課税文書 │
         │              └──────────────────┘     │【第13号】│
         │                        │ Yes             └──────────┘
         │                        ▼                  ☞ p.134
         │              ┌──────────────────┐
         │              │主たる債務の契約書についてのみ課否│
         │              │判定を行えば足りる            │
         │              └──────────────────┘
         ▼
    ◇─────────◇  Yes  ┌──────────────────────┐
   代物弁済予約契約   ──→ │「(4)　資産の譲渡に関する契約書」へ │
    又は譲渡担保契約である └──────────────────────┘
    ◇─────────◇                  ☞ p.44
         │ No
         ▼
┌─────────────────────────────────────┐
│ 不課税文書（現在は次の各種の担保契約については不課税とされています。）│
│                                                        │
│  ○　抵当権設定契約書                                  │
│  ○　根抵当権設定契約書（第1章2(2)「留意点」(p.13) 参照）│
│  ○　質権設定契約書                                    │
└─────────────────────────────────────┘
```

ステップ2

(4)　資産の譲渡に関する契約書

契約の内容は

資産の譲渡に関する
契約書である

譲渡の目的物は

契約書の例：
　売買契約書
　贈与契約書
　交換契約書
　譲渡契約書
　代物弁済予約契約書
　譲渡担保契約書
　　　　　　　など

不動産である	Yes	課税文書【第1号の1】
	No	☞　p.64
地上権である	Yes	課税文書【第1号の2】
	No	☞　p.73
土地の賃借権である	Yes	課税文書【第1号の2】
	No	☞　p.73
船舶、航空機である	Yes	課税文書【第1号の1】
	No	☞　p.70
無体財産権である 〔注〕1	Yes	課税文書【第1号の1】
	No	☞　p.69
鉱業権である	Yes	課税文書【第1号の1】
	No	☞　p.68
債権である	Yes	課税文書【第15号】
	No	☞　p.147
営業である	Yes	課税文書【第1号の1】
	No	☞　p.71

不課税文書【例】譲渡の目的が次の場合の売買契約書、贈与契約書、譲渡契約書など

①　物品 〔注〕2
②　永小作権、地役権、租鉱権
③　漁業権、入漁権
④　無体財産権の実施権又は使用権（第1章 2(3)(p.14) 参照）
⑤　質権、抵当権などの担保権
⑥　有価証券

(注)1　「無体財産権」とは、特許権、実用新案権、商標権、意匠権、回路配置利用権、育成者権、商号及び著作権をいうこととされています（課税物件表「第１号」定義欄２）。無体財産権の実施権又は使用権（例えば、特許権であれば、専用実施権や通常使用権）は、前頁フロー下部の不課税文書④となります。

2　契約の目的物が「物品」であっても、継続的取引の基本となる契約書であれば第７号文書に該当します。

　　また、継続的取引でなくても、特注品などの売買であれば、第２号文書に該当することがあります（p.94参照）。

3　前頁フロー下部「不課税文書」の例示の①から⑥を譲渡の目的とする文書は、平成元年３月31日をもって課税廃止されました（第１章「２　課税廃止された文書（旧課税文書）」（p.11～）参照）。

【参考】民法上の契約類型から見た「資産の譲渡に関する契約書」

　　民法上の典型契約といわれる契約形態の中で、資産の譲渡に関する契約は次のとおりですが、ホ（第15号文書）を除いて各契約内容を記載した書面は、その目的物によって課否が分かれることとなります。

イ　売買契約（民法555）

ロ　贈与契約（民法549）

ハ　交換契約（民法586）

ニ　代物弁済契約（民法482）

ホ　債権譲渡契約（民法466）、債務引受契約（民法470、472）

ステップ2

(5)　資産の貸付け等(資産の貸付け、使用権・利用権の設定)に関する契約書

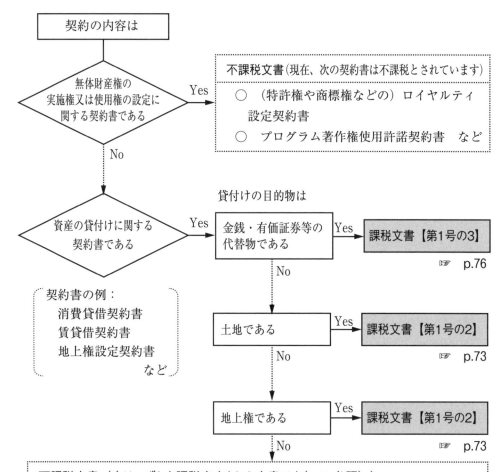

不課税文書（次はいずれも課税廃止された文書です(p.11 参照)。）

1　貸付け又は使用権、利用権の設定の対象物が次の場合

　イ　建物(の賃貸借)

　ロ　自動車、機械等物品(の賃貸借)

　ハ　永小作権、地役権、租鉱権(の設定)

　ニ　漁業権、入漁権(の設定)

　ホ　船舶、航空機等(の賃貸借)

　ヘ　無体財産権の実施権又は使用権(の設定)

2　使用貸借契約

㊟　使用貸借の目的物がどのようなものであっても、使用貸借契約書は
　　不課税文書です。

ステップ2

(6)　役務の提供に関する契約書

契約の内容は

役務(労務)の提供に
関する契約書である

運送に関する契約書
(商法等)である　　Yes → 課税文書【第1号の4】
☞　p.85

請負に関する契約書
(民法 632)である　　Yes → 課税文書【第2号】
☞　p.89

信託行為に関する契約書
(信託法 2)である　　Yes → 課税文書【第12号】
☞　p.132

寄託に関する契約書
(民法 657、666)である
↓ Yes

目的物は金銭又は
有価証券である　　Yes → 課税文書【第14号】
☞　p.138
No

委任に関する契約書
(民法 643)である　　Yes →

組合契約に関する契約書
(民法 667)である　　Yes →　　不課税文書

雇用契約に関する契約書
(民法 623)である　　Yes →

【参考】民法等法令上の契約類型から見た役務の提供に関する契約書		
イ	請負契約（民法632） ⇒	課税文書（第2号）㊟1
ロ	委任契約（民法643） ⇒	【平成元年3月31日をもって課税廃止】㊟1
ハ	寄託契約（民法657） 消費寄託契約（民法666） ⇒	「金銭又は有価証券」の寄託契約のみ課税文書（第14号文書）㊟2
ニ	組合契約（民法667） ⇒	【不課税文書】㊟3
ホ	雇用契約（民法623） ⇒	【不課税文書】㊟3
ヘ	運送契約（商法等） ⇒	課税文書（第1号の4文書）
ト	信託契約（信託法2） ⇒	課税文書（第12号文書）

㊟1　請負契約及び委任契約については、契約書上、その区分判定が困難な場合があります。

　2　寄託契約のうち、「金銭又は有価証券」の寄託（又は消費寄託）契約書は課税文書に該当しますが（第14号）、物品などの寄託契約書は不課税文書です。

　3　組合契約や雇用契約は、旧法においても課税物件表に掲記されておらず、もとより不課税文書とされていました。

ステップ2

（7）　その他の契約書

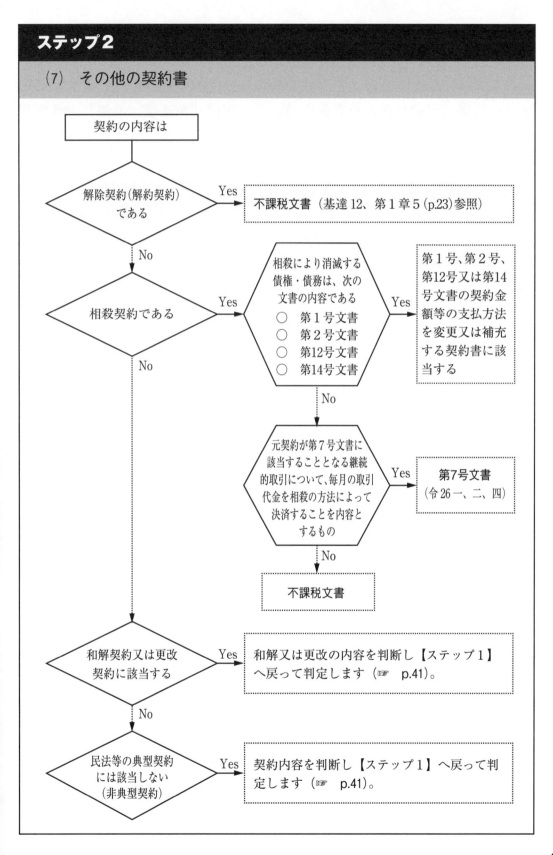

契約の内容は

解除契約（解約契約）である → Yes → 不課税文書（基達12、第1章5（p.23）参照）

↓ No

相殺契約である → Yes → 相殺により消滅する債権・債務は、次の文書の内容である
○　第1号文書
○　第2号文書
○　第12号文書
○　第14号文書
→ Yes → 第1号、第2号、第12号又は第14号文書の契約金額等の支払方法を変更又は補充する契約書に該当する

↓ No

↓ No

元契約が第7号文書に該当することとなる継続的取引について、毎月の取引代金を相殺の方法によって決済することを内容とするもの → Yes → 第7号文書（令26一、二、四）

↓ No

不課税文書

和解契約又は更改契約に該当する → Yes → 和解又は更改の内容を判断し【ステップ1】へ戻って判定します（☞　p.41）。

↓ No

民法等の典型契約には該当しない（非典型契約） → Yes → 契約内容を判断し【ステップ1】へ戻って判定します（☞　p.41）。

Ⅱ　証券・証書タイプのフローチャート

　ここでは、証券・証書タイプの文書について絞り込みを行います。この
フローに従って絞り込んだ文書について、更に「第4章　本編」の各課税
文書に進み、具体的な課否判断を行います。

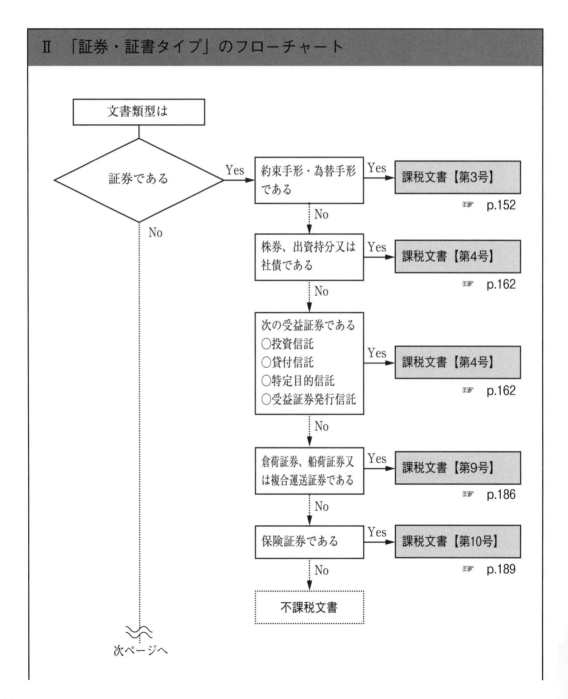

Ⅱ　証券・証書タイプのフローチャート

　ここでは、証券・証書タイプの文書について絞り込みを行います。この
フローに従って絞り込んだ文書について、更に「第4章　本編」の各課税
文書に進み、具体的な課否判断を行います。

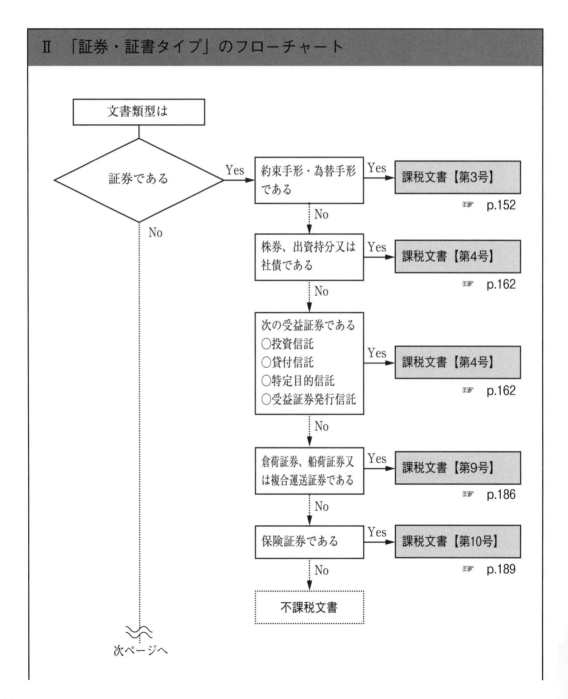

Ⅱ　「証券・証書タイプ」のフローチャート

文書類型は

証券である → Yes → 約束手形・為替手形である → Yes → 課税文書【第3号】 ☞ p.152
No ↓
株券、出資持分又は社債である → Yes → 課税文書【第4号】 ☞ p.162
No ↓
次の受益証券である
○投資信託
○貸付信託
○特定目的信託
○受益証券発行信託 → Yes → 課税文書【第4号】 ☞ p.162
No ↓
倉荷証券、船荷証券又は複合運送証券である → Yes → 課税文書【第9号】 ☞ p.186
No ↓
保険証券である → Yes → 課税文書【第10号】 ☞ p.189
No ↓
不課税文書

証券である No ↓
次ページへ

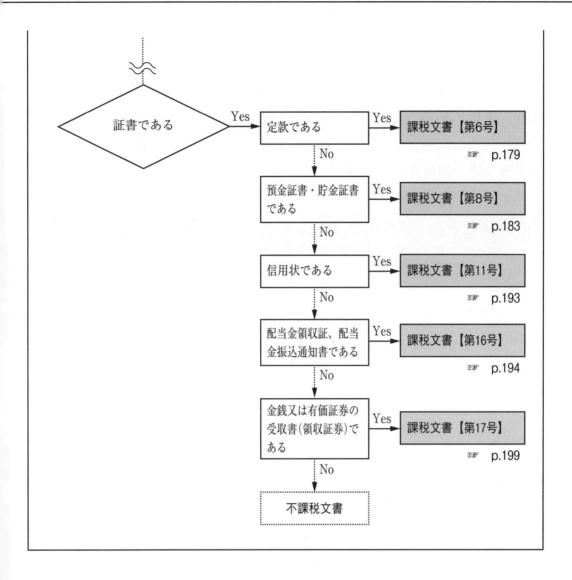

Ⅲ　通帳タイプのフローチャート

　ここでは、課税事項を「継続的又は連続的に記載証明する目的で作成される」通帳タイプの文書について絞り込みを行います。このフローに従って絞り込んだ文書について、更に「第4章　本編」の各課税文書に進み、具体的な課否判断を行います。

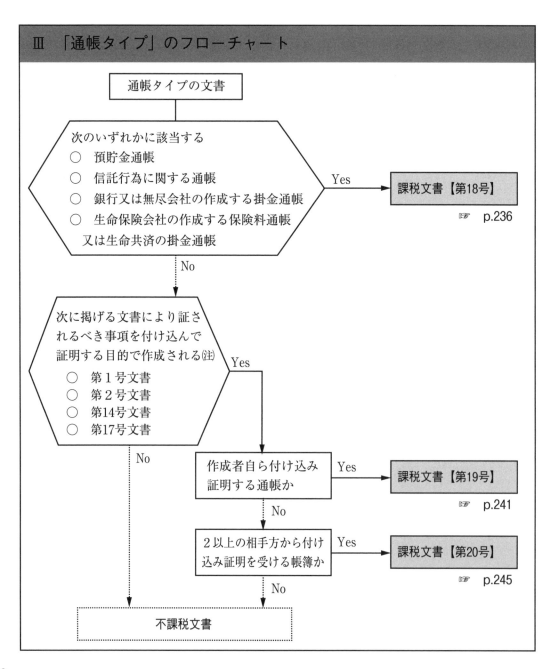

(注)　各号に規定する文書の種類は次のとおりです。

　　○　第1号文書　⇒

　　　　1　不動産、鉱業権、無体財産権、船舶若しくは航空機又は営業の譲渡
　　　　　に関する契約書

　　　　2　地上権又は土地の賃借権の設定又は譲渡に関する契約書

　　　　3　消費貸借に関する契約書

　　　　4　運送に関する契約書（傭船契約書を含む。）

　　○　第2号文書　⇒　請負に関する契約書

　　○　第14号文書　⇒　金銭又は有価証券の寄託に関する契約書

　　○　第17号文書　⇒　売上代金に係る金銭又は有価証券の受取書

第4章

本　編
～課税文書～

Ⅰ　契約書タイプの課税文書

契約書の意義	予約契約書、更改契約書、変更契約書、補充契約書

1　契約書

　印紙税法に規定する「契約書」とは、契約当事者の間において、契約（その予約を含みます。）の成立、更改又は内容の変更若しくは補充の事実（以下「契約の成立等」といいます。）を証明する目的で作成される文書をいうものとされます（基達12）。

　また、契約の消滅の事実を証明する目的で作成される文書は、契約の成立等を証明する目的で作成されるものではないことから、「契約書」に含まれないものとされます（基達12。第1章5（p.23）参照）。

　なお、課税事項のうちの一の「重要な事項」を証明する目的で作成される文書であっても、「契約書」に該当することとされます（基達12なお書）。

　この「重要な事項」は各課税文書ごとに基達別表第2に定めてあります（第7章「契約書の『重要な事項』」（p.302～）参照）。

留意点	契約書の「重要な事項」

　例えば、ある製品の製造請負を契約している当事者間において、製造の「単価」のみを定めた「覚書」を作成した場合、この文書で取り決められるのは製造単価のみですが、この文書は第2号文書と第7号文書の重要な事項（基達別表第2「4　第1号の4文書・第2号文書」及び「5　第7号文書(1)」（令26一）の「単価」（p.312、p.314））を定めるものであることから、単に一の「重要な事項」を証明するだけの文書であっても、課税文書（通則3イにより第7号文書）に該当することとされます（所属の決定についてはp.257参照）。

留意点	作成目的が契約に基づく権利を表彰する文書

文書中に契約の成立等に関する事項が掲載されていて、契約の成立等を証明することができるとしても、例えば社債券のようにその文書の作成目的が契約に基づく権利を表彰することにあるものは、契約書に該当しないものとされます（基達12注書）。

2　予約契約書

通則5に規定する「予約」とは、本契約を将来成立させることを約する契約をいい、その契約を証するための文書（予約契約書）は、その成立させようとする本契約の内容に従って、課税物件表における所属を決定することとされます（基達15）。つまり、予約契約書であっても本契約書と同じく課否判定を行うこととなります。

3　更改契約書

通則5に規定する「契約の更改」とは、契約によって既存の債務を消滅させて新たな債務を成立させることをいい、その契約を証するための文書は、新たに成立する債務の内容に従って、課税物件表における所属を決定することとされます（基達16）。

【例】　請負代金支払債務を消滅させ、土地を給付する債務を成立させる契約書　⇒　第1号文書

留意点	更改契約と変更契約の違い

更改における新旧両債務は同一性がなく、旧債務に伴った担保、保証、抗弁権等は原則として消滅することになります。一方変更契約は、既存の債務の同一性を失わせないで契約の内容を変更する契約であり、このような点で更改契約は変更契約とは異なることになります（基達16注書）。

4　変更契約書の取扱い

(1)　変更契約書とは

　通則5に規定する「契約の内容の変更」とは、既に存在している契約（以下「原契約」といいます。）の同一性を失わせないで、その内容を変更することをいうものとされます（基達17①）。

　変更契約書の決定は、原契約の「重要な事項」（基達別表第2「重要な事項の一覧表」（p.302〜））を判断対象とし、その変更の有無によって所属の決定を行うこととされています（基達17②）。

　その所属決定のフローチャートは次頁のとおりです。また、基本通達で定める所属決定の方法は、次の「(2)　変更契約書の所属の決定」のとおりです。

　なお、変更契約書（基達17②(1)から(3)までに掲げるもの）で重要な事項以外の事項を変更するものは、課税文書に該当しないものとされます（基達17②(4)）。

変更契約書所属決定のフローチャート

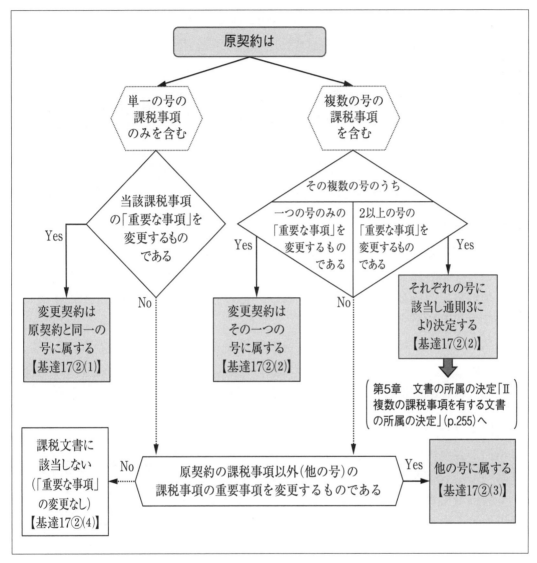

㊟　フローチャート中の「重要な事項」とは、基達別表第２「重要な事項の一
　覧表」（第７章（p.302～））に掲載された「重要な事項」をいいます。

(2)　変更契約書の所属の決定

　契約の内容の変更を証するための文書（変更契約書）の課税物件表における所属の決定は、次の区分に応じ、それぞれ次に掲げるところによるものとされます（基達17②）。

基達17②(1)

原契約が課税物件表の一の号のみの課税事項を含む場合において、当該課税事項のうちの重要な事項を変更する契約書	原契約と同一の号に所属を決定する
例　消費貸借契約書（第1号文書）の消費貸借金額（契約金額）50万円を100万円に変更する契約（p.308参照）　　　　　　　　　　⇒　第1号文書	

基達17②(2)前半

原契約が課税物件表の2以上の号の課税事項を含む場合において、当該課税事項の内容のうち重要な事項を変更する契約書で当該2以上の号のいずれか一方の号のみの重要な事項を変更するもの	当該一方の号に所属を決定する
例　報酬月額及び契約期間の記載がある清掃請負契約書（第2号文書と第7号文書に該当し、所属は第2号文書）の報酬月額（単価）を変更するもので、契約期間又は報酬総額の記載のない契約書（p.313、p.261参照）　⇒　第7号文書	

基達17②(2)後半

原契約が課税物件表の2以上の号の課税事項を含む場合において、当該課税事項の内容のうち重要な事項を変更する契約書で当該2以上の号のうちの2以上の号の重要な事項を変更するもの	それぞれの号に該当し通則3の規定によりその所属を決定する
例　報酬月額及び契約期間の記載がある清掃請負契約書（第2号文書と第7号文書に該当し、所属は第2号文書）の報酬月額を変更するもので、契約期間又は報酬総額の記載のある契約書（p.310、p.285参照）　⇒　第2号文書	

基達17②(3)

原契約の内容のうちの課税事項に該当しない事項を変更する契約書で、その変更に係る事項が原契約書の該当する課税物件表の号以外の号の重要な事項に該当するもの	当該原契約書の該当する号以外の号に所属を決定する
例　消費貸借に関する契約書（第1号文書）の連帯保証人を変更する契約書（p.323参照）　　　　　　　　　　⇒　第13号文書	

5　補充契約書の取扱い

(1)　補充契約書とは

　通則5に規定する「契約の内容の補充」とは、原契約の内容として欠けている事項を補充することをいうものとされます（基達18①）。補充契約書の決定は、原契約の「重要な事項」を判断対象とし、その変更の有無によって所属の決定を行うこととされています（基達18②）。

　その所属決定のフローチャートは次頁のとおりです。また、基本通達で定める所属決定の方法は、次の「(2)　補充契約書の所属の決定」のとおりです。

　なお、補充契約書（基達18②(1)から(3)までに掲げるもの）で重要な事項以外の事項を変更するものは、課税文書に該当しないものとされます（基達18②(4)）。

補充契約書所属決定のフローチャート

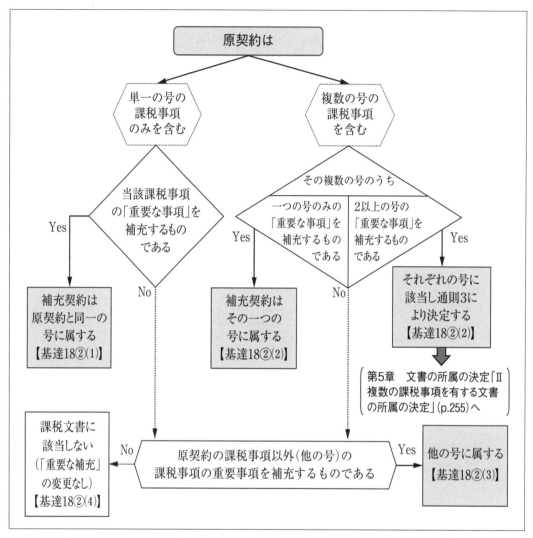

㊟　フローチャート中の「重要な事項」とは、基達別表第2「重要な事項の一覧表」（第7章（p.302～））に掲載された「重要な事項」をいいます。

⑵　補充契約書の所属の決定

　原契約の内容の補充を証するために作成する文書（以下「補充契約書」と
いいます。）の課税物件表における所属の決定は、次の区分に応じ、それぞ
れ次に掲げるところによるものとされます（基達18②）。

基達18②⑴

原契約が課税物件表の一の号のみの課税事項を含む場合において、当該課税事項のうちの重要な事項を補充する契約書	原契約と同一の号に所属を決定する

例　売買の目的物のみを特定した不動産売買契約書について、後日、売買価額（契約金額）を決定する契約書（p.303参照）　　　　　⇒　第1号文書

基達18②⑵前半

原契約が課税物件表の2以上の号の課税事項を含む場合において、当該課税事項の内容のうち重要な事項を補充する契約書で当該2以上の号のいずれか一方の号のみの重要な事項を補充するもの	当該一方の号に所属を決定する

例　契約金額の記載のない製造請負契約書（第2号文書と第7号文書に該当し、所属は第7号文書）について割戻金の計算方法（p.312参照）を補充する契約書　　　　　　　　　　　　　　　　　　　　　　⇒　第2号文書

基達18②⑵後半

原契約が課税物件表の2以上の号の課税事項を含む場合において、当該課税事項の内容のうち重要な事項を補充する契約書で当該2以上の号のうちの2以上の号の重要な事項を補充するもの	それぞれの号に該当し通則3の規定によりその所属を決定する

例　契約金額の記載のない清掃請負契約書（第2号文書と第7号文書に該当し、所属は第7号文書）の報酬月額及び契約期間を決定（補充）する契約書（p.312、p.285参照）　　　　　　　　　　　　⇒　第2号文書

基達18②⑶

原契約の内容のうちの課税事項に該当しない事項を補充する契約書で、その補充に係る事項が原契約書の該当する課税物件表の号以外の号の重要な事項に該当するもの	当該原契約書の該当する号以外の号に所属を決定する

例　消費貸借契約書（第1号文書）に新たに連帯保証人の保証を付す契約書（p.323参照）　　　　　　　　　　　　　　　　　⇒　第13号文書

1号の1文書　1号の2文書　1号の3文書　1号の4文書　2号文書　5号文書　7号文書　12号文書　13号文書　14号文書　15号文書

第1号の1文書　不動産、鉱業権、無体財産権、船舶若しくは航空機又は営業の譲渡に関する契約書

1　不動産の譲渡に関する契約書

⑴　不動産とは

印紙税法にいう不動産とは、次のものをいいます。

①　本来の意味における不動産。つまり、土地及びその定着物です（民法86①、不動産登記法2一）。なお、土地と建物は別個の不動産として取り扱われます。

②　法律の規定により不動産とみなされるもの（みなし不動産）。

みなし不動産には、登録された鉄道財団、軌道財団、自動車交通事業財団等も含まれます（課税物件表「第1号」定義欄1）。

留意点	主なみなし不動産

主なみなし不動産としては、登記された又は明認方法を施された立木（立木ニ関スル法律）、登記された工業財団（工場抵当法9）などが挙げられます。

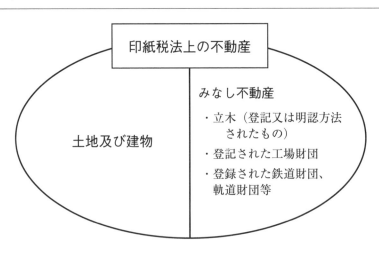

印紙税法上の不動産

土地及び建物

みなし不動産
・立木（登記又は明認方法されたもの）
・登記された工場財団
・登録された鉄道財団、軌道財団等

㊟　不動産の意義（基達別表第1「第1号の1文書」1）

①　民法第86条（不動産及び動産）に規定する不動産

②　工場抵当法第9条の規定により登記された工場財団

③　鉱業抵当法第３条の規定により登記された鉱業財団

④　漁業財団抵当法第５条の規定により登記された漁業財団

⑤　港湾運送事業法第26条（工場抵当法の準用）の規定により登記された港湾運送事業財団

⑥　道路交通事業抵当法第６条（所有権保存の登記）の規定により登記された道路交通事業財団

⑦　観光施設財団抵当法第７条（所有権の保存の登記）の規定により登記された観光施設財団

⑧　立木ニ関スル法律の規定により登記された立木

　　ただし、登記されていない立木であっても明認方法を施したものは、不動産として取り扱われます。

　　なお、いずれの場合においても、立木を立木としてではなく、伐採して木材等とするものとして譲渡することが明らかであるときは、不動産として取り扱わず、物品として取り扱われます。

⑨　鉄道抵当法第28条の２の規定により登録された鉄道財団

⑩　軌道ノ抵当ニ関スル法律第１条の規定により登録された軌道財団

⑪　自動車交通事業法第38条の規定により登録された自動車交通事業財団

(2)　不動産の従物の取扱い

①　不動産と従物（民法87）の関係にある資産を一括譲渡する場合の記載金額

　　従物の譲渡価額が不動産の価額と区分記載されていても、その合計額が記載金額とされます（基達別表第１「第１号の１文書」2(1)）。

②　不動産と従物の関係にない資産を一括譲渡する場合の記載金額

　　従物の関係にない資産の譲渡価格が不動産の価額と区分記載されていれば、従物の関係にない資産の価額を除いた不動産の譲渡価額のみが記載金額とされます（基達別表第１「第１号の１文書」2(2)）。

　　㊟　従物とは、建物の畳や建具、物置、土地（庭）の灯篭、庭石などのように、ある物の常用に供され、かつ、双方ともに同一人の所有に属するものをいいます。

(3)　解体撤去を条件とする不動産の売買契約書

　老朽建物等の不動産を解体撤去することを条件として売買する場合に作成する契約書で、その売買価額が当該不動産の解体により生ずる素材価額相当額又はそれ以下の価額である等その不動産の構成素材の売買を内容とすることが明らかなものについては、課税文書に該当しないことに取り扱われます（基達別表第1「第1号の1文書」3）。

(4)　不動産の売渡証書

　不動産の売買について、当事者双方が売買契約書を作成し、その後更に登記の際に作成する不動産の売渡証書は、第1号の1文書に該当します（基達別表第1「第1号の1文書」4）。

　なお、この場合の不動産の売渡証書に記載される登録免許税の課税標準たる評価額は、当該文書の記載金額には該当しないこととされます。

留意点	売渡証書

　登記の際に作成される「売渡証書」は、一般的には司法書士が契約書原本の代わりに作成して、登記申請の「登記原因証明情報」として使用します。この「登記原因証明情報」として法務局等に提出する「売渡証書」は契約当事者以外の官庁等に提出することが明らかであり、課税文書に該当しないものとされます（基達20。p.25参照）。

　実際に課税対象となるのは、登記が完了した後に登記簿謄本（全部事項証明書）、登記識別情報などと共に司法書士から交付を受けることがある当事者控としての「売渡証書」（登記原因証明情報と同様に当事者の記名・押印がされたもの）です。

(5)　共有不動産の持分の譲渡契約書

　共有不動産の持分の譲渡契約書は、第1号の1文書に該当するものとして取り扱われます（基達別表第1「第1号の1文書」7）。

(6)　遺産分割協議書

　相続不動産等を各相続人に分割することについて協議する場合に作成する遺産分割協議書は、単に共有遺産を各相続人に分割することを約すだけであって、不動産の譲渡を約するものでないので、不動産の譲渡に関する契約書には該当しないものとされます（基達別表第1「第1号の1文書」8）。

(7)　不動産と動産との交換契約書の記載金額

　不動産と動産との交換を約する契約書は、第1号の1文書に所属し、その記載金額の取扱いは、次によることとされます（基達別表第1「第1号の1文書」5）。

① 　交換に係る不動産の価額が記載されている場合（動産の価額と交換差金とが記載されている等当該不動産の価額が計算できる場合を含みます。）は、当該不動産の価額を記載金額とすることとされます（基達別表第1「第1号の1文書」5⑴）。

② 　交換差金のみが記載されていて、当該交換差金が動産提供者によって支払われる場合は、当該交換差金を記載金額とすることとされます（基達別表第1「第1号の1文書」5⑵）。

③ 　①又は②以外の場合は、記載金額がないものとすることとされます（基達別表第1「第1号の1文書」5⑶）。

(8)　不動産の買戻し約款付売買契約書の記載金額

　買戻し約款のある不動産の売買契約書の記載金額の取扱いは、次によることとされます（基達別表第1「第1号の1文書」6）。

① 　買戻しが再売買の予約の方法によるものである場合は、当該不動産の売買に係る契約金額と再売買の予約に係る契約金額との合計金額を記載金額とすることとされます（基達別表第1「第1号の1文書」6⑴）。

② 　買戻しが民法第579条（買戻しの特約）に規定する売買の解除の方法によるものである場合は、当該不動産の売買に係る契約金額のみを記載金額とすることとされます（基達別表第1「第1号の1文書」6⑵）。

1号の1文書　1号の2文書　1号の3文書　1号の4文書　2号文書　5号文書　7号文書　12号文書　13号文書　14号文書　15号文書

(9)　現物出資引受書

　会社の設立又は増資の際に、出資者が金銭以外の財産による出資を引き受けた事実を証明する文書は、その出資の目的（財産）によって次のように取り扱われます。

①　土地・建物等の不動産の所有権を現物出資する場合	第1号の1文書
②　車両、機械装置等の動産の所有権を現物出資する場合	不課税文書 （p.21参照）

(10)　不動産の譲渡に関する契約書の軽減税率

　第1号の1文書の中でも、不動産の譲渡に関する契約書については、次の留意点のとおり、軽減税率が設けられています（p.328参照）。

留意点	不動産の譲渡に関する契約書の軽減税率

　不動産の譲渡に関する契約書で、次の期間に作成されたものについては、各作成時期によって異なる軽減税率が適用されています（後掲参考資料Ⅰ「法別表第1　課税物件表」（p.328）参照）。

①　平成9年4月1日から平成26年3月31日までの間に作成された不動産の譲渡に関する契約書（租税特別措置法91①）

②　平成26年4月1日から令和6年（2024年）3月31日までの間に作成された不動産の譲渡に関する契約書（租税特別措置法91②）

㊟　上記軽減税率は、第1号の1文書の中でも「不動産の譲渡に関する契約書」に限り適用されるものです。同じ号であっても、他の文書（例えば「営業の譲渡に関する契約書」など）には適用されません。

2　鉱業権の譲渡に関する契約書

(1)　鉱業権とは

　「鉱業権」とは、鉱業法第5条（鉱業権）に規定する鉱業権をいい、同法第59条（登録）の規定により登録されたものに限ります（基達別表第1「第

68

1号の1文書」9）。

(2)　鉱業権の内容

　鉱業権は、採掘権と試掘権を内容とします（鉱業法11）。

3　無体財産権の譲渡に関する契約書

○　無体財産権とは

　「無体財産権」とは、特許権、実用新案権、商標権、意匠権、回路配置利用権、育成者権、商号及び著作権をいうものとされます（課税物件表「第1号」定義欄2）。

①　特許権とは

　「特許権」とは、特許法第66条（特許権の設定の登録）の規定により登録された特許権をいうものとされます（基達別表第1「第1号の1文書」10）。

留意点	特許出願権譲渡証書

　発明に関する特許を受ける権利（出願権）の譲渡を約することを内容とする文書は、特許権そのものの譲渡を約することを内容とするものではないので、課税文書に該当しないものとされます（基達別表第1「第1号の1文書」11）。

②　実用新案権とは

　「実用新案権」とは、実用新案法第14条（実用新案権の設定の登録）の規定により登録された実用新案権をいうものとされます（基達別表第1「第1号の1文書」12）。

③　商標権とは

　「商標権」とは、商標法第18条（商標権の設定の登録）の規定により登録された商標権をいうものとされます（基達別表第1「第1号の1文書」13）。

④　意匠権とは

　「意匠権」とは、意匠法第20条（意匠権の設定の登録）の規定により登録された意匠権をいうものとされます（基達別表第1「第1号の1文書」14）。

⑤　回路配置利用権とは

　「回路配置利用権」とは、半導体集積回路の回路配置に関する法律第3条（回路配置利用権の設定の登録）の規定により登録された回路配置利用権をいうものとされます（基達別表第1「第1号の1文書」15）。

⑥　育成者権とは

　「育成者権」とは、種苗法第19条（育成者権の発生及び存続期間）の規定により登録された育成者権をいうものとされます（基達別表第1「第1号の1文書」16）。

⑦　商号とは

　「商号」とは、商法第11条（商号の選定）及び会社法第6条（商号）に規定する商号をいうものとされます（基達別表第1「第1号の1文書」17）。

⑧　著作権とは

　「著作権」とは、著作権法の規定に基づき著作者が著作物に対して有する権利をいうものとされます（基達別表第1「第1号の1文書」18）。

4　船舶又は航空機の譲渡に関する契約書

(1)　船舶とは

　「船舶」とは、次のものをいうこととされています（基達別表第1「第1号の1文書」19）。

①　船舶法第5条に規定する船舶原簿に登録を要する総トン数20トン以上の船舶

②　上記①に類する外国籍の船舶

留意点	小型船舶等の取扱い

　　上記①又は②に該当しないその他の船舶は、物品として取り扱われます（その譲渡契約書は不課税文書です）。

　　また、小型船舶の登録等に関する法律第3条に規定する小型船舶登録原簿に登録を要する総トン数20トン未満の小型船舶も物品として取り扱われます（基達別表第1「第1号の1文書」19なお書）。

(2)　船舶委付証

　沈没した船舶に海上保険が付されている場合に船主が保険の目的物である船舶を保険会社に委付する際に作成する船舶委付証は、契約の成立等を証明するものではないので、課税文書に該当しないこととされます（基達別表第1「第1号の1文書」20）。

(3)　航空機とは

　「航空機」とは、航空法第2条（定義）に規定する航空機をいい、同法第3条（登録）の規定による登録の有無を問わないこととされます（基達別表第1「第1号の1文書」21）。

5　営業の譲渡に関する契約書

(1)　営業の譲渡とは

　「営業の譲渡」とは、営業活動を構成している動産、不動産、債権、債務等を包括した一体的な権利、財産としてとらえられる営業の譲渡をいい、その一部の譲渡を含むものとされます（基達別表第1「第1号の1文書」22）。

(2)　営業譲渡契約書の記載金額

　営業譲渡契約書の記載金額は、その営業活動を構成している動産及び不動産等の金額をいうのではなく、その営業を譲渡することについて対価として支払われるべき金額をいうものとされます（基達別表第1「第1号の1文書」22注書）。

留意点	営業譲渡契約書の記載金額

　営業譲渡契約書において、その営業活動を構成している動産及び不動産等の金額が記載されている場合、「不動産の譲渡に関する契約書」として不動産部分の金額を抜き出し、その額を記載金額として税率を適用する誤りがあります。

　「営業の譲渡」は、「営業活動を構成している動産、不動産、債権、債務等を包括した一体的な権利、財産」とされることから、その営業を譲渡することについて対価として支払われるべき金額が記載金額とされます。

留意点	会社法上の「事業譲渡」

　会社法では、「営業の譲渡」という用語はなく、会社法の制定の伴って旧商法時代の「営業の譲渡」が用語変更され、「事業譲渡」という用語が使用されています（会社法467、468）が、これも「営業の譲渡」と同義とされます。商人の場合は「営業」（商法1）ですが、会社の場合は営業の複合体が観念できるので（全部譲渡もあれば一部譲渡もあります。会社法467①）、「事業」に用語変更されたものと考えられます。

第1号の2文書	地上権又は土地の賃借権の設定又は譲渡に関する契約書

1号の1文書　1号の2文書　1号の3文書　1号の4文書　2号文書　5号文書　7号文書　12号文書　13号文書　14号文書　15号文書

1　地上権の設定又は譲渡に関する契約書

(1)　地上権とは

　「地上権」とは、民法第265条（地上権の内容）に規定する地上権をいい、同法第269条の2（地下又は空間を目的とする地上権）に規定する地下又は空間の地上権を含むものとされます（基達別表第1「第1号の2文書」1）。

(2)　地上権以外の用益物権

　民法上、一定の目的のため他人の土地を使用、収益できる制限物権（用益物権）には、地上権のほか、永小作権、地役権及び入会権がありますが、永小作権、地役権の設定又は譲渡に関する契約書は平成元年3月31日をもって課税廃止されており（「第1章　不課税文書を知る」(p.10)　参照）、入会権についてはもとより不課税とされていました。

2　土地の賃借権の設定又は譲渡に関する契約書

(1)　土地の賃借権とは

　「土地の賃借権」とは、民法第601条（賃貸借）に規定する賃貸借契約に基づき賃借人が土地（地下又は空間を含みます。）を使用収益できる権利をいい、借地借家法第2条（定義）に規定する借地権に限らないものとされます（基達別表第1「第1号の2文書」2）。

　したがって、事業用定期借地権（借地借家法23）なども土地の賃借権に含まれます。

(2)　地上権、賃借権、使用貸借権の区分

　地上権であるか土地の賃借権又は使用貸借権であるかが判明しないものは、土地の賃借権又は使用貸借権として取り扱うものとされます（基達別表第1「第1号の2文書」3）。

1号の1文書　1号の2文書　1号の3文書　1号の4文書　2号文書　5号文書　7号文書　12号文書　13号文書　14号文書　15号文書

　なお、土地の賃借権と使用貸借権との区分は、土地を使用収益すること についてその対価を支払わないこととしている場合が土地の使用貸借権と なり、土地の使用貸借権の設定に関する契約書は、第1号の2文書（土地 の賃借権の設定に関する契約書）には該当せず、使用貸借に関する契約書に 該当し、不課税文書です（「第1章　不課税文書を知る」（p.15）参照。）。

留意点	使用貸借契約書の「必要費」は賃料か

　土地の使用貸借契約の場合、借主は通常の必要費を負担することと されています（民法595①）。

　ところで、土地の使用貸借契約書には、目的物である土地の公租公 課（固定資産税など）や費用を借主負担と定める契約書が見受けられ ますが、土地の公租公課などは、通常の必要費として扱われ、公租公 課相当額が賃料扱いされることはありません。したがって、その記載 があっても当該契約書は土地の賃貸借契約書には該当しないものとし て取り扱われます。

(3)　第1号の2文書の記載金額

　第1号の2文書の記載金額は、「設定又は譲渡の対価たる金額」とされ ています。ここでいう「設定又は譲渡の対価たる金額」とは、賃貸料を除 き、権利金その他名称のいかんを問わず、契約に際して相手方当事者に交 付し、後日返還されることが予定されていない金額をいうものとされます。

　したがって、賃貸料はもちろん、後日返還されることが予定されている 保証金、敷金等も、契約金額には該当しないことになります（基達23(2)）。

留意点	第1号の2文書の記載金額

　第1号の2文書の記載金額は「設定又は譲渡」の対価とされるので、 設定の対価たる権利金等（不返還部分の保証金など）の金額や、譲渡の 対価たる名義書換料等の金額が記載金額となります（基達23(2)）。

　これに対し、利用、使用の対価である「賃料」等は記載金額とはな

りません。したがって、賃料のほかに保証金、敷金等の金額の記載が
あっても、その全額が契約終了時に返還される予定となっている土地
の賃貸借契約書は、記載金額のない第１号の２文書に該当することに
なります。

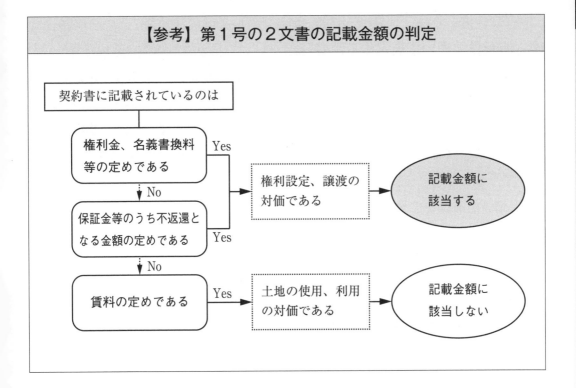

【参考】第１号の２文書の記載金額の判定

契約書に記載されているのは

権利金、名義書換料
等の定めである　──Yes──┐
　↓No　　　　　　　　　　　権利設定、譲渡の　　→　記載金額に
保証金等のうち不返還と　　　対価である　　　　　　該当する
なる金額の定めである　──Yes──┘
　↓No
賃料の定めである　──Yes──→　土地の使用、利用　→　記載金額に
　　　　　　　　　　　　　　　の対価である　　　　　該当しない

留意点　**賃貸借承諾書**

　借地上の建物を担保に供する場合で、将来担保権実行により建物の
所有者が変更になったときは、当該建物の新所有者に引き続き土地を
賃貸する旨の意思表示をした土地所有者が作成する承諾書は、第1号
の２文書（土地の貸借権の設定に関する契約書）に該当するものとされ
ます（基達別表第１「第１号の２文書」４）。

1号の1文書　1号の2文書　1号の3文書　1号の4文書　2号文書　5号文書　7号文書　12号文書　13号文書　14号文書　15号文書

第1号の3文書　消費貸借に関する契約書

1　消費貸借とは

「消費貸借」とは、民法第587条（消費貸借）又は同法第587条の2（書面でする消費貸借等）に規定する消費貸借をいい、同法第588条（準消費貸借）に規定する準消費貸借を含むものとされます（基達別表第1「第1号の3文書」1）。

㊟　従来、消費貸借契約は、民法上「要物契約」（当事者の合意だけでなく、目的物を引き渡すことが契約成立の要件）とされてきましたが、実際の取引の実情を踏まえ、2020年4月施行の改正民法で、書面又は電磁的記録によってなされる場合の消費貸借契約は諾成契約に当たることが明確化されました（諾成的消費貸借契約（民法587の2））。

2　消費貸借の目的物

消費貸借の目的物は金銭に限られません（基達別表第1「第1号の3文書」1なお書）。例えば、有価証券なども消費貸借の目的物となります。

【例】有価証券借用証書、債券貸借取引契約書など

3　限度（極度）貸付契約書

⑴　限度貸付契約書の記載金額

貸付累計額の最高額をあらかじめ定め、その金額に達するまで貸し付けることを内容とする限度貸付契約書は、そのあらかじめ定められた最高金額（予定金額。基達26⑴⑵（p.291参照））である限度額が記載金額とされます（基達別表第1「第1号の3文書」2⑴）。

⑵　極度貸付契約書の記載金額

あらかじめ定められた極度額の範囲内で、繰り返し融資することを内容とする極度貸付契約書の極度額は、貸付けの与信枠を定めたものであり、直接貸付金額を予約したものではないことから、当該極度額は記載金額に

該当しないものとして取り扱われます（基達別表第1「第1号の3文書」2⑵）。

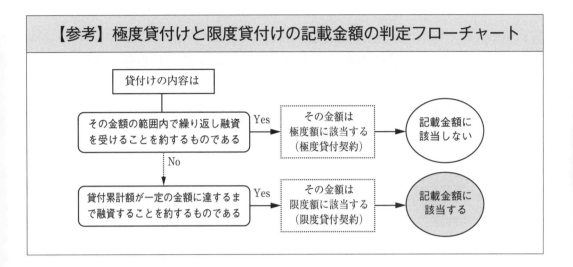

【参考】極度貸付けと限度貸付けの記載金額の判定フローチャート

貸付けの内容は

その金額の範囲内で繰り返し融資を受けることを約するものである → Yes → その金額は極度額に該当する（極度貸付契約） → 記載金額に該当しない

No

貸付累計額が一定の金額に達するまで融資することを約するものである → Yes → その金額は限度額に該当する（限度貸付契約） → 記載金額に該当する

4　債務承認弁済契約書

「債務承認弁済契約書」とは、債務者が既存の債務の存在を承認し、その弁済を約する契約書ですが、その内容によって取扱いが異なります（基達別表第1「第1号の3文書」3、11）。

⑴　基本的な考え方

既存の契約の同一性を保持しつつ弁済（支払）方法、弁済（支払）期日の変更のみを約するものは、既存の原契約書の変更契約書になります（基達17、基達別表第2「重要な事項の一覧表」。p.58、p.308参照）。

したがって、原契約書が第1号の3文書で、その「重要な事項」としての支払方法や支払期日を変更する文書であれば、同一の号に属する課税文書の変更契約書に該当することになります（第7章3⑷⑸（p.308～）参照）。

一方、買掛金債務などの既存の債務の額を一つの元本として弁済方法、弁済期日や利息等を定める契約は、既存の契約とは別の新たな準消費貸借契約の成立が認められることになります。

⑵　消費貸借に基づく債務承認及び弁済契約書

消費貸借に基づく既存の債務金額を承認し、併せてその返還期日又は返

還方法（代物弁済によることとするものを含みます。）等を約するものは、第1号の3文書（消費貸借に関する契約書）に該当するものとされます（基達別表第1「第1号の3文書」3）。

なお、この場合の返還を約する債務金額については、当該文書に当該債務金額を確定させた契約書が他に存在することを明らかにしているものに限り、記載金額に該当しないものとして取り扱われます（基達別表第1「第1号の3文書」3なお書）。

留意点　**消費貸借に基づく債務承認弁済契約書の記載金額**

金銭消費貸借契約の残債務を確認し、弁済方法、弁済期日を変更するものは、原契約書たる金銭消費貸借契約書の変更契約書に該当します（p.58、p.308参照）。この場合、契約金額を確定させた原契約書の存在が明らかになっていれば、記載金額のない第1号の3文書となります（基達別表第1「第1号の3文書」3なお書）。

---

(3)　物品売買に基づく債務承認弁済契約書

物品売買に基づく既存の代金支払債務を承認し、併せて支払期日又は支払方法を約するものは、物品の譲渡に関する契約書に該当するので不課税文書（p.21参照）ですが、債務承認弁済契約書と称するものであっても、代金支払債務を消費貸借の目的とすることを約するものは、第1号の3文書（消費貸借に関する契約書）に該当するものとされます。

そして、この場合の債務承認金額は、当該契約書の記載金額とされます（基達別表第1「第1号の3文書」11）。

留意点　**物品売買に基づく債務承認弁済契約書の記載金額**

買掛金などの債務残高を一つの元本とし、これに弁済方法や利率、損害金等を定める契約は準消費貸借契約に該当し、その元本の金額が当該文書（第1号の3文書）の記載金額となります。

【参考】債務承認弁済契約書の課否判定フローチャート

債務承認弁済契約書等で原契約書が

- 金銭消費貸借契約書である
  - 残債務を確認し単に返済期日、返還方法を定めるもの → 第1号の3文書 (注)1、2
  - 複数の契約の債務残高を束ねて借り替えるなど既存の債務を別の消費貸借の目的とするもの → 新たな第1号の3文書（準消費貸借契約書）

- 売買契約書等である
  - 残債務を確認し単に支払期日、支払方法を定めるもので
    - 原契約書は第7号文書に該当する
      - Yes → (注)3
      - No ↓
    - 原契約書は次のいずれかに該当する 第1号の1、第1号の2、第1号の4、第2号、第12号、第14号又は第15号
      - Yes → 当該各号の課税文書 (注)1、4
      - No → 不課税文書
  - 既存の代金債務を消費貸借の目的とするもの → 新たな第1号の3文書（準消費貸借契約書）(注)5

(注)1　重要な事項（p.302～参照）に係る変更契約の取扱いとなります。

　　2　元本を確定させた原契約書の作成が明らかにされている場合は、記載金額のない第1号の3文書とされます（基達別表第1「第1号の3文書」3）。

3　原契約書が2以上の号の課税文書に該当し、所属の決定（基達11①(3)(7)（p.261、p.283参照））により第7号文書に所属が決定された文書である場合、債務承認弁済契約書の内容（支払期日、支払方法等）が第7号以外の他の号の重要事項に該当するときは、当該他の号の変更契約書又は補充契約書に該当することとなります（p.58、p.61参照）。

【例】所属の決定により第7号文書とされた文書の取扱いは、例えば次のとおりです。

原契約書	原契約書の所属の決定（例）	債務承認弁済契約書の内容（例）	左の文書の課否（所属の決定）
注文生産品（請負）の継続的取引の基本となる契約書	第2号と第7号に該当し通則3イ（p.257参照）により第7号文書	支払期日、支払方法の変更・補充を内容とし、第2号文書の「重要な事項」に該当する※	第2号文書【基達17②(2)】（p.60参照）
カタログ商品売買の継続的取引の基本となる契約書	不課税文書と第7号文書に該当し第7号文書（基達10(2)）（p.254参照）	第7号文書の「重要な事項」には該当しない※	不課税文書

※　第7号文書の「重要な事項」は、「二以上の取引に共通して適用される取引条件」（令26一）を定めるものが前提となっています。上記例の場合の債務承認弁済契約は、いずれも継続的取引の中の特定の債務について支払期日や支払方法を定める個別契約であり、継続取引に共通して適用されるものではありません。

4　残債務の金額が契約金額とされることはありません（基達23）。

5　債務承認金額が記載金額とされます（基達別表第1「第1号の3文書」11）。

5　金銭借用証書、借受金受領書

(1)　金銭借用証書

「金銭借用証書」とは、借主が金銭を借り入れる際、借入金額、返済期日、利率、支払方法等を記載して貸主に差し入れる文書であり、第1号の3文書に該当します。

(注)「金銭借用証書」は、返済期日や利息など上記事項のすべてが記載されていなくとも（単に借入金額を記載しただけのもの）であっても、第１号の３文書として取り扱われます（「重要な事項」p.308参照）。

(2) 借受金受領書

「借受金受領書」とは、その記載内容によって次のように取り扱われます（基達別表第１「第１号の３文書」４）。

イ　単に当該借受金の受領事実を証明するもの

⇒　第17号文書（金銭の受取書）

ロ　当該借受金の受領事実とともにその返還期日又は返還方法若しくは利率等を記載証明するもの

⇒　第１号の３文書

6　建設協力金、保証金

貸ビル業者等がビル等の賃貸借契約又は使用貸借契約（その予約を含みます。）をする際などに、当該ビル等の借受人等から建設協力金、保証金などと称する一定の金銭を受領することがありますが、当該金銭について、そのビル等の賃貸借又は使用貸借契約期間に関係なく、一定期間据置き後一括返還又は分割返還することを約する契約書は、第１号の３文書として取り扱われます（基達別表第１「第１号の３文書」７）。

留意点	建設協力金、保証金
このような契約書が第１号の３文書に該当するか否かは、「建設協力金」や「保証金」等の返済期日又は分割返済の期間等の定めが、賃貸借又は使用貸借の期間に関係なく設定されているかどうかにあります。	

1号の1文書　1号の2文書　1号の3文書　1号の4文書　2号文書　5号文書　7号文書　12号文書　13号文書　14号文書　15号文書

7　貸付決定通知書等

　金銭の借入申込みに対して貸し付けることを決定し、その旨を記載して当該申込者へ交付する貸付決定通知書等と称する文書は、第1号の3文書（消費貸借に関する契約書）に該当するものとされます（基達別表第1「第1号の3文書」10)。

留意点	通知書も契約書になる？

　契約は申し込みとそれに対する承諾によって成立します（民法526等）。相手方の申込みに対する承諾事実を証明する目的で作成される文書は、契約書として取り扱われます（通則5、基達21①（p.30参照))。

(注)　消費貸借契約は、以前の民法では要物契約（民法587）とされていましたが、実務上は諾成契約も有効とされ、印紙税も同様に諾成契約成立段階の文書も課税文書として取り扱われていました。このような現状を踏まえ、2020年4月1日に施行された改正民法では、書面による消費貸借契約は諾成契約とされました（民法587条の2）。

8　ゴルフクラブの会員証等

　ゴルフクラブ等のレジャー施設がその会員になろうとする者から入会保証金等を受け入れた場合に作成する入会保証金預り証又は会員証等と称する文書で、有価証券に該当しないもののうち、一定期間据置き後一括返還又は分割返還することを約するもの（退会時にのみ返還することとしているものを除きます。）は、第1号の3文書として取り扱われます（基達別表第1「第1号の3文書」8）。

　　(注)　入会保証金等を退会時にのみ返還することとしているものであっても、入会保証金等の受領事実が記載されているものは、第17号の2文書（売上代金以外の金銭又は有価証券の受取書）に該当します（基達別表第1「第1号の3文書」8注書)。

【参考】入会保証金預り証又は会員証等と称する文書の課否判定フローチャート

```
┌─────────────────────────┐
│ 入会保証金預り証又は会員証等と │
│ 称する文書は、          │
└─────────────────────────┘
           │
           ▼
      ◇有価証券か◇ ──Yes──▶ ┌────────┐
           │              │ 不課税文書 │
           No             └────────┘
           │
           ▼
  ◇退会時にのみ返還      ──Yes──┐
   することとしている◇         │
           │                  ▼
           No          ┌──────────┐ ─Yes─▶ ┌──────────────┐
           │          │受領事実が記載│        │課税文書【第17号の2】│
           ▼          │されているか │        │      ☞ p.228 │
  ◇一定期間据置き後、    └──────────┘        └──────────────┘
   一括返還又は分割返還する       No
   こととしている◇ ──No──┘      │
           │                  ▼
          Yes          ┌────────┐
           │           │ 不課税文書 │
           ▼           └────────┘
   ┌──────────────┐
   │課税文書【第1号の3】 │
   └──────────────┘
```

9　総合口座取引約定書

　普通預金残額のない場合に、一定金額を限度として預金者の払い戻し請求に応ずることを約した総合口座取引約定書は、第1号の3文書とされます（基達別表第1「第1号の3文書」6）。

　なお、各種料金等の支払を預金口座振替の方法により行うことを委託し

ている場合に、当該各種料金等の支払についてのみ預金残額を超えて支払うことを約するものは、委任に関する契約書に該当するので不課税文書とされます（基達別表第1「第1号の3文書」6なお書）。

10　学校債券

　学校が校舎、図書館、プール等の新設のための建築資金に充てる目的で当該建築資金を受け入れた場合に作成する学校債券又は借款証券等で有価証券に該当するものは、不課税文書とされます（基達別表第1「第1号の3文書」9）。

11　出張旅費前借金領収証等

　会社等の従業員が、会社等の業務執行に関して給付される給料、出張旅費等の前渡しを受けた場合に作成する前借金領収証等で、当該領収証等が社内規則等によって会社の事務整理上作成することとされているものは、当該前借金等を後日支給されるべき給料、旅費等によって相殺することとしているなど、消費貸借に関する契約書の性質を有するものであっても、第1号の3文書としては取り扱わないこととされます（基達別表第1「第1号の3文書」5）。

　なお、例えば会社等がその従業員に住宅資金の貸付けを行う場合における当該住宅資金は、会社等の業務執行に関して給付されるものに当たらないものとされています（基達別表第1「第1号の3文書」5なお書）。

第１号の４文書	運送に関する契約書（傭船契約書を含む。）

1　運送とは

　「運送」の意義は、委託により物品又は人を所定の場所へ運ぶこととされています（基達別表第１「第１号の４文書」１）。

2　運送に関する契約書

　運送に関する契約書には、乗車券、乗船券、航空券及び送り状を含まないものとされます（課税物件表「第1号」定義欄3）。したがって、「送り状」は第１号の４文書から除かれています。

留意点	第１号の４文書に当たらない「送り状」とは

　「送り状」とは、荷送人が運送人の請求に応じて交付する書面で、運送品とともに到達地に送付され、荷受人が運送品の同一性を検査し、また、着払運賃等その負担する義務の範囲を知るために利用するものをいいます（基達別表第１「第１号の４文書」２）。
　ただし、次の３の留意点に注意が必要です。

3　発送伝票、送り状、運送状

　運送業者が貨物の運送を引き受けたことを証明するために荷送り人に交付する文書は、第１号の４文書に該当します（基達別表第１「第１号の４文書」２後段）。
　したがって、文書の表題が「発送伝票」「送り状」「運送状」などとなっていても、運送物品の種類、数量、運賃、発地、着地など、運送契約の内容を証する事実が記載され、貨物の運送を引き受けたことを証するために荷送人に交付する文書であれば、標題が発送伝票や上記２と同じ送り状又

は運送状となっている文書であっても第1号の4文書に該当するものとして取り扱われます。

留意点	第1号の4文書に該当する「送り状」等

　標題が送り状又は運送状となっている文書であっても、運送業者が貨物の運送を引き受けたことを証明するため荷送人に交付するものは、上記2の留意点の（課税されない）「送り状」に該当せず、第1号の4文書（運送に関する契約書）に該当するものとされます（基達別表第1「第1号の4文書」2）。

留意点	「送り状」－課税の対象となるもの、ならないもの

① 　荷送人に交付されるもの

　運送人が貨物の運送を引き受けた際に荷送人に交付する「送り状」で、「荷受人」、「出荷人」及び「運送保険」などの具体的な運送契約の成立を証明する目的で作成されるものは第1号の4文書に該当するものとして取り扱われます（p.310参照）。

　また、このような「送り状」に運賃額の記載があれば、記載金額（運賃額）のある第1号文書に該当することとなります。

② 　貨物とともに荷受人に交付されるもの

　第1号の4文書から除かれる「送り状」に該当し、不課税文書とされます（課税物件表「第1号」定義欄3、上記2の「留意点」参照）。

4　貨物受取書

　運送業者が貨物運送の依頼を受けた場合に依頼人に交付する貨物受取書のうち、貨物の品名、数量、運賃、積み地、揚げ地等具体的な運送契約の成立を記載証明したものは、第1号の4文書（運送に関する契約書）とされ、単に物品の受領の事実を記載証明しているにすぎないものは、第1号の4文書に該当しないものとして取り扱われます（基達別表第1「第1号の4文書」3）。

1号の1文書　1号の2文書　1号の3文書　1号の4文書　2号文書　5号文書　7号文書　12号文書　13号文書　14号文書　15号文書

| 留意点 | 課税の対象となる「貨物受取書」 |

運送業者が依頼人に交付する「貨物受取書」は、本来的には不課税文書ですが、「貨物の品名、数量、運賃、積み地、揚げ地等具体的な運送契約」の内容を記載すれば、運送依頼を受諾した文書として第1号の4文書となります（p.310参照）。

5　傭船契約とは

運送に関する契約書には、傭船契約書を含むものとされます（課税物件表「第1号」物件名欄4）。

「傭船契約」とは、船舶又は航空機の全部又は一部を貸し切り、これにより人又は物品を運送することを約する契約で、次のいずれかに該当するものをいいます（基達別表第1「第1号の4文書」4）。

① 船舶又は航空機の占有がその所有者等に属し、所有者等自ら当該船舶又は航空機を運送の用に使用するもの

② 船長又は機長その他の乗組員等の選任又は航海等の費用の負担が所有者等に属するもの

| 留意点 | 定期傭船契約書の取扱い |

定期傭船契約書は、傭船契約書として取り扱われます（基達別表第1「第1号の4文書」5）。

したがって、その内容により第1号の4文書（運送に関する契約書）又は第7号文書（継続的取引の基本となる契約書）に該当することとなります。

1号の1文書　1号の2文書　1号の3文書　1号の4文書　2号文書　5号文書　7号文書　12号文書　13号文書　14号文書　15号文書

留意点	裸傭船契約書の取扱い

　いわゆる裸傭船契約書は、その内容が単に船舶又は航空機を使用収益させることを目的とするものであることから、船舶又は航空機の賃貸借契約の成立を証すべきものであり、第1号の4文書（運送に関する契約書）に該当しないものとされます（基達別表第1「第1号の4文書」6）。

　船舶又は航空機の賃貸借に関する契約書は、現在は不課税文書とされています（旧16号文書（p.10、p.15参照））。

<table>
<tr><td>第2号文書</td><td>請負に関する契約書</td></tr>
</table>

1　請負とは

　「請負」とは、民法第632条（請負）に規定する請負をいい、完成すべき仕事の結果の有形、無形を問わないものとされます（基達別表第1「第2号文書」1）。

2　請負契約と委任契約

　「請負」に関する契約書は、第2号文書として課税対象となります（課税物件表「第2号」）。

　一方、この請負契約に性格的に隣接する契約類型として「委任」契約（民法643）がありますが、この委任に関する契約書は現在課税廃止されています（旧17号文書。p.10、p.17参照）。

　したがって、例えば「業務委託契約書」と称する文書であっても、契約内容が「請負」であれば第2号文書として課税され、「委任」（又は準委任）であれば不課税文書となります。

　このように契約内容が「請負」か「委任」かによって課否が正反対に分かれるところですが、実際に作成されている契約書においては、その判断が容易でない文書も少なくはありません。

　「請負契約」と「委任契約」の大まかな区分は、次のとおりです。

請負契約	仕事の完成又は成果物（例えば、ソフトウエアや設計図などの完成、あるいは清掃作業などの結果）があり、それに対して報酬を支払うことを約する契約です（民法632）。
委任契約	委任とは、法律行為や事務処理などを委託し、相手方がこれを承諾することにより成立する契約であり（民法643、656）、事務処理（例えば、代理等の法律行為のほか、調査、研究、診療、アドバイザリー

1号の1文書　1号の2文書　1号の3文書　1号の4文書　2号文書　5号文書　7号文書　12号文書　13号文書　14号文書　15号文書

など）の過程それ自体に意味があり、処理全般が受任者に委ねられる（原則として方法等に注文を付けられることがない。）といった特徴があります。

留意点　**「請負」か「委任」か**

上記のほか、次のような特徴及び相違点があります。

①　委任の場合には事務処理の過程又は結果について報告義務を負います（民法645）。

　　この点、最終結果の報告書などが請負の場合の「成果物」と紛らわしいようです。

②　委任は事務処理自体を目的としているので、報酬の定めがあって中途で解約された場合は解約までの報酬が支払われることとなっていますが（民法648）、請負の場合は仕事の完成・引渡しがなければ、原則として報酬の支払義務はないことになります（民法632、633）。

　　もっとも、委任事務が履行途中で終了した場合には受任者の責任の有無にかかわらず、その履行の割合に応じて受任者は報酬を請求することができ（民法648③）、請負契約も請負人が既にした仕事の結果のうち可分な部分の給付によって注文者が利益を受けるときは、その部分を仕事の完成とみなし、注文者が受ける利益の割合に応じて報酬を請求することができることとされています（民法634）。

　　結果的に仕事半ばでの報酬の扱いに大差はないように思えますが、「事務の履行」又は事務の「履行の割合に応じ」た報酬なのか（委任契約）、「目的物」（完成物）又は「完成とみなす」部分の報酬なのかの違いということができます。

　　この点、委任契約にも「成果等に対する報酬」もあるので混乱するところですが、次の留意点を参照してください。

③　例えば、税理士委嘱契約書の場合、単なる税務顧問（税務のアドバイザリー）の契約書は委任契約に該当し、不課税とされています

が、これに決算書や申告書等の作成が契約内容に加わると、これら成果物と報酬の支払いが対価関係に立つとして、請負契約に該当するとされます（基達別表第1「第2号文書」17。p.99参照）。

④　プロによる演奏や講演は請負とされますが、研修や予備校、専門学校等の講師は請負には該当しないもの（準委任）とされます。

留意点　「成功報酬」の定めは請負か委任か？（2022年改正民法648条の2）

①　「成功報酬」の定め

　従来から、役務の提供契約に「成功報酬」の定めがある場合、仕事の成果とそれに対する対価の定めがあるため請負契約に該当するのではないか、という疑問があります。

　しかし、そもそも委任契約には「履行割合型」と「成果報酬型」の2種類の契約形態が実務では採られてきましたので、この実態を受けて改正民法（2020年4月施行）では民法648条の2の条文が新設されたところです（下記条文参照）。

　このように「成果」と対価関係にある報酬の定めも存在することから、「成功報酬」の定めがあるからといって、すなわち請負契約であると即断することはできないことになります。

> （成果等に対する報酬）
> 第648条の2　委任事務の履行により得られる成果に対して報酬を支払うことを約した場合において、その成果が引渡しを要するときは、報酬は、その成果の引渡しと同時に、支払わなければならない。
> 2　第634条の規定は、委任事務の履行により得られる成果に対して報酬を支払うことを約した場合について準用する。
> ㊟　アンダーラインは筆者による。

②　請負契約と「成果報酬型」委任契約との違い

　では、請負契約と成果報酬型委任契約との相違点は何でしょうか。民法の条文上は、

○　成果報酬型委任は、成果を得ることを内容とする契約ではない

が、「得られる成果に対して報酬」がもらえる（民法648条の２）ものであり、

○　請負契約は、成果を得ること（「完成」）を約しているのであって（下記参照条文）この成果と報酬が対価関係にあるため、成果が得られない（完成しない）と報酬はもらえないものである、

ということになります。

　要するに、仕事の成果（完成）を約しているか否かがその判断基準ということになります。

（請負）

第632条　請負は、当事者の一方が<u>ある仕事を完成することを約し</u>、相手方が<u>その仕事の結果に対してその報酬を支払うことを約する</u>ことによって、その効力を生ずる。

　㊟　アンダーラインは筆者による。

【参考１】請負契約と委任契約の特徴対比表

	請負契約	委任（準委任）契約
提供する労務の内容	ある仕事の完成（民法632）	法律行為をすること（民法643）単なる事務を処理すること（準委任、民法656）
契約関係の特徴	仕事の完成だけが目的	信頼関係に基づき、受任者に広い裁量が与えられ、事務処理の過程自体に意味がある
完成物・目的物について	完成物、目的物あり。それを契約内容とする（民法632、633）	ない（処理状況報告、結果報告は仕事の目的物とはされない）。なお、事務の履行により得られる成果に対して報酬の支払を約する契約も可能（民法648の２）
処理状況の報告義務の有無	ない	随時の求めに応じ、また終了時に報告義務あり（民法645）

報酬の支払時期	①原則 ②中途解約の場合	①目的物の引渡しと同時（民法633） ②可分な部分完成がみなされる場合は、注文者が受ける利益の割合に応じて請求可（民法634）	①委任事務の履行後（期間払の定めも可、民法648②） ②やむを得ず中途で終了したときは、すでになした事務処理の割合に応じて報酬を請求できる（民法648③）
労務提供途中での不具合		労務提供途中での（完成に至るまでの）不具合は請負人の負担	委任の本旨に従い、善管注意義務（民法644）を尽くして処理している以上、債務不属行責任は問われない。
労務提供結果についての不具合		注文者に対して「契約不適合責任」（履行の追完請求・代金の減額請求・損害賠償請求・解除）を負う（民法559、562以下）	同　上 （なお、成果報酬型委任（p.91）の場合は、契約不適合責任の規定の準用も考えられる。）

　請負契約と委任契約の契約書上の一般的な名称について、その一般的な内容における課否判定の目安は、次表【参考2】のとおりとなります（文書の名称のみで判断できないことについては、p.4を参照）。

【参考2】請負契約と委任契約の契約書例

請負に関する契約書（第2号文書）㊟1	委任に関する契約書（不課税文書）㊟4
1　ソフトウエア（プログラム）開発契約書	17　技術援助契約書
2　ホームページ開発委託契約書	18　研究委託契約書
3　（バナー）広告掲載契約書	19　試験業務委託契約書
4　計算事務委託契約書㊟2	20　信用調査契約書
5　給与計算・経理事務委託契約書㊟2	21　臨床検査委託契約書
6　データ入力委託契約書㊟2	22　診療嘱託契約書・産業医委嘱契約書
7　土地測量士及び実測図作成委託契約書	23　人間ドック実施委託契約書

1号の1文書　1号の2文書　1号の3文書　1号の4文書　**2号文書**　5号文書　7号文書　12号文書　13号文書　14号文書　15号文書

8	設計委託契約書	24	情報提供に関する業務委託契約書
9	出版物編集業務委託契約書	25	（各種の）コンサルタント業務契約書
10	公認会計士の監査契約書	26	給与振込みに関する契約書(注)5
11	脚本作成契約書	27	販売代金の収納事務委託契約書
12	出演契約書（タレントと興行会社間の契約）	28	工事管理受託契約書・監督業務委託契約書
13	産業廃棄物処理委託契約書(注)3	29	不動産売買（専任）媒介契約書
14	清掃契約書	30	弁護士委託契約書
15	警備契約書	31	人材派遣（労働者派遣）基本契約書
16	機械保守契約書（メンテナンス契約書）	32	講師依頼契約書

(注)1　第2号文書は第7号文書（令26一）に該当することもあります（p.109〜参照）。

　　2　帳票、USBメモリ等記録媒体の作成（成果物）に対して対価が支払われるもの。

　　3　廃棄物の運送のみを契約内容とする場合は、第1号の4文書又は第7号文書に該当します。

　　4　各受任事務の結果報告を製本化するなどして一定の成果物とし、これに対する報酬を定める契約書は、第2号文書と判断される場合があります。

　　5　事業主が給与支払事務を金融機関に委託するもの。

3　請負契約と売買契約

　製作物の所有権を移転することを目的とする契約（いわゆる製作物供給契約）のように、請負契約と売買契約との混合契約といわれるものの印紙税における取扱いについては、契約当事者の意思が仕事の完成に重きをおいているか、物品又は不動産の譲渡に重きをおいているかによって、そのいずれであるかを判別するものとされます（基達別表第1「第2号文書」2）。

　請負契約に該当するか、あるいは請負契約に該当せず売買契約に該当するかについては、次の留意点のとおりです。

1号の1文書　1号の2文書　1号の3文書　1号の4文書　2号文書　5号文書　7号文書　12号文書　13号文書　14号文書　15号文書

留意点	請負契約に該当するもの、しないもの

1　請負契約書に該当するもの

⑴　制作物供給契約で次のようなもの

イ　注文者の指示に基づき一定の仕様又は規格等に従い、製作者の労務により工作物を建設することを内容とするもの（基達別表第1「第2号文書」2⑴）

【例】家屋の建築、道路の建設、橋りょうの架設

ロ　製作者の材料を用いて注文者の設計又は指示した規格等に従い一定物品を製作することを内容とするもの（基達別表第1「第2号文書」2⑷）

【例】船舶、車両、機械、家具等の製作、洋服等の仕立て

⑵　加工等の仕事に重点があるもの

イ　注文者が材料の全部又は主要部分を提供し（有償か無償かを問いません。）、製作者がこれによって一定物品を製作することを内容とするもの（基達別表第1「第2号文書」2⑶）

【例】生地提供の洋服仕立て、材料支給による物品の製作

ロ　一定の物品を一定の場所に取り付けることにより所有権を移転することを内容とするもの（基達別表第1「第2号文書」2⑹）

【例】大型機械の取付け

　　㊟　ただし、取付行為が簡単であって、特別の技術を要しないものは物品の譲渡に関する契約書（不課税文書、旧19号文書）とされます（【例】家庭用電気器具の取付け）。

ハ　修理又は加工することを内容とするもの（基達別表第1「第2号文書」2⑺）

【例】建物、機械の修繕、塗装、物品の加工

2　請負契約に該当しないもの（売買契約）

次のような文書は、売買に関する契約書として不課税とされます。

⑴　製作者が工作物をあらかじめ一定の規格で統一し、これにそれぞれの価格を付して注文を受け、当該規格に従い工作物を建設し、

供給することを内容とするものは、不動産又は物品の譲渡に関する契約書に該当するものとされます（基達別表第1「第2号文書」2(2)）。

【例】建売住宅の供給（不動産の譲渡に関する契約書（第1号の1文書））

(2)　あらかじめ一定の規格で統一された物品を、注文に応じ製作者の材料を用いて製作し、供給することを内容とするものは物品の譲渡に関する契約書（不課税文書）に該当するものとされます（基達別表第1「第2号文書」2(5)）。

【例】カタログ又は見本による機械、家具等の製作

(1)　製作物供給契約

　相手方の注文に応じて、もっぱら又は主として自己の材料を用いて製作した物を供給することを約し、相手方がこれに対し報酬を支払うことを約する、いわゆる製作物供給契約は請負と売買の混合契約とされますが、その契約書は上記「留意点」の1のとおり、第2号文書として取り扱われます（基達別表第1「第2号文書」2(1)(3)(4)）。

(2)　自ら定めた規格品、カタログ商品などの物品売買

　上記(1)の製作物供給契約とは異なり、自ら定めた規格、デザイン等に基づいて作成する製品の売買は、相手方の注文に応じて製造するものではないので、請負に関する契約書には該当しません（民法632、基達別表第1「第2号文書」2(2)(5)）。

　このような文書は、物品又は不動産の譲渡に関する契約書に該当します。

留意点　規格品を基本とした注文商品

　規格品としてカタログ等に掲載された製品であっても、それを基本に購入者の注文に応じて規格、寸法、素材又は性能等を異なるものとして製造販売することを内容とするものは、第2号文書として課税対象となる場合があります（基達別表第1「第2号文書」2(1)(4)）。

(3)　大型機械などの売買

　大型機械の取付けなど、一定の物品を一定の場所に取り付けることにより所有権を移転することを内容とする契約書は、p.95の「留意点」の1(2)のとおり、請負に関する契約書とされます（基達別表第1「第2号文書」2(6)）。

　したがって、設置工事等を伴う大型機械の売買契約書は、第2号文書に該当することとされます。

(4)　エアコンなど設置工事を伴う家電製品などの売買

　設置工事は請負契約に該当します。一方、規格品であるエアコンなどの家電製品の販売は物品売買の契約に該当します。

　このような設置工事を伴う家電製品の売買契約書を作成する場合は、第2号文書と不課税文書の混合契約書に該当し、記載金額が区分されていれば、請負に関する部分、つまり設置工事費用のみが記載金額として取り扱われます（通則2、基達23(5)）。

4　プロ野球選手、タレント等の役務提供契約

　プロ野球選手など、次に掲げる者の役務の提供を内容とする契約書は、請負に関する契約書とされます（課税物件表「第2号」定義欄、令21、基達別表第1「第2号文書」3〜10）。

　①　プロ野球選手
　②　映画俳優
　③　プロボクサー
　④　プロレスラー
　⑤　演劇の俳優
　⑥　音楽家
　⑦　舞踊家
　⑧　映画又は演劇の監督、演出家又はプロデューサー
　⑨　テレビタレント、テレビの演出家又はプロデューサー

> | 留意点 | プロゴルファー、プロサッカー選手等の専属契約書 |
>
> 　上記プロ野球選手等についての法令の規定は限定列挙となっています（課税物件表「第2号」定義欄、令21②）。
>
> 　したがって、これらに該当しないプロゴルファー、プロサッカー選手等の専属契約書は不課税文書とされます。

> | 留意点 | 映画、CMの出演契約 |
>
> 　法令に規定されているプロ野球選手等に限らず、これらに該当しないプロゴルファー等であっても、これらの者が映画やCMの出演契約を結ぶ場合は、その内容により請負契約に該当することがあります（映画出演契約書等、基達別表第1「第2号文書」11）。

5　広告契約書と協賛契約書

(1)　広告契約書

　テレビなどのCM放送や新聞広告を約する広告契約書は請負契約に該当しますが、その内容により第2号文書又は第7号文書に該当することとなります（基達別表第1「第2号文書」12）。

　なお、広告掲出に関する契約であっても、単に広告スペースを有償で使用させる内容のものは、場所、施設の貸付けであり第2号文書には該当しないものとされます（p.15参照）。

(2)　協賛契約書

　催し物会場やゼッケン、ポスター、入場券、パンフレット等に、主催者の責任で協賛者の社章、商標、製品名等を掲載又は表示することを協賛者との間で約するものは第2号文書に該当するものとされます。

留意点	不課税文書となる協賛契約書

① 催し物会場やポスター、入場券、パンフレット等に、単に協賛者の紹介のため社名のみを表示することを約する契約書は、上記と異なり、不課税文書とされています。

② 催し物会場等で協賛者のために広告スペースを提供し、協賛者が自己の責任で広告することを内容とするものも、不課税文書となります（p.15参照）。

6　保守契約書、清掃請負契約書

(1)　保守契約書

　機械等の保守契約書は、エレベーターなどの機械を常に安全に運転できるような状態、又は正常に操作できるような状態に保ち、これに対して一定の金額を支払うことを約する契約書ですが、これらの文書はその内容によって第2号文書又は第7号文書に該当することとされます（基達別表第1「第2号文書」13）。

　コピー機やコンピュータの保守契約も同じです。

(2)　清掃請負契約書

　ビル等の清掃を行い、これに対して一定の金額を支払うことを約する契約書は、その内容により第2号文書又は第7号文書に該当することとされます（基達別表第1「第2号文書」13）。

7　会計監査人の監査契約書と税理士委嘱契約書

(1)　監査契約書

　公認会計士又は監査法人が会計監査人として法人と締結する監査契約書は、第2号文書として取り扱われます（基達別表第1「第2号文書」14）。

（2）　税理士委嘱契約書

　いわゆる税務顧問についての契約書は、委任に関する契約書として不課税とされますが、決算書や確定申告書の作成などの税務書類等の作成を目的とし、これに対して報酬を支払うことを約した契約書は第2号文書に該当するものとされます（基達別表第1「第2号文書」17）。

8　仮工事請負契約書

　地方公共団体等が工事請負契約を締結する場合など、一定の手続き（地方公共団体の議会の議決を経なければならないなど）が必要であり、その手続き前に作成する仮工事請負契約書等は、当該一定の手続きが完了することによって契約は成立することとなりますが、このような仮契約書であっても第2号文書に該当することとされます（基達別表第1「第2号文書」15）。

9　宿泊申込請書

　旅館業者等が顧客から宿泊の申込みを受けた場合に、宿泊年月日、人員、宿泊料金等を記載し、当該申込みを引き受けた旨を記載して顧客に交付する宿泊申込請書等は、第2号文書として取り扱われます。

　ただし、御案内状等と称し、単なる案内を目的とするものについては、課税文書として取り扱わないこととされています（基達別表第1「第2号文書」16）。

10　建設工事の請負に係る契約書の軽減税率

（1）　軽減税率の対象となる文書

　建設工事の請負に係る契約書については、軽減税率が適用されます（p.330、p.331参照）。

　この軽減税率の対象となる請負に関する契約書は、建設業法第2条第1項に規定する建設工事に係るものに限られます（租税特別措置法91③、租税特別措置法（間接諸税関係）の取扱いについて（法令解釈通達）第5章第2節）。

1号の1文書　1号の2文書　1号の3文書　1号の4文書　2号文書　5号文書　7号文書　12号文書　13号文書　14号文書　15号文書

留意点	建設工事の請負に係る契約書

　建設工事の請負に係る契約書の軽減税率は、第２号文書の中でも「建設工事の請負に係る契約書」に限り適用されるものです。

　同じ号であっても、この「建設工事」に該当しない請負契約（例えば、設計、機械製造や修理などに関する請負契約書）には、軽減税率の適用はありません。

⑵　「建設工事」とは

　ここにおける「建設工事」とは、具体的には土木建築に関する工事で、次のものがこれに当たります。

建設工事の種類（建設業法第２条第１項、同法別表）

　土木一式工事、建築一式工事、大工工事、左官工事、とび・土工・コンクリート工事、石工事、屋根工事、電気工事、管工事、タイル・れんが・ブロック工事、鋼構造物工事、鉄筋工事、舗装工事、しゅんせつ工事、板金工事、ガラス工事、塗装工事、防水工事、内装仕上工事、機械器具設置工事、熱絶縁工事、電気通信工事、造園工事、さく井工事、建具工事、水道施設工事、消防施設工事、清掃施設工事、解体工事

(注)　より具体的には、巻末資料の「建設業法第２条第１項の別表の上欄に掲げる建設工事の内容」（p.364）を参照。

留意点	建設工事の請負に係る契約書の軽減税率

　建設工事の請負に係る契約書で、次の期間に作成されたものについては、各作成時期によって異なる軽減税率が適用されています（巻末資料の「印紙税額一覧表」（p.330、p.331）参照）。

①　平成９年４月１日から平成26年３月31日までの間に作成された建設工事の請負に関する契約書（租税特別措置法91①）

②　平成26年４月１日から令和６年（2024年）３月31日までの間に作成

1号の1文書　1号の2文書　1号の3文書　1号の4文書　2号文書　5号文書　7号文書　12号文書　13号文書　14号文書　15号文書

された建設工事の請負に関する契約書（租税特別措置法91③）

㊟　上記軽減税率は、第2号文書の中でも「建設工事の請負に係る契約書」に限り適用されるものです。

同じ号であっても、他の文書（例えば機械製造等の請負契約に関する契約書など）には適用されません。

| 第5号文書 | 合併契約書、吸収分割契約書、新設分割計画書 |

1　合併契約書とは

　「合併契約書」とは、会社法第748条（合併契約の締結）に規定する合併契約（保険業法第159条第1項（相互会社と株式会社の合併）に規定する合併契約を含みます。）を証する文書をいいます。また、当該合併契約の変更・補充の事実を証するものもこれに含むものとされています（課税物件表「第5号」定義欄1）。

　したがって、「合併契約書」は、株式会社、合名会社、合資会社、合同会社及び相互会社が締結する合併契約書に限り課税文書とされます（基達別表第1「第5号文書」1）。

| 留意点 | 一般社団法人等の合併契約書 |

　上記のとおり、印紙税の課税対象となる合併契約書は、株式会社、合名会社、合資会社、合同会社及び相互会社の合併に限られています。

　したがって、これら以外の組織体の合併、例えば、一般社団法人又は一般財団法人、あるいは税理士法人、弁護士法人等の合併の際に作成される契約書については、第5号文書として課税されることはありません（不課税文書。p.23参照）。

2　吸収分割契約書及び新設分割計画書とは

　「吸収分割契約書」とは、会社法第757条（吸収分割契約の締結）に規定する吸収分割契約を証する文書を、また「新設分割計画書」とは、会社法第762条第1項（新設分割計画の作成）に規定する新設分割計画を証する文書をいいます。また、当該吸収分割契約又は当該新設分割計画の変更・補充の事実を証するものもこれに含むものとされています（課税物件表「第5号」定義欄2・3）。

1号の1文書　1号の2文書　1号の3文書　1号の4文書　2号文書　5号文書　7号文書　12号文書　13号文書　14号文書　15号文書

1号の1文書　1号の2文書　1号の3文書　1号の4文書　2号文書　5号文書　7号文書　12号文書　13号文書　14号文書　15号文書

　したがって、株式会社及び合同会社が吸収分割又は新設分割を行う場合の吸収分割契約書又は新設分割計画書に限り、課税文書とされます（基達別表第1「第5号文書」2）。

　なお、会社のうち、会社法上で吸収分割又は新設分割を行い得るのは株式会社又は合同会社に限られており、吸収分割契約書及び新設分割計画書は法定されています（会社法757、758、762、763）。

留意点	課税される新設分割計画書

　「新設分割計画書」は、本店に据え置く文書に限り課税文書に該当するものとされます（基達別表第1「第5号文書」2注書）。

留意点	税理士法人等の分割

　上記のとおり、会社法上は有限責任である株主又は有限責任社員のみで構成される株式会社又は合同会社にのみ会社分割が認められています。したがって、無限責任社員の責任の承継が生じるような合名、合資会社、あるいは税理士法人等において法定の分割手続きはなく、上記1の「合併契約書」の定義からも外れることになります。

留意点	不動産を承継財産とする吸収分割契約書

　吸収分割契約書に記載されている吸収分割承継会社が吸収分割会社から承継する財産のうちに、例えば不動産に関する事項が含まれている場合であっても、当該吸収分割契約書は第1号の1文書（不動産の譲渡に関する契約書又は営業の譲渡に関する契約書）には該当しないこととされます（基達別表第1「第5号文書」3）。

3　合併契約等の変更又は補充の事実を証するもの

　合併契約書若しくは吸収分割契約書又は新設分割計画書（合併契約書等）の変更契約書又は補充契約書も第5号文書として課税の対象となります。

　ただし、会社法又は保険業法において合併契約等で定めることとして規定されていない事項、例えば、労働契約の承継に関する事項、就任する役員に関する事項等についてのみ変更又は補充する文書は課税文書に該当しないこととされます（基達別表第1「第5号文書」4）。

第7号文書	継続的取引の基本となる契約書

A. 第7号文書の五つのタイプ

　第7号文書（継続的取引の基本となる契約書）には、次の五つのタイプがあります（令26）。

　このうち、様々な取引に関して作成されることが多く課否判定が問題となる文書は、下記1の売買・請負等取引基本契約書（令26一）であり、次いで売買に関する業務等について作成される下記2の文書（令26二）が問題になることもあります。

　その他、下記2の文書のうち売買に関する業務以外の業務に係るものや、下記3から5までの文書（令26三〜五）は、特定の業界で経常的に作成される文書であり、その関係業界以外の事業者にとっては、自ら課否を判断する機会がない文書といえます。

1　売買・請負等取引基本契約書〜令26条1号の第7号文書

　売買、売買の委託、運送、運送取扱い又は請負に関し、複数取引を継続して行うための一定の取引条件を定める契約書です。

⇒　p.109

2　売買に関する業務、金融機関の業務又は保険募集の業務等取引基本契約書〜令26条2号の第7号文書

　売買に関する業務、金融機関の業務、保険募集の業務又は株式の発行若しくは名義書換えの事務を継続して委託するために委託業務・事務の範囲などを定める契約書です。

⇒　p.120

3　銀行取引約定書等～令26条3号の第7号文書

　金融機関における銀行取引約定書、信用金庫取引約定書などです。

⇒　p.125

4　信用取引口座設定約定書等～令26条4号該当の第7号文書

　金融商品取引業者又は商品先物取引業者と顧客との間で作成される信用取引口座設定約定書などです。

⇒　p.128

5　保険特約書等～令26条5号該当の第7号文書

　損害保険会社と保険契約者との間において作成される保険特約書などです。

⇒　p.130

B.　第7号文書の期間要件（3か月超要件）

　継続的取引の基本となる契約書（第7号文書）には、前記のとおり五つのタイプの契約書がありますが、第7号文書に共通して「契約期間の記載のあるもののうち、当該契約期間が3月以内であり、かつ、更新に関する定めのないものを除く。」（課税物件表「第7号」物件名欄）と規定されていることから、「継続的取引」というためには、法文上、契約期間は3か月を超える期間であること（あるいは、その超える期間を否定していないこと。）を前提としているものと解することができます。

　文書上、契約期間についてどのような記載があるものが第7号文書から除かれるのか、あるいは除かれずに第7号文書の課否判定の対象となるのかを整理すると、次のとおりとなります。

1号の1文書　1号の2文書　1号の3文書　1号の4文書　2号文書　5号文書　7号文書　12号文書　13号文書　14号文書　15号文書

(1)　第7号文書から除かれるもの（第7号文書に該当しないもの）

　3か月以内の契約期間が記載されていて更新の定めがないもの

(2)　第7号文書の課否判定の対象となる文書

①　3か月を超える契約期間の記載があるもの

②　3か月以内の契約期間が記載されているが、更新の定めがあるもの

③　契約期間の記載がないもの

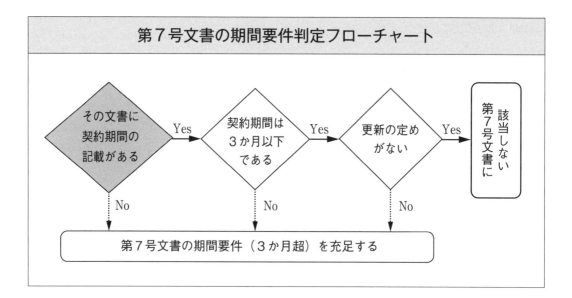

第7号文書の期間要件判定フローチャート

その文書に契約期間の記載がある　→ Yes → 契約期間は3か月以下である → Yes → 更新の定めがない → Yes → 第7号文書に該当しない

No ↓　　No ↓　　No ↓

第7号文書の期間要件（3か月超）を充足する

留意点　期間の定めがない契約書

　法別表第1の課税物件表「第7号」の物件名欄では、「契約期間の記載のあるもののうち、当該契約期間が3月以内であるもの除く。」とされていますが、これはその文書に「契約期間が具体的に記載されていて、かつ、当該期間が3か月以内であるものをいう」こととされます（基達別表第1「第7号文書」1）。したがって、契約期間の具体的な定めがない文書は第7号文書の判定対象から除かれません。

C. 各タイプの第7号文書

1 令26条1号の第7号文書（売買・請負等取引基本契約書）

(1) 売買・請負等取引基本契約書のフローチャート

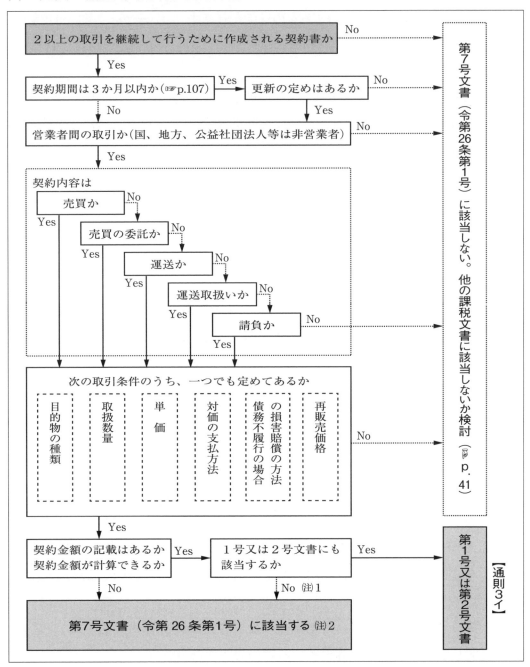

(注)1 記載金額のある第1号文書（例えば運送に関する契約書等）又は第2号文書

（請負に関する契約書）が第7号文書にも該当する場合は、第1号文書又は第2号文書に該当します（法別表通則3イただし書、p.257参照）。しかし、例えば契約金額が記載されている（記載金額がある）物品の譲渡に関する契約書等（不課税文書）が令26条1号の第7号文書にも該当するときは、これを不課税文書とする規定は存在しないことから、第7号文書に該当することになります。

　2　電気又はガスの供給に関するものは除かれます（令26一かっこ書。p.119参照）

(2)　要件

　特約店契約書その他名称のいかんを問わず、令26条1号の第7号文書に該当する文書は、前掲B（p.107）の「期間要件」に加えて、次の要件をすべて満たすものです（令26一）。

① 営業者の間において作成されるもの
② 契約内容が売買、売買の委託、運送、運送取扱い又は請負に関するもの
③ 2以上の取引に共通して適用されるもの
④ 取引条件のうち目的物の種類、取扱数量、単価、対価の支払方法、債務不履行の場合の損害賠償の方法又は再販売価格を定めるもの
⑤ 電気又はガスの供給に関する契約ではないこと

① 営業者間において作成されるもの

　ここにおける「営業者」とは、「法別表第1第17号の非課税物件の欄に規定する営業を行う者をいう」（令26一かっこ書）とされていますので、「営業」を行う者の間で作成される文書であることが要件となります。

　したがって、当事者の双方又は一方が国、地方公共団体、一般社団法人、公益社団法人等であれば、令26条1号の第7号文書には該当しないこととなります。

（注）　第17号文書（金銭又は有価証券の受取書）の非課税物件欄では、「営業」に関しない受取書を非課税とする旨の規定があります。

留意点	「営業」「営業者」とは

1　「営業」の意義については、印紙税法上は特に定義を置いていません。

　このような場合、一般法に規定があればその規定に基づいた取扱いによることとされる例により（いわゆる「借用概念」）、営業の意義については、商法上の商行為（商法501、502、503）を解釈の基準として取り扱われています（p.207参照）。

　また、このことから「営業者」についても商法上の「商人」概念によって判断されています。

2　印紙税法施行令第26条第1号に規定する「営業者の間」とは、契約の当事者の双方が営業者である場合をいい、営業者の代理人として非営業者が契約の当事者となる場合を含むとされます。

　なお、他の者から取引の委託を受けた営業者が、その他の者のために第三者と行う取引も営業者の間における取引に含まれるものとされます（基達別表第1「第7号文書」3）。

留意点	税理士法人との税務顧問契約

　個人の税理士は「営業者」に該当しないことから（p.207参照）、税理士との間で継続して決算処理・申告書の作成業務を請け負う顧問契約書は、営業者間において作成されるものではないため、第7号文書に該当しませんが（第2号文書に該当）、税理士法人との間で同内容の顧問契約を作成すれば、税理士法人は営業者に該当するため（p.213参照）、第7号文書に該当する場合があります（第2号文書と第7号文書の所属の決定についてはp.257、p.260参照）。

　なお、決算処理・申告書の作成業務を含まない税務顧問契約は、委任に関する契約書として不課税文書となります（p.20参照）。

1号の1文書　1号の2文書　1号の3文書　1号の4文書　2号文書　5号文書　7号文書　12号文書　13号文書　14号文書　15号文書

② 　契約内容が売買、売買の委託、運送、運送取扱い又は請負に関する
もの

取引内容は、次の五つに限られます。

イ　売買

ロ　売買の委託㊟

ハ　運送

ニ　運送取扱い

ホ　請負

㊟　証券会社等と顧客との間で有価証券又は商品の売買に関する2以
　　上の取引を継続して委託するための契約書は、令26条4号の第7号
　　文書（令26四。信用取引口座設定約定書等）に該当します。

留意点　「売買の委託」とは

　「売買の委託」とは、特定の物品等を販売し又は購入することを委託
することをいいます。

　これと紛らわしいのが「売買に関する業務の委託」（令26条2号の第7
号文書）ですが、これは販売施設における販売業務の委託や、売買に関
する業務の一部である仕入業務、商品管理業務や代金回収業務などを
委託するものをいいます（基達別表第1「第7号文書」7）。

㊟　継続しない個別取引について作成される「売買の委託」の個別契約書は、
　　委任契約であり、現在は不課税文書とされています（p.17参照）。

留意点　「運送取扱い」とは

　「運送取扱い」とは、運送取扱人が顧客との間で物品運送の取次ぎを
行うことをいいます。

　運送取扱人は、顧客から依頼を受けた物品運送を自己の名をもって
（自己の取引として）運送人と運送契約を締結すること（運送取扱い）を業
とする者です（商法559）。したがって、コンビニエンスストア等が行う
宅配便等の取次ぎは運送取扱いには該当しないことになります。

　なお、運送取扱人と顧客との間の契約が「運送取扱い」であり、運送人と運送取扱人との間の契約は、運送に該当します。

㊟　継続しない個別取引について作成される「運送取扱い」に関する個別契約書は、委任契約であり、現在は不課税文書とされています（p.17参照）。

留意点　継続しない「売買」「売買の委託」及び「運送取扱い」

　「売買」「売買の委託」及び「運送取扱い」については、継続的取引に該当しない単発取引であれば、物品売買に関して作成される契約書（物品又は有価証券の譲渡に関する契約書）も売買の委託又は運送取扱いに関して作成される契約書（委任に関する契約書）も現在は課税文書とされていません。

---

③　２以上の取引に共通して適用されるもの

イ　２以上の取引

　「２以上の取引」とは、契約の目的となる取引が２回以上継続して行われることをいいます（基達別表第１「第７号文書」４）。

　例えば、売買に関する取引を引き続き２回以上行うため作成される契約書をいい、売買の目的物の引渡し等が数回に分割して行われるものであっても、その取引が１取引である場合の契約書はこれに該当しないこととされます（基達別表第１「第７号文書」６）。

ロ　月等の期間

　エレベーター保守契約、ビル清掃請負契約等、通常、月等の期間を単位として役務の提供等の債務の履行が行われる契約については、料金等の計算の基礎となる期間１単位ごと又は支払の都度ごとに１取引として取り扱うこととされています（基達別表第１「第７号文書」６なお書）。

留意点　１年契約の保守契約、清掃契約等の場合

　保守契約、清掃契約など月単位の役務提供及び月単価が定められて

1号の1文書　1号の2文書　1号の3文書　1号の4文書　2号文書　5号文書　7号文書　12号文書　13号文書　14号文書　15号文書

いる場合は、その期間ごと又は支払いの都度ごとを1取引として取り扱うこととされています（基達別表第1「第7号文書」6なお書）。

　もっとも、契約期間を1年とする契約のように、月単価と契約期間の記載があることにより、記載金額の計算が可能な場合は、その金額を記載金額とする第2号文書として取り扱われることとなります（基達29。p.293、p.257参照）。

④　取引条件のうち目的物の種類、取扱数量、単価、対価の支払方法、債務不履行の場合の損害賠償の方法又は再販売価格を定めるもの

　「取引条件のうち、目的物の種類、取扱数量、単価、対価の支払方法、債務不履行の場合の損害賠償の方法又は再販売価格を定めるもの」（令26一）とは、これらのすべてを定めるもののみをいうのではなく、これらのうちの1又は2以上を定めるものをいうものとされます（基達別表第1「第7号文書」5）。

　以下、これらの取引条件の内容については次のとおりです。

イ　目的物の種類とは

　「目的物の種類」とは、取引の対象の種類をいい、その取引が売買である場合には売買の目的物の種類が、請負である場合には仕事の種類・内容等がこれに該当することとされます。

　また、当該目的物の種類には、例えばテレビ、ステレオ、ピアノというような物品等の品名だけでなく、電気製品、楽器、食料品、家庭用品、石油類というように共通の性質を有する多数の物品等を包括する名称も含むこととされます（基達別表第1「第7号文書」8）。

留意点　「甲社製品」や「乙社の取扱商品」

　「甲社製品」や「乙社の取扱商品」というような取引の対象物の定め方は、具体的に目的物の種類を定めたものではないとして、目的物の種類を定めるものには該当しないこととされています。

> **留意点　請負の仕事の内容**
>
> 　請負の仕事の内容については、例えば製作する機械や部品等の名称、規格を定めるものはもちろんのこと、「○○機械の製造・加工・修理」と定めるものも請負の仕事の内容を記載したものとして取り扱われます。

ロ　取扱数量とは

　「取扱数量」とは、取扱量として具体性を有するものをいい、一定期間における最高又は最低取扱（目標）数量を定めるもの及び金額により取扱目標を定める場合の取扱目標金額を定めるものを含むものとされます（基達別表第1「第7号文書」9）。

> **留意点　取扱数量を定めるもの**
>
> 　具体例としては、次のように取り扱われます（基達別表第1「第7号文書」9）。
> (1)　「取扱数量を定めるもの」に該当するもの
> 　　例えば「1月当たりの取扱数量は50台以上とする」「1か月の最低取扱数量は50トンとする」「1か月の取扱目標金額は100万円ととする」といったように、1取引当たり、1月当たり等の取扱数量を具体的に定めるもの
> (2)　「取扱数量を定めるもの」に該当しないもの
> 　　「毎月の取扱数量は当該月の注文数量とする」など

> **留意点　取扱目標金額の定め**
>
> 　取扱目標金額の定めは、記載金額の定めがあるものとして取り扱われます（基達別表第1「第7号文書」9注書）。
> 　例えば、1月当たりの取扱目標金額に契約期間の定めがあれば、その月数を乗じることで算出された金額が記載金額とされます（基達26、29。p.293参照）。

> ### 留意点　リベート、割戻金に関する契約書の扱い
>
> ①　リベート（割戻金）の計算方法や支払条件、支払方法
>
> 　　リベート（割戻金）の計算方法や支払条件、支払方法は、令26条1号の「目的物の種類、取扱数量、単価、対価の支払方法、債務不履行の場合の損害賠償の方法又は再販売価格」のいずれにも当たりません。
>
> 　　したがって、リベート（割戻金）の計算方法や支払条件、支払方法が定めてある文書は、そのことをもって第7号文書に該当するとの判断がされることはありません。
>
> ②　リベート支払の対象商品の記載と「目的物の種類」
>
> 　　リベート、割戻金に関する契約書において、リベート支払の対象商品（製品の商品名や機種名など）が記載されることがありますが、これらはあくまでリベートの対象となる商品を特定したにすぎないので、「目的物の種類」を定めたものとしては取り扱わないこととされています。
>
> 　　したがって、リベート支払の対象商品（製品の商品名や機種名など）が定めてある文書は、そのことをもって第7号文書に該当するとの判断がされることはありません。
>
> ③　リベート支払の「取扱数量」又は「取扱金額」、「目標金額」等
>
> 　　リベートの支払に関して「取扱数量」又は「取扱金額」等を定めた場合は、令26条1号の「取扱数量」に該当することとなります。
>
> 　　したがって、リベートの支払に関して「取扱数量」又は「取扱金額」等を定めた約定書等は、第7号文書に該当することになります。
>
> 　　なお、目標金額又は取扱金額等の記載は、契約金額にも該当しますので、取引が運送又は請負を内容とする場合には同時に第1号の4文書又は第2号文書にも該当することになります（p.257参照）。
>
> ㊟　売買、売買の委託、運送取扱いについては不課税文書（売買についてp.21、売買の委託、運送取扱いについてp.17参照）と第7号文書に該当することになり（通則2、基通10(2)）、第7号文書に所属が決定されます。

ハ　単価とは

　「単価」とは、数値として具体性を有するものに限るとされます（基達別表第1「第7号文書」10）。

　「単価」としての具体性の有無の例については、次のとおりとされます。

【単価として具体性のある例】

　「1個当たり単価○○円」「1トン当たり運送料○○円」「1日当たりの報酬額○○円」「月単価○○円」等

　㊟　「単価」については、数量、契約期間等の定めがあることにより契約金額の記載がある文書となる場合があります（p.285、p.293参照）。

【単価として具体性のない例】

　「時価」「市価」「単価は引渡日の市場価格による」「前契約年度単価の0.9掛とする」「甲への販売価格は乙の仕入価格の1.1掛とする」等

ニ　対価の支払方法とは

　「対価の支払方法」とは、対価の支払いに関する手段方法を具体的に定めるものをいうものとされますが（基達別表第1「第7号文書」11）、具体的に定めるものかどうかの判定例は次のとおりです。

【対価の支払方法を具体的に定める例】

　「毎月分を翌月10日に支払う」「〆切日及び支払期日：月15日締め翌月10日払い」「60日手形で支払う」「預金口座振込の方法により支払う」「借入金と相殺する」等

【対価の支払方法を具体的に定める（変更する）ものに該当しない例】

　「相殺することができる」、「〆切日を月末締めに変更する」（支払日は変更せずに〆切日のみの変更）、「○○銀行を決済銀行とする」

（単に支払場所を定めるもの）、「決済銀行を○○銀行から□□銀行に変更する」（振込先の銀行の変更）等

ホ　債務不履行の場合の損害賠償の方法とは

「債務不履行の場合の損害賠償の方法」とは、継続して行われる2以上の取引について生じる債務不履行に備え、その損害賠償として給付される金額、数量等の計算方法、給付方法等を定めるものをいいます（基達別表第1「第7号文書」12）。

したがって、遅延損害金の率等を具体的に定める文書（例えば、「債務不履行の場合の延滞金は、100円につき日歩5銭の割合で金銭を支払う。」など）がこれに当たり、すでに債務不履行が生じたときに、その債務の弁済方法を定めるものはこれに当たりません（不履行となった債務の弁済方法を定めたものとなります。）。

留意点　製造物責任法に基づく損害賠償責任

製造物責任法に基づく損害賠償責任が生じた場合の損害賠償の方法について取り決める条項は、債務不履行による損害賠償の方法を定めるものには該当しないものとして取り扱われます。

留意点　秘密保持義務に違反した場合の損害賠償

取引上生じる業務上の秘密（「秘密として管理されている生産方法、販売方法その他事業活動に有用な技術上又は営業上の情報であって、公然と知られていないもの」（不正競争防止法2⑥））の保持に関する、いわゆる「秘密保持契約書」又は「秘密保持条項」は、この秘密保持違反による損害賠償の方法を定めていても、債務不履行による損害賠償の方法を定めるものには該当しないものとして取り扱われます。

ヘ　再販売価格とは

「再販売価格」とは再販売価格維持契約（独占禁止法23）により定め

られた消費者等への販売価格のことをいいます。

　なお、再販売価格維持契約は、公正取引委員会が指定する特定の商品についてだけ締結することができるようになっています（独占禁止法23）。

⑤　電気又はガスの供給に関する契約ではないこと

　電気又はガスの供給契約も売買契約であり、これらを継続して供給することを内容とするものであっても、令26条１号の第７号文書には該当しないものとされます（令26一（二つ目の）かっこ書）。

㈿　「ガスの供給」とは、ガス事業者等が都市ガス、プロパンガス等の燃料用ガスを導管、ボンベ、タンクローリー等により消費者に継続して供給することをいうものとされます（基達別表第１「第７号文書」13）。

2　令26条2号の第7号文書（売買等業務委託基本契約書）

(1)　売買等業務委託基本契約書のフローチャート

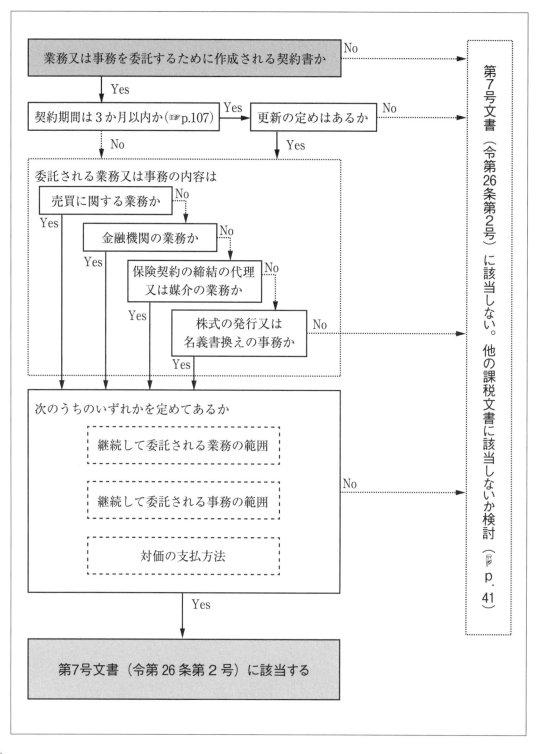

> **留意点　営業者間でなくとも課税対象**
>
> 　令26条2号の第7号文書の契約書は、令26条1号の第7号文書のように「営業者の間の契約書であること」は要件とされていません。
> 　したがって、営業者と非営業者の間、又は非営業者の間で作成する契約書であっても、下記①及び②の要件に該当すれば令26条2号の第7号文書に該当することとなります。特に売買に関する業務については、当事者の一方が営業者でない場合も考えられます。

> **留意点　このタイプの第7号文書は「委任契約」を定める文書**
>
> 　このタイプの契約書は、現在は不課税とされている「委任に関する契約書」（p.17）に該当するものですが、上記要件を満たす継続的取引の基本となる契約書については、現在も課税文書とされています。

(2)　要件

　このグループに属する第7号文書は、一般的に「○○業務委託契約書」などと称される文書で、それらのうちの特定の業務又は事務処理を委託する契約書です。

　すなわち、代理店契約書、業務委託契約書その他名称のいかんを問わず、このグループの第7号文書に該当するものとして印紙税法施行令第26条第2号に定められた要件は、前記B（p.107）の期間要件に加えて、次の業務又は事務（要件①）について次の事項（要件②）を定めるものです。

要件①　継続して委託する次のいずれかの業務又は事務
イ　売買に関する業務
ロ　金融機関の業務
ハ　保険契約の締結の代理又は媒介の業務
ニ　株式の発行又は名義書換えの事務

要件②　次のいずれかの事項を定めるもの
ホ　継続して委託する業務又は事務の範囲
ヘ　対価の支払方法

1号の1文書　1号の2文書　1号の3文書　1号の4文書　2号文書

5号文書

7号文書

12号文書

13号文書

14号文書

15号文書

要件① 「継続して委託する業務又は事務」

イ　売買に関する業務

「売買に関する業務」とは、売買に関する業務の一部又は全部を委託することをいいます（基達別表第1「第7号文書」7）。

例えば、事業の一部としての販売部門、販売店の経営を委託するものや、その中の販売業務、集金業務、在庫管理業務、仕入業務などを委託するものがこれに当たります。

留意点　「売買に関する業務の委託」と「売買の委託」

「売買に関する業務の委託」（令26二）に対し、印紙税法施行令第26条第1号に規定する「売買の委託」には、特定の物品等を販売し又は購入することを委託することなどが該当することになります（p.112参照）。

留意点　販売代金等の収納事務を金融機関に委託する契約書

販売代金等の収納事務を金融機関に委託する場合も、「売買に関する業務」の一部の委託ではないかとの疑問が生じるところです。

このような金融機関に対する販売代金収納事務の委託については、その委託の内容が「その販売代金等を積極的に集金することまで委託するものでない」ことから、印紙税法施行令第26条第2号に規定する「売買に関する業務」の委託には該当しないものとして取り扱われます（基達別表第1「第7号文書」17）。

㊟　この契約書は委任に関する契約書に該当し、不課税文書とされます（p.17参照）。

ロ　金融機関の業務

㈤　金融機関

「金融機関」には、銀行業、信託業、金融商品取引業、保険業を営むもの等通常金融機関と称されるもののほか、貸金業者、クレジットカード業者、割賦金融業者等金融業務を営むすべてのものを

含むこととされます（基達別表第1「第7号文書」関係14）。

㈡　金融機関の業務の委託

　印紙税法施行令第26条第2号に規定する「金融機関の業務を継続して委託する」とは、金融機関が、預金業務、貸出業務、出納業務、為替業務、振込業務その他の金融業務を他の者（金融業務を行うことができる金融機関）に継続して委託することをいうこととされます（基達別表第1「第7号文書」15）。

ハ　保険契約の締結の代理又は媒介の業務

　保険契約の締結の代理又は媒介の業務とは、保険募集の業務のことです。

　保険業法第2条（定義）第26項によれば、「保険募集」とは、保険契約の締結の代理又は媒介を行うこととされています。

　保険募集の業務の委託は、保険代理店等に対し各種保険の募集業務を委託する契約書です。

　これには、雇用関係にない保険外交員との間で作成するものも含まれることとされます。

ニ　株式の発行又は名義書換えの事務

　募集株式の発行に関わる事務（金融商品取引業者等と新株発行会社との間で結ぶ募集引受けのほか、株式の分割、新株予約権の目的である株式の発行など）や、株式の名義書換事務（株主名簿の作成、管理）などの事務について委託することを内容とする契約書です。

　このような事務について株式会社が株主名簿管理人（会社法123。旧商法における「名義書換代理人」）に株式の発行又は名義書換えの事務を委託する契約書は、これに当たります（株式事務委託代行契約書など。基達別表第1「第7号文書」21）。

留意点	株式事務代行委託契約書

　株式事務代行委託契約書で、株式の発行又は名義書換えの事務を3か月を超えて継続して委任するものは、令26条2項の第7号文書に該当することとされます。

要件②「記載事項」

　上記「要件①」の業務又は事務について、次のいずれかを定める文書が課税対象となります。

　　ホ　継続して委託する業務又は事務の範囲

　　ヘ　対価の支払方法

3　令26条3号の第7号文書（銀行取引約定書等）

(1)　銀行取引約定書等のフローチャート

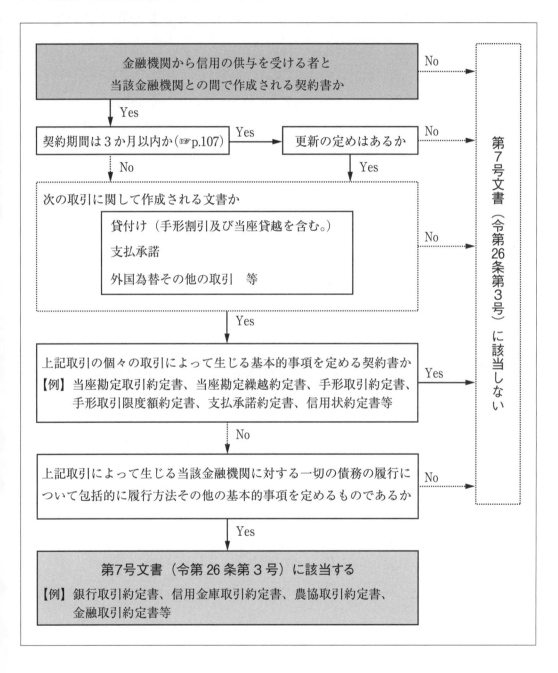

（2）　要件

　銀行取引約定書その他名称のいかんを問わず、このタイプの第7号文書に該当するものとして印紙税法施行令第26条第3号に定められた要件は、前記B（p.107）の期間要件に加え、次の①の契約当事者の間において、次の②の事項を定めるものです。

①　契約当事者

　金融機関から信用の供与を受ける者と、その金融機関との間で作成されるものに限られます。

②　次の取引によって生じる、その金融機関に対する一切の債務の履行について、包括的に履行方法その他の基本的事項を定める契約書

　イ　貸付け（手形割引及び当座貸越しを含みます。）

　ロ　支払承諾

　ハ　外国為替その他の取引　等

留意点　包括的に履行方法その他の基本的事項を定める契約書

　印紙税法施行令第26条第3号に規定する「包括的に履行方法その他の基本的事項を定める契約書」とは、上記②の取引によって生ずる債務のすべてについて、包括的に履行方法その他の基本的事項を定める契約書をいい、例えば次のようなものがこのタイプの第7号文書に該当することとなります（基達別表第1「第7号文書」18）。

【例】普通銀行における銀行取引約定書、信用金庫における信用金庫
　　取引約定書　等

留意点	個々の取引によって生じる金融機関に対する債務の履行方法等を定める契約書

　　上記(2)②の個々の取引によって生ずる金融機関に対する債務の履行について、履行方法その他の基本的事項を定める次のような契約書は、消費税法施行令第26条第3号の第7号文書には該当しません（基達別表第1「第7号文書」18）。

【例】　当座勘定取引約定書、当座勘定借越約定書、手形取引約定書、
　　　　手形取引限度額約定書、支払承諾約定書、信用状約定書　等

4　令26条4号の第7号文書（信用取引口座設定約定書等）

(1)　信用取引口座設定約定書等のフローチャート

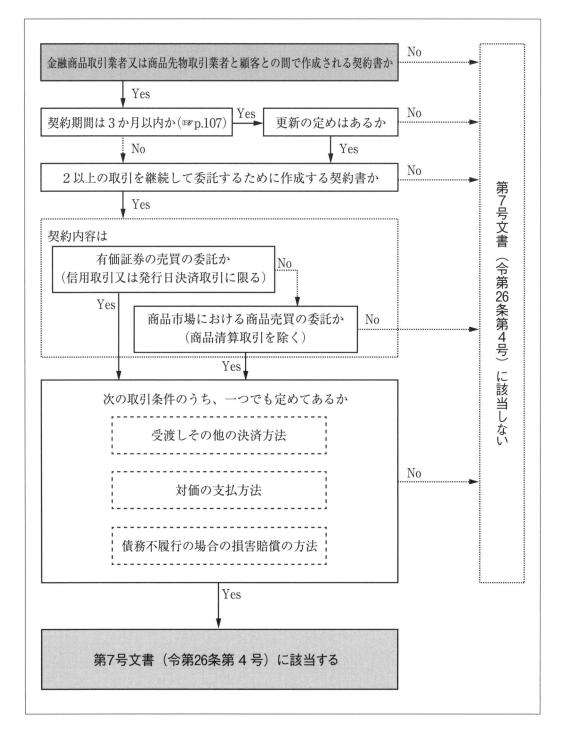

(2)　要件

信用取引口座設定約定書その他名称のいかんを問わず、このタイプの第7号文書に該当するものとして印紙税法施行令第26条第4号に定められた要件は、前記B（p.107）の期間要件に加え、次の①の者の間における②の取引について、その取引条件のうち③の事項を定めるものです。

①　契約当事者

金融商品取引業者（注1）又は商品先物取引業者（注2）と、顧客との間で作成されるものに限られます。

　（注）1　金融商品取引法第2条第9号(定義)に規定する金融商品取引業者です。

　　　2　商品取引法第2条第23項(定義)に規定する商品先物取引業者です。

②　次のイ又はロについて2以上の取引を継続して委託するために作成される契約書

　イ　有価証券の売買（信用取引又は発行日決済取引に限ります。）

　ロ　商品市場における商品の売買（商品清算取引を除きます。）

③　共通して適用される取引条件のうち、次の事項を定めるもの

　イ　受渡しその他の決済方法

　ロ　対価の支払方法

　ハ　債務不履行の場合の損害賠償の方法

1号の1文書　1号の2文書　1号の3文書　1号の4文書　2号文書　5号文書　7号文書　12号文書　13号文書　14号文書　15号文書

5　令26条5号の第7号文書（保険特約書等）

(1)　保険特約書等のフローチャート

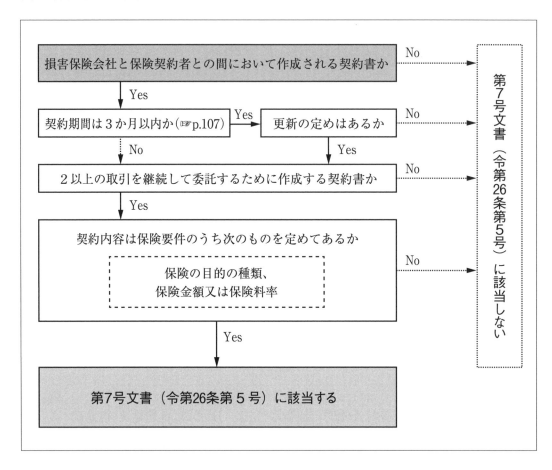

(2)　要件

　保険特約書その他名称のいかんを問わず、このタイプの第7号文書に該当するものとして印紙税法施行令第26条第5号に定められた要件は、前記B（p.107）の期間要件に加え、次の①を当事者とし、②のために③の事項を定めるものです。

①　損害保険会社と保険契約者との間におけるもの
②　2以上の保険契約を継続して行うため作成される契約書
③　これらの保険契約に共通して適用される保険要件のうち、保険の目的の種類、保険金額又は保険料率

| 留意点 | 保険契約者 |

　「保険契約者」には、再保険のように保険契約者が保険会社である場合のその保険会社もこの「保険契約者」に含まれることとされます（基達別表第1「第7号文書」19)。

| 留意点 | 2以上の保険契約を継続して行うため作成される契約書 |

　「2以上の保険契約を継続して行うため作成される契約書」とは、特約期間内に締結される保険契約に共通して適用される保険の目的の種類、保険金額又は保険料率を定めておき、後日、保険契約者からの申込みに応じて個別の保険契約を締結し、個別の保険契約ごとに保険証券又は保険引受証が発行されることになっている契約書をいうものとされます（基達別表第1「第7号文書」20)。

第12号文書	信託行為に関する契約書

「信託行為に関する契約書」とは、信託法第3条第1号（信託の方法）に規定する信託契約を証する文書をいうこととされます（基達別表第1「第12号文書」1）。

1　「信託の方法」

信託の方法としては、信託契約を締結する方法（「信託契約」信託法3一）、遺言による方法（「遺言信託」信託法3二）及び公正証書等による方法（「自己信託」信託法3三）がありますが、課税対象となるのは信託法第3条第1号（信託の方法）の信託契約を締結する際に作成される場合の信託契約書等のみです。

　㊟　信託契約（信託法3一）と遺言信託（信託法3二）は、自分以外の者を受託者として財産管理を託す形態であるのに対し、自己信託（信託法3三）は、自己に託す信託の形で自分一人で公正証書等によりすることができるため「信託宣言」ともいわれています。

留意点	遺言信託、自己信託

　信託法第3条第2号の遺言信託を設定するための遺言書及び同条第3号の自己信託を設定するための公正証書その他の書面は、第12号文書に該当しないものとされます（基達別表第1「第12号文書」1注書の2）。

2　信託行為に関する契約書

信託契約は委託者及び受託者との間で締結しますが、その際に作成されるのが、課税対象となる信託契約書です。

また、信託行為に関する契約書には、信託証書を含むこととされています（課税物件表「第12号」定義欄）。

留意点	信託証書

　「信託証書」は、外形的には証券・証書タイプの文書ですが、この証書は信託行為に関する契約書とされます。

3　信託に関する特別の法令に基づき締結する文書

　担保付社債信託法その他の信託に関する特別の法令(注)に基づいて締結する信託契約を証する文書は、信託行為に関する契約書に該当することとされます（基達別表第1「第12号文書」1注書の1）。

　(注)　信託に関する特別の法令として、担保付社債信託法、投資信託及び投資法人に関する法律、貸付信託法、資産の流動化に関する法律、著作権等管理事業法、信託業法等があります。

4　財産形成信託取引証

　信託銀行が財産形成信託の申込者に交付する財産形成信託取引証は、信託行為に関する契約書に該当することとされます（基達別表第1「第12号文書」2）。

　財産形成信託取引証は、金銭信託又は貸付信託の方法による財産形成信託の受諾の事実のほか、金銭又は貸付信託受益証券の寄託契約の成立を証するためのものでもあり、信託行為に関する契約書（第12号文書）と金銭又は有価証券の寄託に関する契約書（第14号文書）に該当することとなりますが、通則3ハの規定により（p.258参照）第12号文書に所属が決定されます。

第13号文書　債務の保証に関する契約書

1　債務の保証に関する契約書判定フローチャート

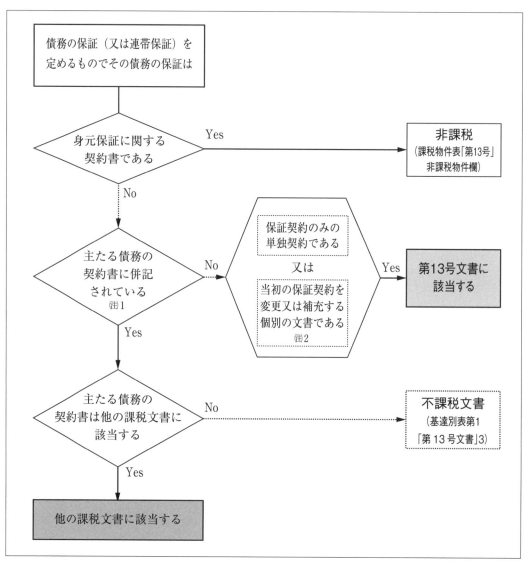

(注)1　契約の申込文書に併記した債務の保証契約書は、主たる債務の契約書に
併記したものではなく、第13号文書に該当するものとされます（基達別表
第1「第13号文書」3なお書）。

　　2　主たる債務の契約書に併記した保証契約を変更又は補充する契約書は、第
13号文書に該当するものとされます（基達別表第1「第13号文書」3なお書）。

1号の1文書　1号の2文書　1号の3文書　1号の4文書　2号文書　5号文書　7号文書　12号文書　13号文書　14号文書　15号文書

2　債務の保証の意義

「債務の保証」とは、主たる債務者がその債務を履行しない場合に保証人がこれを履行することを債権者に対し約することをいい、連帯保証を含むものとされます（基達別表第1「第13号文書」1）。

留意点	損害担保契約

　他人の受けた不測の損害を補てんする損害担保契約は、債務の保証に関する契約に該当しないものとされます（基達別表第1「第13号文書」1なお書。留意点「取引についての保証契約書」（p.137）参照）。

3　保証契約の契約当事者

　保証契約の契約当事者は、保証人になろうとする者と債権者であり、これらの間で作成される契約書が第13号文書に該当します。したがって、第三者が債務者に対しその債務の保証を約するものは、第13号文書に該当しないものとされます（基達別表第1「第13号文書」1、2）。

留意点	保証委託契約書

　主たる債務者から委託を受けて保証人になる場合、主たる債務者と保証人になろうとする者の間で保証委託契約書を締結することがありますが、この場合の保証委託契約書は委任に関する契約書であり、現在は不課税文書です（基達別表第1「第13号文書」2なお書。p.17参照）。

4　主たる債務の契約書に併記した保証契約

　債務の保証に関する契約書であっても、主たる債務の契約書に併記したものは第13号文書としては課税されません（課税物件表「第13号」物件名欄）。また、主たる債務の契約書に併記した債務の保証契約書は、仮に主たる

債務の契約書が不課税文書であつたとしても、第13号文書に該当しないものとされます（基達別表第1「第13号文書」3）。

| 留意点 | 「主たる債務の契約書」とは |

　「保証債務」とは、債務者が債務の履行をしない場合、保証人が代わりに債務を履行することをいいます（民法446①）。

　この場合における主たる債務とは、契約当事者である債務者が債権者に対して負う債務のことであり、仮に債務者がそれを履行しないときに保証人が債権者に対して負う債務を保証債務といいます。つまり「主たる債務の契約書」とは、主たる債務者と債権者の間で締結される契約書であり、この契約書に債権者と保証人との間の保証契約条項を併記する例は実務ではよく見受けられます。

| 留意点 | 「主たる債務の契約書」が不課税文書の場合 |

　「主たる債務の契約書」が物品売買契約書などの不課税文書であったとしても、そこに併記された保証契約については別途第13号文書として評価され課税されることはありません。

　ただし、次の文書については課税対象とされます（基達別表第1「第13号文書」3なお書）。

① 　主たる債務の契約書に併記した保証契約を変更又は補充する契約書（p.58、p.61、p.323参照）

② 　契約の申込文書に併記した債務の保証契約書

| 留意点 | 販売物品の保証書 |

　物品製造業者又は物品販売業者等が自己の製造した物品又は販売物品につき品質を保証することを約して交付する品質保証書は、課税文書に該当しないものとされます（基達別表第1「第13号文書」5）。

留意点	取引についての保証契約書

　特定の第三者の取引等について事故が生じた場合には一切の責任を負担する旨を当該第三者の取引先に約することを内容とする契約書は、損害担保契約書（不課税文書とされています㊟。）であることが明らかであるものを除き、第13号文書として取り扱われます（基達別表第1「第13号文書」6）。

㊟　損害担保契約書とは、当事者の一方が一定の事項又は事業などから受けるかもしれない損害を担保することを約する契約書です。

　当該通達の契約は、第三者の取引先に対する債務（主たる債務）を保証するケースですが、損害担保契約書は主たる債務が存在しない点でこれと異なります。

5　身元保証に関する契約書

　身元保証ニ関スル法律に規定する身元保証に関する契約書は、非課税文書とされています（課税物件表「第13号」非課税物件欄）。

留意点	入学や入院の際の身元保証書

　非課税文書とされる身元保証に関する契約書には、入学及び入院の際等に作成する身元保証書を含むものとして取り扱われます（基達別表第1「第13号文書」4）。

| 第14号文書 | 金銭又は有価証券の寄託に関する契約書 |

1　金銭又は有価証券の寄託に関する契約書判定フローチャート

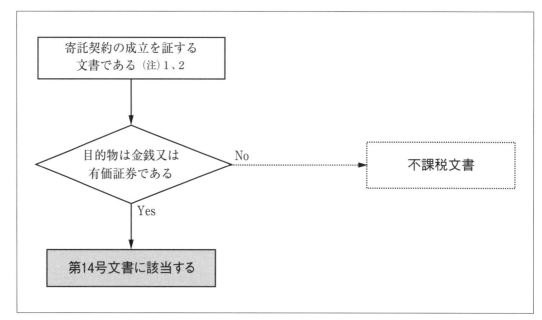

㊟1　寄託契約とは、当事者の一方がある物を保管することを相手方に委託し相手方がこれを承諾することを内容とする契約をいいます（民法657）。なお、寄託には、混合契約（民法665の2）及び消費寄託（民法666）も含まれます（基達別表第1「第14号文書」1）。

2　従来、寄託契約は、民法上「要物契約」（当事者の合意だけでなく、目的物を引き渡すことが契約成立の要件）とされてきましたが、実際の取引の実情を踏まえ、2020年4月施行の改正民法により寄託契約は、ある物の保管委託とその承諾によって成立する諾成契約に当たることが明確化されました（民法657）。

2　金銭又は有価証券の保管に際して作成される文書の判定フローチャート

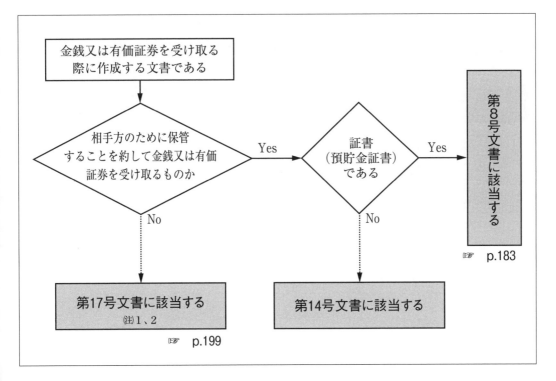

（注）1　金銭又は有価証券の保管ではなく、借入金の場合においては、借受金の受領事実とともにその返還期日又は返還方法若しくは利率等を記載証明するものは、第1号の3文書（消費貸借に関する契約書）として取り扱われます（基達別表第1「第1号の3文書」4。p.81参照）。

　　　2　金融機関で作成される文書で「預り証」や「領収証」等と称する文書については、受領原因として単に預金の種類だけが記載されているものは第17号文書とされます（基通別表第1「第14号文書」2なお書、p.141参照）。

3　寄託の意義

　「寄託」とは、当事者の一方がある物を保管をすることを相手方に委託し、相手方がこれを受諾することにより効力を生じる契約です（民法657）。

　寄託には混合寄託（民法665の2）及び消費寄託（民法666）を含むこととされます（基達別表第1「第14号文書」1）。

4　課税物件としての寄託契約書

　第14号文書では、寄託の対象物を「金銭又は有価証券」に限っていますので、物品の寄託に関する契約書は課税文書に該当しません。

留意点	物品寄託契約書、貨物寄託契約書

　例えば、次のような文書は課税されません。
・物品保管契約書
・貨物寄託契約書
⒨　ただし、貨物保管及び荷役契約書などのように、貨物の保管契約であっても貨物の入出庫作業のような荷役作業を請け負うことまでも内容とするものは、第2号文書（又は第7号文書）に該当するものとされます。

5　寄託契約の特徴

　寄託の特徴としては、①相手方のために、②保管という労務を提供する契約であり、相手方のために労務を提供する点で委任と共通するものがあります。

　なお、これまで寄託契約は「要物契約」とされてきましたが、実際の取引の実情を踏まえ、2020年4月施行の改正民法により、諾成契約に当たることが明確化されました（民法657）。

6　敷金の預り証等

　次の敷金の預り証等は、「相手方のために」する「契約」ではない点で第14号文書には該当しないこととされています。

(1)　敷金の預り証

　敷金の預り証は第14号文書ではなく、第17号文書（金銭又は有価証券の受取書）とされます（基達別表第1「第14号文書」3）。

　この文書は、賃貸借契約に当たり、敷金を受け取る際に作成される文書ですが、敷金は、その性質上、貸主側の計算で額を定め預かるものであり、また、敷金のうち契約終了の際に返還が予定されているものは、賃借人の債務不履行等に備えた貸主のための一種の担保的性格を有するものです。

(2)　保証金、担保手形の預り証、受取書

　賃貸借契約のほか、各種の取引に際し保証金、担保手形等を差し入れる際に、これら保証金等の受取書を作成することがありますが、これについても単に受領の事実を証するものであること、預かる者側の計算で額を定めて預かるものであることから第14号文書には該当せず、第17号文書に該当することとされます。

| 留意点 | 第14号文書と第17号文書の違い |

　この双方の号別のいずれに該当するかの端的な違いは、税額（いずれも200円）は同じですが、非課税金額があるかどうか（第17号文書であれば5万円未満非課税）にあります。

7　金融機関が作成する預り証等の文書

　寄託契約は、金銭又は有価証券を受け取った際に作成するものであっても、相手方のために保管をすることを約してそれらを受け取った事実を証することにより寄託契約が成立する㊟ことになります（民法657）。したがって、次の(1)〜(3)に掲げる文書の取扱いについては、受取りの事実を証することにより寄託契約（消費寄託契約）が成立するので、第14号文書とされます。

　㊟　民法改正後において、寄託契約は諾成契約とされましたが（p.138参照）、
　　　目的物の交付は履行の着手であり、その段階で寄託の成立を明らかにする
　　　契約書の作成があったと見ることができます。

預り証等文書の取扱いフローチャート

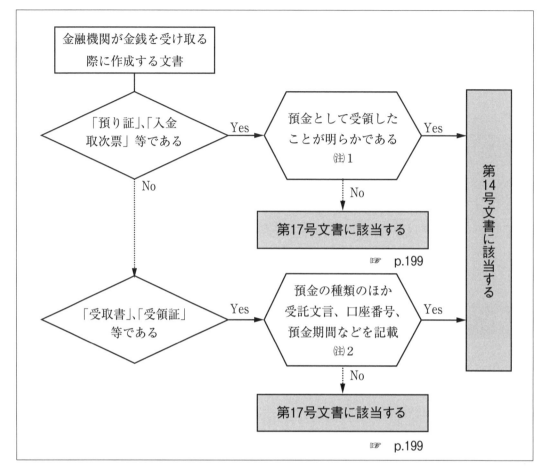

(注)1　基達別表第1「第14号文書」2。次の(1)①を参照。

　　2　受領原因として単に預金の種類が記載されているもの等は第17号文書とされます（基達別表第1「第14号文書」なお書）。

(1)　「預り証」等の取扱い

①　預り証、入金取次票等の取扱い

　金融機関の外務員が、得意先から預金として金銭を受け入れた場合又は金融機関の窓口等で預金通帳の提示なしに預金を受け入れた場合に、当該受入れ事実を証するために作成する「預り証」、「入金取次票」等と称する文書で、当該金銭を保管する目的で受領するものであることが明らかなもの（例えば、預金の種類の記載があるなど）は、第14号文書（金銭の寄託に関する契約書）として取り扱われます（基達別表第1「第14号文書」2）。

留意点	金融機関が作成する「預り証」「入金取次票」「入金受付票」等

　金融機関が使用する文書の名称が「預り証」、「入金取次票」、「入金受付票」等の取扱いは、次のとおりです。

①　「普通預金としてお預かりいたしました。」など、預金の種類等が記載されているもの　**第14号文書**

②　その名称のほか金額のみの記載しかなく文書上預金の預りであることが明らかでないもの　**第17号文書**

②　受取書、受領証等の取扱い

　これらの文書に受託文言、口座番号、預金期間など寄託契約の成立に結びつく事項が記載されているものは第14号文書に該当するとされますが、受領原因として単に預金の種類が記載されているものは、第17号文書に該当するものとされます（基達別表第1「第14号文書」2なお書）。

留意点	金融機関が作成する受取書、領収書等

　金融機関が作成する受取書、領収書等と称する文書の取扱いは次のとおりです（基達別表第1「第14号文書」2）。

①　受託文言、口座番号、預金期間など寄託契約の成立にむすびつく事項が記載されているもの　**第14号文書**

②　受領原因として単に預金の種類が記載されているものなど上記①以外のもの　**第17号文書**

③　振込金受取書、受取書等の取扱い

　取引先等の預金口座へ振込依頼を受けた金融機関が、振込金と振込手数料の受領事実を証するために作成する「振込金受取書」、「受取書」又は「受領証」などは、振込金（売上代金以外）と手数料（売上代金）の金額を併せ受け取った際に作成される文書であり、第17号文書として課税対象となります。

　なお、振込金と手数料の金額の合計額が5万円未満の場合は、非課税

とされます（基達34。p.224参照）。

⑵　現金自動預金機（ATM）から打ち出される紙片

①　預入年月日、預入額、預入後の預金残額及び口座番号等の事項を記載した紙片

現金自動預金機（ATM）等を利用して現金を預け入れる場合に、その機械から打ち出される預入年月日、預入額、預入後の預金残額及び口座番号等の事項を記載した紙片は、第14号文書として取り扱われます（基達別表第1「第14号文書」6）。

②　上記①以外の紙片

現金自動預金機（ATM）等から打ち出される紙片で、上記①に該当しない次の処理区分のものの取扱いは、次のとおりです。

処理区分	課否判定
振込金の入金	第17号文書 ㊟1
口座振替の依頼	不課税文書 ㊟2
各種ローンの返済	第17号文書 ㊟3

㊟1　振込金（売上代金以外）と振込手数料（売上代金）の合計額が5万円未満であれば非課税とされます（基達34）。

　2　口座間の振替に係る事務処理結果を通知するものであり、振替えによって新口座が開設される場合（第14号文書）を除き、不課税とされます。

　3　元金（売上代金以外）と利息（売上代金）の合計額が5万円未満であれば非課税とされます（基達34）。

　　　なお、一旦普通預金として受け入れ、振替えの方法で返済されるものは、第14号文書とされます。

(3)　預金口座振替依頼書等

金融機関で行われる預金口座振替には次のパターンがありますが、いずれも口座間の振替に係る事務処理を委託するものであり（準委任）、第14号文書には該当しないものとして取り扱われます。

なお、いずれの文書についても振替手数料など事務処理に係る手数料の受取り事実の記載がある場合は、第17号の1文書（売上代金に係る金銭の受取書）に該当しますが、記載された振替手数料等の金額が5万円未満の文書については、非課税とされます。

①　公共料金、租税等の預金口座振替依頼書

電信電話料金、電力料金、租税等を、預金口座振替の方法により支払うことを依頼する場合に作成される預金口座振替依頼書は、預金の払戻方法を直接証明するものではないので、第14号文書に該当しないものとされます（基達別表第1「第14号文書」7）。

②　金融機関に対する債務等の口座振替依頼書

預金契約を締結している金融機関に対し、当該金融機関に対する借入金、利息金額、手数料その他の債務、又は積立式の定期預貯金若しくは積金を預金口座から引き落として支払い又は振り替えることを依頼する場合に作成する預金口座振替依頼書は、第14号文書（金銭の寄託に関する契約書）に該当しないものとして取り扱われます（基達別表第1「第1号の3文書」8）。

> **留意点**　**内容によっては第1号の3文書等となる場合**
>
> 金融機関に対する債務を預金口座から引き落として支払うことを内容とする文書であっても、原契約である消費貸借契約等の契約金額、利息金額、手数料等の支払方法又は支払期日を定めることを証明目的とするものは、その内容により、第1号の3文書（消費貸借に関する契約書）等に該当することになります（基達別表第1「第14号文書」8なお書）。

8 その他

⑴ 差押物件等の保管証

　金銭又は有価証券を差し押え又は領置するに当たり、これをその占有者に保管させる場合において、当該保管者が作成する保管証は、課税しないことに取り扱われます（基達別表第1「第14号文書」4）。

⑵ 勤務先預金明細書等

　勤務先預金について、預金通帳の発行に代え、一定期間中の個々の預金取引の明細を記載して預金者に交付する勤務先預金明細書等と称する文書は、第14号文書とされます。

　なお、一定期間中の受入金・払戻金の合計額と残額だけを記載した預金残高通知書等と称する文書は、第14号文書には該当しないものとされます（基達別表第1「第14号文書」5）。

第15号文書	債権譲渡又は債務引受けに関する契約書

1　債権譲渡とは

「債権譲渡」とは、債権をその同一性を失わせないで旧債権者から新債権者へ移転させることをいいます（基達別表第1「第15号文書」1)。

留意点　課税対象となる債権譲渡に関する契約書

　課税対象となる債権譲渡に関する契約書は、上記定義から、いわゆる指名債権の譲渡（民法467〜470）に限らない取扱いとなります。なお、指名債権に対する証券的債権の譲渡については、有価証券の譲渡に関する契約書は、現在不課税とされています（p.21参照）。

㊟　2020年4月1日に施行された改正民法では、債権譲渡について詳細な改正（例えば、将来債権の譲渡性や債権譲渡の対抗要件など）が行われています。

2　債務引受けとは

⑴　債務引受けの意義

「債務引受け」とは、債務をその同一性を失わせないで債務引受人に移転することをいい、並存的債務引受（民法470）及び免責的債務引受（民法472）もこれに含むこととされます（基達別表第1「第15号文書」2）。

留意点　債務引受け

　「債務引受け」は、2020年4月1日に施行の改正民法において条文化されました。

　改正前は、民法の規定はなくとも実務上は広く利用されていて、判例上認められた契約類型でした。今回の改正で、このような実情を踏まえ条文化されたことになります。

(2)　**契約当事者**

「債務引受け」の契約当事者は次のとおりです。

①　債権者と引受人たる第三者との間の契約（基達別表第1「第15号文書」3）

②　債務者と引受人たる第三者との間の契約（債権者の承諾を条件として債務引受けを約するものに限られます）（基達別表第1「第15号文書」3）

③　債権者、債務者及び引受人たる第三者との三面契約

(3)　**履行の引受け**

「債務引受け」と区別されるものとして「履行の引受け」があります。

　これは、第三者は債務を負うものではなく、ただ単に債務者との間で履行責任だけを負う契約ですが、印紙税の取扱いにおいては「第三者が債務者の債務の履行を行うことを約する文書」であり、委任に関する契約書（不課税文書。p.17参照）に該当するものとされます（基達別表第1「第15号文書」3なお書）。

留意点	債務者と第三者との間の契約

　「債務引受け」か「履行引受け」かの違いにより、第三者と債務者との間において作成する文書の取扱いを整理すると、次のとおりです。

(1)　債務引受け

　　債権者の承諾を条件として第三者と債務者との間において債務者の債務を引き受けることを約するもの　　**第15号文書**（基達別表第1「第15号文書」3）

(2)　履行引受け

　　第三者と債務者との間において、第三者が債務者の債務の履行を行うことを約する文書　　**不課税文書**（委任に関する契約書、基達別表第1「第15号文書」3なお書）

3　契約上の地位の譲渡

　契約上の地位を包括的に移転することを契約上の地位の譲渡といいます

が、債権、債務関係の包括的な移転であることから、契約上の地位の譲渡に関する契約書も第15号文書に該当するものとして取り扱われています（例えば、不動産売買契約における「地位譲渡契約書」など）。

| 留意点 | 買主としての「地位譲渡契約書」 |

　不動産売買契約における買主としての「地位譲渡契約書」は、中間省略的な登記をする際に使われることがありますが、これは買主としての債権債務関係（目的物の引渡請求権、移転登記請求権と代金の支払債務など）を移転させる契約として第15号文書として取り扱われます。

4　債権譲渡通知書、債権譲渡承諾書等

　債権譲渡契約をした場合において、譲渡人が債務者に通知する「債権譲渡通知書」及び債務者が当該債権譲渡を承諾する旨の記載をした「債権譲渡承諾書」などは、課税文書に該当しないこととされます（基達別表第1「第15号文書」4）。このような文書は指名債権の第三者対抗要件としての通知文書等であり、契約の成立を証するものではないからです。

5　ゴルフ会員権の売買契約書

　預託金制のゴルフ会員権について、その権利者と買主との間で締結するゴルフ会員権の売買契約書は、預託金の返還請求権などの契約上の地位を譲渡する契約として、第15号文書に該当する取扱いとされています。

㊟　有価証券化されたものの譲渡契約書は、有価証券の譲渡に関する契約書であり、現在は不課税文書とされています。

6　自動車売買契約書（リサイクル料金等相当額の記載があるもの）

　自動車売買契約書は、物品の譲渡に関する契約書として不課税文書とされますが、下取車がある場合や中古車の売買契約である場合には、再資源

1号の1文書　1号の2文書　1号の3文書　1号の4文書　2号文書

5号文書

7号文書

12号文書

13号文書

14号文書

15号文書

1号の1文書　1号の2文書　1号の3文書　1号の4文書　2号文書　5号文書　7号文書　12号文書　13号文書　14号文書　15号文書

化預託金相当額（リサイクル料金等相当額）が記載されます。

　この場合の売買契約書は再資源化預託金に係る債権債務関係の地位の譲渡に当たりますので、第15号文書に該当するものとされます。

留意点　自動車売買契約書

　自動車の売買契約書に記載されている自動車リサイクル料金等相当額は、自動車購入時に販売店を経由して資金管理法人に預託される再資源化預託金等（リサイクル料金）であり、自動車所有者の金銭債権とされます。

　購入した自動車を次に売買するとき（下取りに出す場合も含みます。）には、自動車（物品）と共に当該預託金等（金銭債権）も譲渡されることになりますので、このような場合に作成される自動車売買契約書でリサイクル料金等の記載があるものは、金銭債権の譲渡として第15号文書に該当することとなります。

　具体的には、次の場合に作成される自動車売買契約書が第15号文書に該当することとなります。

(1)　新車購入で下取車がある場合

　　下取車のリサイクル料金等相当額が記載金額となります。

(2)　中古車売買の場合

　　販売車のリサイクル料金相当額（下取車があればそのリサイクル料金等相当額との合計額（通則4イ））が記載金額となります。

(注)　自動車売買契約書の中に、注文による加工料などの請負契約に該当する事項があるときは、第2号文書（請負に関する契約書）にも該当します。

　①　この場合の文書の所属の決定は、第2号文書と第15号文書に該当し、第2号文書に所属が決定されます（基通11①(2)、p.257参照）

　②　この文書の場合の記載金額は、区分記載される請負部分の金額となります（通則ロ(1)、p.282参照）

　③　この文書の非課税判定（記載金額が1万円未満であるか否か）については、請負金額とリサイクル料金等の金額のそれぞれが1

万円未満であるときは、非課税文書とされます（基達33(1)、p.298参照）。つまり、上記①の所属の決定に関わりなく、いずれか一方が１万円以上である場合は、非課税とされないことになります。

留意点	自動車リサイクル料金等（自動車売買契約書の記載金額）

(1)　**記載金額が１万円未満であれば「非課税」**

　　リサイクル料金等の記載がある自動車売買契約書であっても、第15号文書は記載金額が１万円未満であれば非課税となります。

(2)　**自動車売買契約書の記載金額とは**

　　次のリサイクル料金相当額（合計額）が記載金額となります。

　　イ　シュレッダーダスト料金

　　ロ　エアバッグ類料金

　　ハ　フロン類料金

　　ニ　情報管理料金等

　　㊟　料金預託時に支払う資金管理料金は上記に含まれません。

(3)　**中古車の売買契約書**

　　購入する中古車及び下取車ともにリサイクル料金預託済みである場合は、両方の合計額が記載金額となります（通則４イ、p.282参照）。

7　電話加入権の譲渡契約書

　電話加入権の譲渡契約書（電話加入権売買契約書）は、第15号文書に該当するものとして取り扱われます（基達別表第１「第15号文書」５）。

3号文書
4号文書
6号文書
8号文書
9号文書
10号文書
11号文書
16号文書
17号文書

Ⅱ 証書・証券タイプの課税文書

第3号文書	約束手形・為替手形

1 約束手形・為替手形の意義

「約束手形又は為替手形」とは、手形法の規定により約束手形又は為替手形たる効力を有する証券をいいます（基達別表第1「第3号文書」1）。

留意点 要式証券

手形はその記載すべき内容が法定されています（要式証券）。これは証券の記載内容を定型化し、記載内容どおりの権利を表章させることにより流通性を確保するための法技術とされています。

留意点 手形要件

法定されている必要的記載事項（手形要件）は次のとおりです（手形法1、75)。

○ 為替手形（手形法1）	○ 約束手形（手形法75）
① 為替手形という文字	① 約束手形という文字
② 一定金額の単純な支払委託文句	② 一定金額の単純な支払約束文句
③ 支払人の名称	③ 満期（支払期日）
④ 満期（支払期日）	④ 支払地
⑤ 支払地	⑤ 受取人又はその指図人
⑥ 受取人又はその指図人	⑥ 振出日
⑦ 振出日	⑦ 振出地
⑧ 振出地	⑧ 振出人の署名（又は記名捺印）
⑨ 振出人の署名（又は記名捺印）	

(1)　約束手形

　「約束手形」とは、振出人が、受取人又はその指図人若しくは手形所持人に対し、一定の期日に一定の金額を支払うことを約束する有価証券をいいます。

(2)　為替手形

　「為替手形」とは、手形の振出人（発行者）が、第三者（支払人）に委託し、受取人又はその指図人に対して一定の金額を支払ってもらう形式の有価証券をいいます。

2　白地手形の取扱い

　印紙税の課税対象とされる約束手形・為替手形には、いわゆる「白地手形」も含まれるとされます（基達別表第1「第3号文書」1）。

　「白地手形」とは、前記手形要件の一部を欠いている状態の手形であって、振出人又はその他の手形当事者が他人に補充させる意思をもって未完成のまま振り出した手形をいいますが、このような状態のものも手形の記載項目を補完すれば完全な手形として流通するため課税対象とされています。

(1)　手形金額の記載のない手形

　金額白地の手形は、法別表第1の課税物件表「第3号」の非課税物件欄の規定により、非課税とされます。

　しかしながら、後日当該手形に手形金額を補充した場合には、その金額を記入した者が、その記入の時に約束手形又は為替手形を作成したものとみなされ、その記入した者に対して印紙税が課税されます（法4①、基達別表第1「第3号文書」4）。

(2)　振出人の署名を欠く白地手形の作成者

　振出人の署名を欠く白地手形であっても引受人又はその他の手形当事者の署名のあるものについては、その引受人又はその他の手形当事者が当該手形の作成者とされます（基達別表第1「第3号文書」2）。

3号文書

4号文書

6号文書

8号文書

9号文書

10号文書

11号文書

16号文書

17号文書

⑶　白地手形の作成の時期

　上記⑴又は⑵を除き、白地手形の作成の時期は、手形の所持人が記載要件を補充した時ではなく、その作成者が他人に交付した時とされます（基達別表第1「第3号文書」3）。

○白地手形の課税要件判定フローチャート

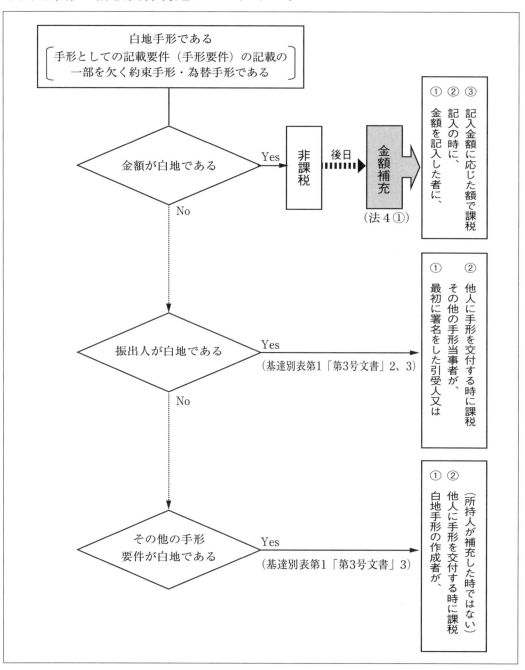

(4)　一覧払の手形

いわゆる「一覧払」の手形は、1通につき200円の定額課税となっています（課税物件表「第3号」課税標準及び税率欄）。

「一覧払の手形」とは、支払いのための呈示をした日を満期とする約束手形又は為替手形をいい（手形法34①、77①二）、満期の記載がないため一覧払のものとみなされる約束手形及び為替手形（手形法2②、76②）を含むものとされます（基達別表第1「第3号文書」5）。

ただし、いわゆる確定日後一覧払及び一定期間経過後一覧払の手形（手形法34②、77①二）は、200円の定額課税となる「一覧払の手形」から除かれます（課税物件表「第3号」課税標準及び税率欄2イ、基達別表第1「第3号文書」8、5かっこ書）。

この「一覧払」に該当するかどうかの判定は、次のとおりです。

○「一覧払」該当判定フローチャート

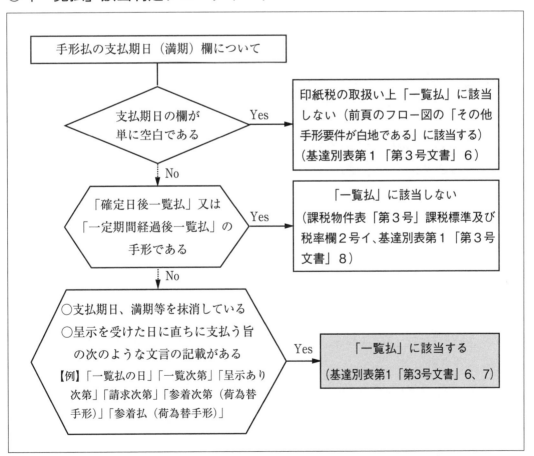

3号文書

4号文書

6号文書

8号文書

9号文書

10号文書

11号文書

16号文書

17号文書

① 「一覧払」の手形とは

　「一覧払」とは、手形の所持人が支払いを受けるために金融機関に呈示したときを満期とする手形であり、呈示を受けた日に直ちに支払わなければならない手形のことです（基達別表第1「第3号文書」5）。

　なお、「小切手」は一覧払です。

留意点	「小切手」は不課税文書

　「小切手」（不課税）と「一覧払」の手形とでは、一覧払の点でその機能に大差はありません。両者の権衡上、「一覧払」の手形の税率は200円の定額とされているようです。

② 「支払期日」欄が空白の場合

　手形用紙面の支払期日、満期等の文字を抹消することなく、単に当該欄を空白のままにしてあるものについては、一覧払の手形に該当しないものとして取り扱われます（基達別表第1「第3号文書」5、6）。

留意点	「支払期日」欄が空欄の場合の税率

　支払期日の欄が空白である手形は、200円の定額課税となる「一覧払」とされることはありません（段階税率が適用されます）。

　後に期日を補完することで作成時の段階税率の適用逃れを防止する趣旨と考えられます。

③ いわゆる「確定日後一覧払」及び「一定期間経過後一覧払」の手形

　いわゆる「確定日後一覧払」及び「一定期間経過後一覧払」の手形は、一覧払の手形に該当しないものとして取り扱われます（基達別表第1「第3号文書」8）。

　法別表第1の課税物件表「第3号」の課税標準及び税率欄2イで、一覧払の手形から除かれる手形として規定されている「手形法（昭和7年法律第20号）第34条第2項（一覧払の為替手形の呈示開始期日の定め）（同法

第77条第1項第2号（約束手形への準用）において準用する場合を含む）の定めをするもの」とは、このことをいいます。

④　参着払手形

　荷為替手形の満期日欄に「参着払」の表示がなされているいわゆる「参着払手形」と称するものについては、一覧払の手形として取り扱われます（基達別表第1「第3号文書」7）。

⑸　軽減税率（1通につき200円）が適用される手形

　約束手形又は為替手形については、手形金額の区分に応じた税率（段階税率）が定められていますが（課税物件表「第3号」課税標準及び税率欄）、次の特定の手形については、1通につき200円の税率とされています。

①　一覧払の手形

　前記⑷の①を参照。

②　金融機関を振出人及び受取人とする手形

　その手形の振出人及び受取人の双方が、日本銀行又は銀行その他印紙税法施行令第22条に定める金融機関（例えば信用金庫、信用協同組合、農業協同組合、信託会社、保険会社等）である手形をいいます（課税物件表「第3号」課税標準及び税率欄2ロ）。

　もっとも、金融機関が振り出す手形で、振出人と受取人が同一の手形（いわゆる「自己受取手形」）は、それが日本銀行である場合を除き、軽減税率の適用はありません。

　　イ　相互間の手形の税率が軽減される金融機関（課税物件表「第3号」課税標準及び税率欄2ロ、令22）

　　　㈠　日本銀行

　　　㈡　銀行

　　　㈢　信託会社

　　　㈣　保険会社

　　　㈤　信用金庫及び信用金庫連合会

(ヘ)　労働金庫及び労働金庫連合会

(ト)　農林中央金庫

(チ)　株式会社商工組合中央金庫

(リ)　株式会社日本政策投資銀行

(ヌ)　信用協同組合及び信用協同組合連合会

(ル)　農業協同組合及び農業協同組合連合会（ただし、後記ハの場合に限る）

(ヲ)　漁業協同組合、漁業協同組合連合会、水産加工業協同組合及び水産加工業協同組合連合会（ただし、後記ハの場合に限る）

(ワ)　金融商品取引法第2条第30項（定義）に規定する証券金融会社

(カ)　コール資金の貸付け又はその貸借の媒介を業として行う者のうち、財務大臣の指定するもの

ロ　「銀行」とは、銀行法第2条（定義等）第1項に規定する銀行及び長期信用銀行法第2条（定義）に規定する長期信用銀行をいいます（基達別表第1「第3号文書」10）。

ハ　上記イの(ル)及び(ヲ)については、現に貯金又は定期積金の受入れを行っているものに限ります（令22、基達別表第1「第3号文書」11）。

③　外国通貨により手形金額が表示される手形

　外貨表示の手形は、通常国際取引の支払い手段として用いられることから軽減税率とされています（課税物件表「第3号」課税標準及び税率欄2ハ）。

　なお、邦貨換算で10万円未満のものは非課税とされますが（課税物件表「第3号」非課税物件欄1）、邦貨換算の方法は法別表第1の通則4のへに定める方法（財務大臣が定めた基準外国為替相場又は裁定外国為替相場による換算）によります（基達別表第1「第3号文書」12。p.290参照）。

④　非居住者の円預金勘定を通じて決済される輸出荷為替手形

　銀行等(注)が、非居住者の円預金勘定を通じて決済される輸出荷為替手形であることの確認を受けて印紙税法施行規則第5条（別表第6）で定める表示を行った輸出荷為替手形をいいます（課税物件表「第3号」課

税標準及び税率欄2ニ、令23)。

㊟　銀行等とは次のものをいいます（基達別表第1「第3号文書」14)。

・　銀行、長期信用銀行、信用金庫、信用金庫連合会、労働金庫、労働金庫連合会、信用協同組合及び信用協同組合連合会

・　事業として貯金又は定期積金の受入れをすることができる農業協同組合、農業協同組合連合会、漁業協同組合、漁業協同組合連合会、水産加工業協同組合及び水産加工業協同組合連合会

・　日本銀行、農林中央金庫、株式会社日本政策金融公庫、株式会社商工組合中央金庫及び株式会社日本政策投資銀行

規則第5条　別表第6

銀行
非居住者円
印紙税法上の表示

縦　20ミリメートル
横　30ミリメートル

⑤　円建銀行引受手形（ＢＡ手形）

次の手形で、いずれも銀行等により印紙税法施行規則第6条（別表第7）に規定する表示を受けたもの（課税物件表「第3号」課税標準及び税率欄2ホ、令23の2)。

イ　信用状付円建貿易手形

本邦の輸出者が信用状に基づき輸出代金の決済のために本邦所在の銀行等（前記④注書）を支払人として振り出す、いわゆる信用状付円建貿易手形と称する円建期限付荷為替手形（令23の2一、基達別表第1「第3号文書」15(1))。

ロ　アコモデーション手形

本邦の輸出者が輸出代金の決済のために本邦所在の銀行等以外の者を支払人として振り出し、本邦所在の銀行等の割引きを受けた円建期

3号文書

4号文書

6号文書

8号文書

9号文書

10号文書

11号文書

16号文書

17号文書

限付荷為替手形を見合いとして、当該銀行等の当該割引きのために要した資金の円建銀行引受手形市場（「円建 BA 市場」）における調達に供するため、当該輸出者が当該銀行等を支払人として振り出す、いわゆるアコモデーション手形と称する円建期限付為替手形（令23の２二、基達別表第１「第３号文書」15⑵）。

ハ　直ハネ手形

　本邦の輸入者に対して輸入代金の支払いのための円資金を融資した本邦所在の銀行等の当該融資に要した資金の円建BA市場における調達に供するため、当該円資金融資金額を見合いとして、当該融資を受けた輸入者が当該銀行等を支払人として振り出す、いわゆる直ハネ手形と称する円建期限付為替手形（令23の２三、基達別表第１「第３号文書」15⑶）。

規則第５条　別表第７

銀行
円建銀行引受手形
印紙税法上の表示

縦　21 ミリメートル
横　23 ミリメートル

⑥　表紙手形と称する円建期限付為替手形

　次のイ又はロの手形の１又は２以上を担保として、本邦所在の銀行等が円資金を供与するために要した資金を円建BA市場において調達するため、自行を支払人として振り出す、いわゆる表紙手形と称する円建期限付為替手形で、いずれも銀行等により印紙税法施行規則第６条（別表第７、上記⑤参照）に規定する表示を受けたものです（課税物件表「第３号」課税標準及び税率欄２ヘ、令23の４、基達別表第１「第３号文書」17）。

イ　前記⑤の円建銀行引受手形（BA手形）

ロ　外国において非住居者に対し、輸出代金の決済のための円建期限付荷為替手形の割引きをし、又は輸入代金の支払のための円資金の融資

をした外国の銀行が、本邦所在の銀行等を支払人として振り出す、いわゆるリファイナンス手形と称する円建期限付為替手形（基達別表第1「第3号文書」16）

　なお、この手形はそれ自体で円建ＢＡ市場において取引することができるものですが、外国で作成されるものであることから課税されません（基達別表第1「第3号文書」16）。

(6)　手形の複本又は謄本

①　為替手形の複本又は謄本

　作成が認められる複本又は謄本については、いずれも非課税文書とされます（課税物件表「第3号」非課税物件欄3）。

②　外国為替手形の複本

　同一内容の外国為替手形を2通以上作成する場合で、当該手形に「First」及び「Second」等の表示をするときは、そのうちの「First」と表示したものを課税文書とし、その他のものは手形の複本（非課税文書）として取り扱われます（基達別表第1「第3号文書」13）。

3号文書

4号文書

6号文書

8号文書

9号文書

10号文書

11号文書

16号文書

17号文書

3号文書

4号文書

6号文書

8号文書

9号文書

10号文書

11号文書

16号文書

17号文書

第4号文書	株券、出資証券若しくは社債券又は投資信託、貸付信託、特定目的信託若しくは受益証券発行信託の受益証券

1　株　券

「株券」とは、会社法第2編第2章「株式」の第9節に規定される株券をいいます。現在、会社法において株券は不発行が原則であり、株券発行会社となるために定款で株券を発行する旨を定めることができます（会社法214）。

また、株券発行会社であることは登記事項とされています（会社法911③十）。

㊟　株券不所持制度（会社法217）等によって、株券発行会社であっても株券を発行していないケースもあります。

留意点	上場会社の株券

平成21年1月5日以降、上場会社の株券は電子化されていますが、電子化された株券は「文書」に該当せず、「文書」課税である印紙税の課税対象とはなりません。

(1)　株券の税率

印紙税法では第4号文書は券面金額に応じた段階税率を定めていますが、株券（無額面であり、券面金額の記載のない証券になります。）については、一株につき政令（令24一）で定める金額に券面の株式数を乗じて計算した金額の区分に応じ税率を適用することとされています（課税物件表「第4号」課税標準及び税率欄）。

また、政令で定める「一株の金額」は、「払込金額」の有無により以下のとおり計算方法が異なります。

留意点	株券はすべて無額面

平成13年10月1日施行の商法改正により額面株式は廃止されており、すべての株式は無額面です。

3号文書

4号文書

6号文書

8号文書

9号文書

10号文書

11号文書

16号文書

17号文書

(2) 「一株の金額」

政令（令24一）で定める「一株の金額」は次のとおりです。

① 払込金額がある場合（令24一前段）

当該株券に係る株式会社が発行する株式の払込金額（株式一株と引換えに払い込む金銭又は給付する金銭以外の財産の額をいいます。）が一株の金額とされます（令24一前段）。

② 払込金額がない場合

払込金額がない場合にあっては、当該株式会社の資本金の額及び資本準備金の額の合計額を発行済株式（当該発行する株式を含みます。）の総数で除して得た額が一株の金額とされます（令24一後段）。

(3) 株券の記載金額

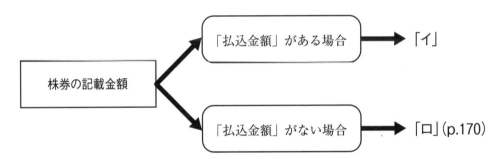

イ 「払込金額」がある場合

①発起人が引き受ける設立時発行株式、②募集設立の場合の設立時募集株式、③募集株式（株券を発行するものに限る。）及び④新株予約権の行使により発行される株式について、株券が発行される場合の記載金額は、以下のとおり計算することとされます（課税物件表「第4号」課税標準及び税率、令24一、基達別表第1「第4号文書」8）。

3号文書

4号文書

6号文書

8号文書

9号文書

10号文書

11号文書

16号文書

17号文書

㈡　発起人が引き受ける設立時発行株式に係る株券（基達別表第1「第4号文書」8(1)）

$$\boxed{\text{その株券の記載金額}} = \boxed{\begin{array}{c}\text{一株当たりの}\\\text{払込金額（*）}\end{array}} \times \text{その株券の株数}$$

*　一株当たりの払込金額　=

$$\frac{\boxed{\begin{array}{l}\text{会社法第34条第1項（出資}\\\text{の履行）の規定により払い}\\\text{込まなければならないこと}\\\text{とされている金銭の金額}\end{array}} + \boxed{\begin{array}{l}\text{同条同項により給付しなければ}\\\text{ならないこととされている金銭}\\\text{以外の財産の給付があった日に}\\\text{おける当該財産の価額（注）}\end{array}}}{\text{発起人が引き受ける設立時発行株式の数}}$$

(注)「金銭以外の財産の給付があった日における当該財産の価額」は、会社計算規則第43条第1項第2号を参照。

留意点　**会社設立の際の発起人と設立時発行株式**

　会社の設立には、①発起設立、②募集設立のいずれかの方法によることができますが（会社法25①）、いずれの設立方法においても各発起人は設立時発行株式を一株以上引き受けなければならないこととされています（会社法25②）。

留意点　**金銭出資のみの場合**

　この①の場合において、金銭出資のみで会社を設立するときは、発起人の出資に係る払込金額の全額を発起人の引き受ける株式総数で割った数字が「一株当たりの払込金額」となります。

留意点　**全部又は一部が現物出資の場合**

　現物出資に係る財産の価額は、会社計算規則第43条第1項第2号に規定されていますので、この金額を基に計算することになります。

留意点	資本金の額の計上に関する証明書

　設立に際して出資される財産のうちに金銭以外の財産がある場合には、設立の登記に際しては「資本金の額の計上に関する証明書」が必要となります（商業登記規則61⑨）㊟。

　㊟　設立に際して出資される財産が金銭のみの場合は、この証明書は不要です。

　サンプルは次のものですが、この書面で証明される③の金額が即ち上記算式の分子の金額となりますので、実務的にはこの書面の証明金額によって一株当たりの払込金額を確認することができます。

資本金の額の計上に関する証明書

①　払込みを受けた金銭の額（会社計算規則第43条第1項第1号）　金○○円

②　給付を受けた金銭以外の財産の給付があった日における当該財産の

　価額（会社計算規則第43条第1項第2号）　　　　　　　　　　金○○円

③　①＋②　　　　　　　　　　　　　　　　　　　　　　　　金○○円

　資本金の額○○円は、会社法第445条及び会社計算規則第43条の規定に従って計上されたことに相違ないことを証明する。

　令和○年○月○日

　　　　　　　　　　　　　　東京都○○区○○町○丁目○番○号

　　　　　　　　　　　　　　株式会社　　X

　　　　　　　　　　　　　　代表取締役　　A　　　　　　　印

3号文書

4号文書

6号文書

8号文書

9号文書

10号文書

11号文書

16号文書

17号文書

㈹　設立時募集株式に係る株券（基達別表第1「第4号文書」8(2)）

$$\boxed{\text{その株券の記載金額}} = \boxed{\begin{array}{c}\text{一株当たりの}\\\text{払込金額（＊）}\end{array}} \times \text{その株券の株数}$$

＊　一株当たりの払込金額　＝
　　会社法第58条第1項第2号に規定する払込金額 ㊟
　　　㊟　この払込金額は、発起人の全員の同意によって定める「設
　　　　立時募集株式の払込金額」（設立時募集株式一株と引換えに払
　　　　い込む金銭の額）です（会社法57、58①二、②）。

留意点　発起人の同意書

　会社法第58条第1項第2号に規定する払込金額を発起人の同意で定
めた場合、具体的には「発起人の同意書」（設立時発行株式及び設立時募
集株式に関する発起人全員の同意書㊟）等が作成されます（登記の添付書類、
商業登記法47③）。

　なお、定款に「払込金額」等が定めてあれば、これによります（この
場合は「発起人全員の同意書」等は不要です。）。

㊟　「発起人全員の同意書」は、「発起人の決議書」「発起人会議事録」など
　の名称で作成されることがあります。

留意点　設立時募集株式は金銭出資のみ

　会社法第57条第1項の募集に応じて設立時発行株式の引受けの申込
みをした者は、発起人とは異なり現物出資をすることが認められていま
せん（会社法58①二）。したがって、設立時募集株式の引受人に割り当
てられる株式の一株当たりの払込金額は、上記発起人の同意書又は定款
の定めるところによることとなります。

（ハ）　募集株式（株式を発行するものに限る）に係る株券（基達別表第1「第4号文書」8⑶）

$$\boxed{\text{その株券の記載金額}} = \boxed{\begin{array}{c}\text{一株当たりの}\\\text{払込金額（＊）}\end{array}} \times \text{その株券の株数}$$

＊　一株当たりの払込金額　＝

　　会社法第199条第1項第2号に規定する払込金額（募集株式一株と引き換えに払い込む金銭又は給付する金銭以外の財産の額）

留意点　**株式の発行と自己株式の処分**

　株式会社が新たに株式を引き受ける者を募集するには、次の三つの方法のいずれかによることとなります（会社法199①）。このうち課税が発生するケースは、募集株式を発行する場合の株券（①又は③の場合）に限ることとなります（自己株式の処分の際には新たな株式の発行はありません。）。

①　株式を発行する方法

②　自己株式を処分する方法

③　その双方を組み合わせる方法

留意点　**募集事項の決定機関**

　募集事項は、株主総会の特別決議又は取締役会決議によって決定されます（会社法199②、201①、309②五）。

　したがって、募集株式を発行する場合の「払込金額」は、株主総会議事録又は取締役会議事録に記録された金額ということになります㈲。

㈲　現物出資については、承認可決済みの株主総会議事録又は取締役会議事録に記載された金銭以外の財産の価額を、その出資に対して与えられる株式の数で除した金額が1株当たりの払込金額となります。

3号文書

4号文書

6号文書

8号文書

9号文書

10号文書

11号文書

16号文書

17号文書

㈡　新株予約権の行使があったことにより発行する株券（基達別表第1「第4号文書」8⑷）

$$\boxed{その株券の記載金額} = \boxed{\begin{array}{c}一株当たりの\\払込金額（＊）\end{array}} \times \quad その株券の株数$$

＊　一株当たりの払込金額　＝

$$\frac{\boxed{\begin{array}{c}行使時にお\\ける当該新\\株予約権の\\帳簿価額\end{array}} + \boxed{\begin{array}{c}会社法第281条第1\\項又は第2項後段の\\規定により払い込ま\\なければならないこ\\ととされている金銭\\の金額（注）1\end{array}} + \boxed{\begin{array}{c}会社法第281条第2項\\前段の規定により給\\付しなければならな\\いこととされている\\金銭以外の財産の行\\使時の価額（注）2\end{array}}}{新株予約権の目的である株式の数}$$

（注）1　「会社法第281条第1項（新株予約権の行使に際しての払込み）又は第2項後段の規定により払い込まなければならないこととされている金銭の金額」は、会社計算規則第17条第1項第2号の規定を参照。

　　　2　「会社法第281条第2項前段の規定により給付しなければならないこととされている金銭以外の財産の行使時の価額」は、会社計算規則第17条第1項第3号の規定を参照。

| 留意点 | 資本金の額の計上に関する証明書 |

新株予約権の行使(注)があった場合には、「資本金の額の計上に関する証明書」が必要となります（商業登記規則61⑨）。

サンプルは次のものですが（自己株式の処分を伴わない場合）、この書面で証明される④の金額が即ち上記算式の分子の金額となりますので、実務的にはこの書面の証明金額により一株当たりの払込金額を確認することができます。

(注)　新株予約権の行使に伴い、変更登記が必要となります。

資本金の額の計上に関する証明書

①　新株予約権の行使時における当該新株予約権の帳簿価額

（会社計算規則第17条第1項第1号）　　　　　　　　　　　金〇〇円

②　払込みを受けた金銭の額（会社計算規則第17条第1項第2号）

　　　　　　　　　　　　　　　　　　　　　　　　　　　金〇〇円

③　給付を受けた金銭以外の財産の給付があった日における

　　当該財産の価額（会社計算規則第17条第1項第3号）　　金〇〇円

④　資本金等増加限度額（①＋②＋③）　　　　　　　　　金〇〇円

新株予約権の行使により増加する資本金の額〇〇円は、会社法第445条及び会社計算規則第17条の規定に従って計上されたことに相違ないことを証明する。

令和〇年〇月〇日

　　　　　　　　　　　　　東京都〇〇区〇〇町〇丁目〇番〇号

　　　　　　　　　　　　　　　株式会社　　X

　　　　　　　　　　　　　　　代表取締役　　A　　　　　　印

3号文書

4号文書

6号文書

8号文書

9号文書

10号文書

11号文書

16号文書

17号文書

ロ　「払込金額」がない場合

　前記イの(イ)〜(ニ)の各ケース以外の株券の発行の際には「払込金額」はありません（令24一）。

　このような株券の記載金額の計算方法は、次のとおりです。

$$
\boxed{\text{その株券の記載金額}} = \boxed{\begin{array}{c}\text{一株の金額}\\(*)\end{array}} \times \quad\text{その株券の株数}
$$

＊　一株の金額　＝

$$
\frac{\text{資本金の額及び資本準備金の額の合計額}}{\text{発行済株式総数（新たに発行する株式を含む）}}
$$

留意点　資本金の額及び資本準備金の額の合計額

　「資本金の額及び資本準備金の額の合計額」の金額は、次の①によることが認められ、株券を発行する事業年度中に合併等があった場合には、次の②によることが認められます（基達別表第1「第4号文書」10）。
　①　最終事業年度の貸借対照表に記載された資本金の額及び資本準備金の額の合計額
　②　払込金額のない株券を発行する日の属する事業年度中に合併、吸収分割、新設分割、株式交換又は株式移転があった場合
　⇒　当該組織再編成の効力発生日における資本金の額及び資本準備金の額の合計額

留意点　払込金額がない場合とは

　例えば、次のような場合に発行される株券が「払込金額がない」株券に該当します（基達別表第1「第4号文書」9）。
　①　株式の併合をしたときに発行する株券
　②　株式の分割をしたときに発行する株券
　③　株式の無償割当てをしたときに発行する株券
　④　取得請求権付株式の取得と引換えに交付するために発行する株券

3号文書

4号文書

6号文書

8号文書

9号文書

10号文書

11号文書

16号文書

17号文書

⑤　取得条項付株式の取得と引換えに交付するために発行する株券

⑥　全部取得条項付種類株式の取得と引換えに交付するために発行する株券

⑦　株券の所持を希望していなかった株主の請求により発行する株券

⑧　株券喪失登録がされた後に再発行する株券

⑨　取得条項付新株予約権の取得と引換えに交付するために発行する株券

⑩　持分会社が組織変更して株式会社になる際に発行する株券

⑪　合併、吸収分割、新設分割、株式交換又は株式移転に際して発行する株券

(4)　合併存続会社等が訂正して発行する株券

　株式会社に合併があった場合において、存続会社又は新設会社が、消滅会社の既発行株券を訂正し、存続会社又は新設会社の発行する株券として株主に交付する場合には、当該訂正後の株券を株主に交付する時に、新たな株券を作成したものとして課税されることになります（基達別表第1「第4号文書」6）。

(5)　譲渡制限の旨を記載する株券

　発行済みの株券の全部又は一部の株式の内容について、いわゆる譲渡制限（譲渡による当該株式の取得について当該株式会社の承認を要する旨の定め）を定めることがあります。

　この際に株主に対して既に交付している株券を提出させ、これに譲渡による当該株式の取得について当該株式会社の承認を要する旨（会社法216三）を記載して交付する場合には、当該交付する株券については、譲渡制限の旨の定めに係る定款変更の効力発生の日（会社法219①）の前後を問わず、新たな株券を作成したものとして取り扱われます（基達別表第1「第4号文書」7）。

3号文書

4号文書

6号文書

8号文書

9号文書

10号文書

11号文書

16号文書

17号文書

2　出資証券

　出資証券とは、次のものをいいます（課税物件表「第4号」物件名欄、定義欄1）。

(1)　基金証券

　相互会社（保険業法第2条第5項（定義）に規定する相互会社をいいます。）の作成する基金証券は、出資証券に該当します。

留意点	「基金証券」とは

　「基金証券」とは、相互会社が、その基金拠出者に対して、その権利を証明するために交付する証券をいいます（基達別表第1「第4号文書」関係5）。

(2)　法人の社員又は出資者たる地位を証する文書

　法人の社員又は出資者たる地位を証する文書は、出資証券に該当します。

　また、法人の社員又は出資者たる地位を証する文書には、投資信託及び投資法人に関する法律に規定する投資証券を含むものとされます。

留意点	「法人の社員又は出資者」とは

① 「法人の社員」とは、法人の構成員としての社員、例えば、合名会社、合資会社又は合同会社の社員をいいます（基達別表第1「第4号文書」1前半）。

② 「法人の出資者」とは、法人に対して事業を営むための資本として財産、労務又は信用を出資した者をいいます（基達別表第1「第4号文書」1後半）。

3号文書　4号文書　6号文書　8号文書　9号文書　10号文書　11号文書　16号文書　17号文書

(3)　投資証券（投資信託及び投資法人に関する法律に規定する投資証券）の記載金額

①　払込金額がある場合の一口の金額及び証券の記載金額
次の算式によります（令24二）。

$$その証券の記載金額 = 一口当たりの払込金額（＊） × その証券の口数$$

＊　一口当たりの払込金額　＝
　　　　　投資口一口と引換えに払い込む金銭の額

②　払込金額がない場合の一口の金額及び証券の記載金額
次の算式によります（令24二かっこ書）。

$$その証券の記載金額 = 一口の金額（＊） × その証券の口数$$

＊　一口の金額　＝
$$\frac{当該投資法人の出資総額 （注）}{投資口（新たに発行する投資口を含む。）の総口数}$$

（注）「出資総額」については、p.170「【留意点】　資本金の額及び資本準備金の額の合計額」の取扱いが準用されます（基達別表第1「第4号文書」11）。

(4)　出資証券が非課税となる法人
次の法人が作成する出資証券は非課税とされます（課税物件表「第4号」非課税物件欄、令25）。
なお、協同組織金融機関の優先出資に関する法律に規定する優先出資証券は非課税から除かれています（課税物件表「第4号」非課税物件欄）。
①　日本銀行
②　協業組合、商工組合及び商工組合連合会
③　漁業共済組合及び漁業共済組合連合会

3号文書

4号文書

6号文書

8号文書

9号文書

10号文書

11号文書

16号文書

17号文書

④　商店街振興組合及び商店街振興組合連合会

⑤　消費生活協同組合及び消費生活協同組合連合会

⑥　信用金庫及び信用金庫連合会

⑦　森林組合、生産森林組合及び森林組合連合会

⑧　水産業協同組合

⑨　生活衛生同業組合、生活衛生同業小組合及び生活衛生同業組合連合会

⑩　中小企業等協同組合

⑪　農業協同組合、農業協同組合連合会及び農事組合法人

⑫　農林中央金庫

⑬　輸出組合及び輸入組合

⑭　労働金庫及び労働金庫連合会

⑮　労働者協同組合及び労働者協同組合連合会

3　社債券

　「社債券」とは、会社法の規定による社債券、特別の法律により法人の発行する債券及び相互会社（保険業法第2条第5項（定義）の相互会社）の社債券に限られます（基達別表第1「第4号文書」4）。

| 留意点 | 学校債券等の取扱い |

　「社債券」は上記のように限定されているので、学校法人又はその他の法人が資金調達の方法として発行するいわゆる学校債券等は課税されません（基達別表第1「第4号文書」4）。

(1)　社債

　「社債」とは、会社法の規定により会社が行う割当てにより発生する当該会社を債務者とする金銭債権であって、同法第676条各号に掲げる事項についての定めに従い償還されるものをいいます（会社法2二十三）。

(2)　社債券

上記(1)の社債の内容を表示した証券を社債券といいます。

なお、社債発行会社は、社債券を発行する旨の定めがある社債を発行した日以後遅滞なく、当該社債に係る社債券を発行しなければならないこととされています（会社法696）。

留意点	社債券の記載事項

社債券には、次に掲げる事項及びその番号を記載し、社債発行会社の代表者がこれに署名し、又は記名押印しなければならないこととされています（会社法697）。

① 社債発行会社の商号

② 当該社債券に係る社債の金額

③ 当該社債券に係る社債の種類

---

(3)　特別の法律により法人の発行する債券（商工債券、農林債券等）

「特別の法律により法人の発行する債券」とは、商工債券、農林債券等会社法以外の法律の規定により発行する債券をいいます（基達別表第1「第4号文書」2）。

(4)　相互会社の社債券

「相互会社の社債券」とは、相互会社（保険業法第2条第5項（定義）の相互会社）の社債券をいいます（基達別表第1「第4号文書」4）。

(5)　外国法人の発行する債券

外国法人が日本国内で発行する債券であっても、社債券の性質を有するもの（利益金又は剰余金の配当又は分配をすることができるようになっている法人が発行するもの）は、課税文書に該当するものとされます。

3号文書

4号文書

6号文書

8号文書

9号文書

10号文書

11号文書

16号文書

17号文書

4　受益証券

　次の受益証券が第4号文書として課税対象となります（基達別表第1「第4号文書」3）。

(1)　投資信託の受益証券（投資信託及び投資法人に関する法律2⑦）

(2)　貸付信託の受益証券（貸付信託法2②）

(3)　特定目的信託の受益証券（資産の流動化に関する法律2⑮）

(4)　受益証券発行信託の受益証券（信託法185①）

　各受益証券の意義は次のとおりです。

(1)　投資信託の受益証券

①　投資信託の受益証券とは

　投資信託に係る信託契約に基づく受益権を表示する証券であって、委託者指図型投資信託にあっては委託者が、委託者非指図型投資信託にあっては受託者が、投資信託及び投資法人に関する法律の規定により発行するもの又はこれに類する外国投資信託に係る証券をいいます（同法2⑦）。

留意点	投資信託について

　投資対象により、次のものがあります。

　　・株式投資信託

　　・公社債投資信託

また、受益者募集の方法により、次のものがあります。

　　・オープン型（追加型）

　　・クローズ型（単位型）

　以上のうち、オープン型の委託者指図型投資信託の受益証券については、受益権の口数のみが記載されていて券面金額の記載はありません。

3号文書

4号文書

6号文書

8号文書

9号文書

10号文書

11号文書

16号文書

17号文書

② オープン型委託者指図型投資信託の受益証券の記載金額

　上記留意点のとおり、オープン型の委託者指図型投資信託の受益証券については、券面金額の記載がありません。そこで、印紙税法施行令第24条第3号で、印紙税の納付方法に応じて、次のように計算方法が定められています。

イ　書式表示による申告納付の特例（法11①一）を受けている場合の受益証券（令24三かっこ書）

その受益証券の記載金額	＝	一口当たりの金額（＊）	× その証券の口数

＊　一口当たりの金額　＝

$$\frac{当該受益証券に係る信託財産につきその月中に信託された元本の総額}{上記元本に係る受益権の口数}$$

ロ　イ以外の納付方法（印紙の貼付、税印押なつ、納付計器による納付印押なつ）による場合（令24三）

その受益証券の記載金額	＝	一口当たりの金額（＊）	× その証券の口数

＊　一口当たりの金額　＝

$$\frac{当該受益証券に係る信託財産の信託契約締結当初の信託の元本の総額}{上記元本に係る受益権の口数}$$

留意点　非課税となる投資信託の受益証券

　受益権を他の投資信託の受託者に取得させることを目的とする投資信託の受益権については、その投資信託に係る信託契約により譲渡が

3号文書

4号文書

6号文書

8号文書

9号文書

10号文書

11号文書

16号文書

17号文書

禁止されている記名式の受益証券で、券面に譲渡を禁ずる旨の表示が
されているものは非課税とされます（課税物件表「第4号」非課税物件
欄2、令25の2）。

(2)　貸付信託の受益証券

　　貸付信託に係る信託契約に基づく受益権を表示する証券であって、受託
者が貸付信託法の規定により発行するものをいいます（同法2②）。

(3)　特定目的信託の受益証券

　　特定目的信託に係る信託契約に基づく信託の受益権を表示する証券で
あって、受託者が資産の流動化に関する法律の定めるところにより発行す
るものをいいます（同法2⑮）。

(4)　受益証券発行信託の受益証券

　　信託法第185条第1項（受益証券の発行に関する信託行為の定め）により発
行される受益権を表示する証券（受益証券）です。

　　受益証券発行信託の受益証券の記載金額は、次の算式によります（令24
四）。

$$\boxed{\begin{array}{c}\text{その受益証券の}\\\text{記載金額}\end{array}} = \boxed{\begin{array}{c}\text{一口当たりの}\\\text{金額（*）}\end{array}} \times \text{その証券の口数}$$

$$\text{*　一口当たりの金額} = \frac{\text{当該受益証券に係る信託財産の価額}}{\text{当該信託財産に係る受益権の口数}}$$

3号文書　4号文書　6号文書　8号文書　9号文書　10号文書　11号文書　16号文書　17号文書

第6号文書	定款

1　定款の範囲

　印紙税の課税対象となる「定款」は、株式会社、合名会社、合資会社、合同会社又は相互会社の設立のときに作成する定款の原本に限られます（基達別表第1「第6号文書」1）。

　課税対象となる「定款」に該当するかどうかの判定は、次のとおりです。

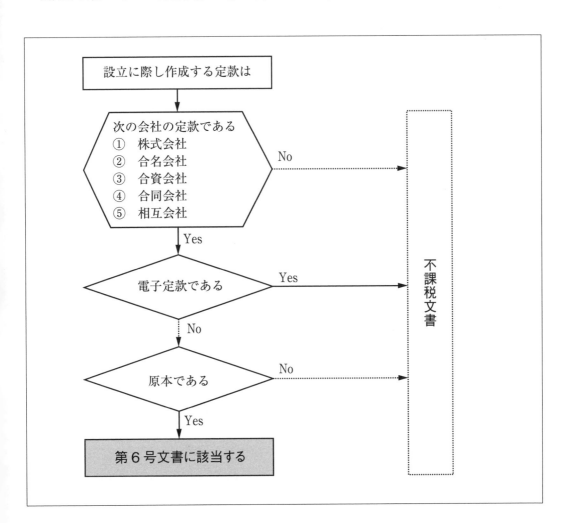

3号文書

4号文書

6号文書

8号文書

9号文書

10号文書

11号文書

16号文書

17号文書

留意点	一般社団法人、協同組合、医療法人等の定款は不課税

第6号文書として課税となる定款は、会社法上の会社（相互会社を含みます。）の定款しか課税対象とはなりません。

したがって、これら以外の、例えば、一般社団法人、協同組合、医療法人、あるいは税理士法人などの法人の定款はすべて不課税文書とされます。

留意点	電子定款は不課税

最近では定款を電子定款とする会社が増えていますが、印紙税は「文書」課税であり、電子的記録に対しては課税されません。

なお、電子定款をプリントアウトしたものは、謄本、副本又は写し等の扱いになりますので、課税対象とはなりません（p.24参照）。

2　定款の原本

印紙税の課税対象となるのは、会社（相互会社を含みます。）の定款の「原本」に限られます（課税物件表「第6号」定義欄、基達別表第1「第6号文書」1）。

なお、公証人による定款手続を要する株式会社又は相互会社の定款のうち、公証人の保存するもの以外は非課税とされています（課税物件表「第6号」非課税物件欄）。

何が課税の対象となる「原本」かについては、設立時の定款に公証人の認証を要するか否かによって次のフローチャートのように整理することができます。

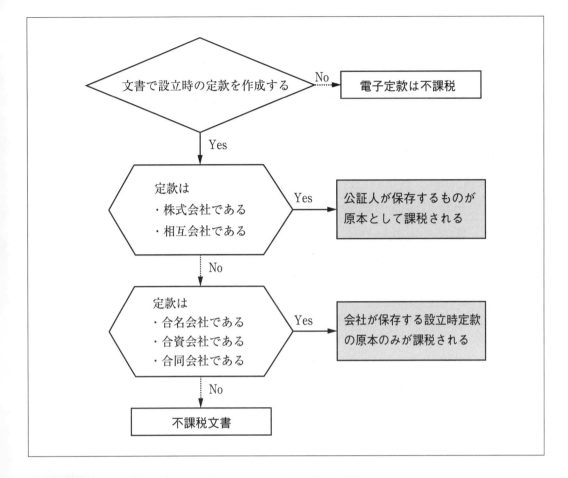

留意点	定款の原本

①　株式会社、相互会社

　会社のうち、株式会社と相互会社については、設立時の定款に公証人の認証手続きを要します。この場合の原本は、公証人法第62条ノ3第3項（定款の認証手続）の規定により公証人の保存するものであり、この文書に印紙税が課税されます。

　それ以外の文書は非課税とされます（課税物件表「第6号」非課税物件欄）。

②　合名会社、合資会社、合同会社

　認証手続を要しない合名会社、合資会社及び合同会社については、設立時に文書で作成した原本のみが課税されることになります。

3号文書

4号文書

6号文書

8号文書

9号文書

10号文書

11号文書

16号文書

17号文書

3　変更定款

　株式会社又は相互会社の設立にあたり、公証人の認証を受けた定款の内容を発起人等において変更する場合の当該変更の旨を記載した公証人の認証を要する書面は、たとえ「変更定款等」と称するものであっても課税しない（第6号文書には該当しない）ものとして取り扱われます（基達別表第1「第6号文書」2）。

　なお、変更後の定款の規定の全文を記載した書面によって認証を受け直すときは、新たな定款を作成したこととなり、その原本は課税されることとなります（基達別表第1「第6号文書」2なお書）。

留意点	会社成立前の定款の変更

　会社成立前において公証人の認証を受けた定款は、一定の場合を除きその変更はできないこととされます（会社法30②）が、変更が可能な場合には、再認証を受けるか否かを問わず「変更定款等」が課税されることはないこととなります。

　もっとも、変更後の定款の規定の全文を記載した書面によって認証を受けるときは、新たな定款を作成したもの（課税）として取り扱われることになります（基達別表第1「第6号文書」2）。

第8号文書	預貯金証書

1　預貯金証書の意義

　「預貯金証書」とは、銀行その他の金融機関等で法令の規定により預金又は貯金業務を行うことができる者が、預金者又は貯金者との間の消費寄託の成立を証明するために作成する免責証券たる預金証書又は貯金証書をいいます（基達別表第1「第8号文書」1）。

留意点	主な預金証書

　課税物件とされる預金証書には次のようなものがあります。

○　定期預金証書、自動継続定期預金証書、期日指定定期預金証書、積立定期預金証書など

○　通知預金証書

○　別段預金証書

留意点	勤務先預金証書

　会社等が労働基準法第18条（強制貯金）第4項又は船員法第34条（貯蓄金の管理等）第3項に規定する預金を受け入れた場合に作成する勤務先預金証書も第8号文書とされます（基達別表第1「第8号文書」2）。

2　積金証書

　積金証書は課税されません（基達別表第1「第8号文書」3）。

留意点	定期積金証書

　「定期積金」は、一定期間の掛け金を積み立てて満期日に利息を計算することなく一定のまとまった金額を支払うものであり、預貯金とは性格が異なるものとされています。顧客のために金銭の保管を受託することを約したものではないことから「定期積金証書」は課税文書に該当しないこととされます。

留意点	定期積金証書と定期貯金証書

　「定期積金証書」は、前記のとおり課税文書に該当しません。
　一方「定期貯金証書」は消費寄託契約である貯金の証書であるため、第8号文書に該当します。

3　預金証書への追記の取扱い

⑴　定期預金証書の裏面に預金者が元利金の受領事実を追記する欄がある場合

　預金者が元利金の受領の際にこの欄へ追記したとしても、その追記は金銭の受領の事実を証するものですが、非課税とされます（課税物件表「第17号」非課税物件欄3）。

留意点	金銭の受領事実を証する預金者の追記は非課税

　預金者が元利金の受領の事実を追記する場合の追記も、印紙税法第4条第3項により金銭の受取書（第17号文書）を新たに作成したものとされますが、法別表第1の課税物件表第17号の非課税物件欄3に該当し、当該追記は非課税とされます。

⑵　定期預金の利息部分を定期預金とする追記

　定期預金証書に中間利息又は満期利息を新たな定期預金（子定期）とす

る追記をした場合、若しくは利息部分を元本に組み入れて継続させる追記をした場合には印紙税法第4条第3項により新たな預金証書を作成したものとみなされます（p.269参照）。

(3)　**据置期間経過後の期日指定定期預金証書の一部払戻しの追記**

期日指定定期預金について据置期間経過後に一部払戻しを受ける場合、当該証書に支払金額と当該期日指定定期預金の残高を連続的に記載証明する欄が設けてあって、当該欄に一部支払いの事実を付け込むことがありますが、このような付込みは支払金額と残高を整理するためのものであり、新たな預金契約が成立するものではないものとされ、当該付込みをもって新たな課税文書（第8号文書又は第18号文書）の作成とはみなされないこととされます。

4　非課税物件

次の金融機関の作成する預貯金証書で、記載された預入額が1万円未満のものは非課税とされます（課税物件表「第8号」非課税物件欄、令27）。

(1)　信用金庫
(2)　信用金庫連合会
(3)　労働金庫及び労働金庫連合会
(4)　農林中央金庫
(5)　信用協同組合及び信用協同組合連合会
(6)　農業協同組合及び農業協同組合連合会
(7)　漁業協同組合、漁業協同組合連合会、水産加工業協同組合及び水産加工業協同組合連合会

3号文書

4号文書

6号文書

8号文書

9号文書

10号文書

11号文書

16号文書

17号文書

第9号文書	倉荷証券、船荷証券又は複合運送証券

1　倉荷証券とは

　「倉荷証券」とは、商法第600条（倉荷証券の交付義務）の規定により、倉庫営業者が寄託者の請求により作成する倉荷証券をいいます。

　なお、「倉荷証券」の記載事項は商法第601条に規定されていますが、その一部を欠く証券であっても、これらの証券と類似の効力を有するものも課税文書であるとされています（課税物件表「第9号」定義欄1、基達別表第1「第9号文書」5）。

留意点	倉荷証券の記載事項（商法601）〜緩やかな要式証券性

　「倉荷証券」には一定の事項を記載し、運送人がこれに署名することとされています。したがって「倉荷証券」も約束手形などと同様に「要式証券」であるといえますが、「倉荷証券」の要式証券性は厳格とされる約束手形などとは違い緩やかな要式証券性であるとされています。そのため、記載事項の一部を欠くものであっても、証券本来の効用を有するものは課税文書とされています（課税物件表「第9号」定義欄1、基達別表第1「第9号文書」5）。

　ただし、当該証書に譲渡性のないことが明記されているものは有価証券性がないため、課税されません（基達別表第1「第9号文書」5ただし書）。

2　船荷証券とは

⑴　「船荷証券」とは、商法第757条（船荷証券の交付義務）の規定により、運送人又は船長が荷送人又は傭船者の請求により作成する船荷証券をいいます。

　　なお、「船荷証券」の記載事項は商法第758条に規定されていますが、その一部を欠く証券であっても、これらの証券と類似の効力を有するも

のも課税文書であるとされています（課税物件表「第9号」定義欄2、
基達別表第1「第9号文書」5）。

留意点	船荷証券の記載事項（商法758）～緩やかな要式証券性

　「船荷証券」も要式証券ではありますが、上記1の「倉荷証券」と同
じく緩やかな要式証券性であるとされています。そのため、記載事項
（商法758）の一部を欠くものであっても、証券本来の効用を有するもの
は課税文書とされています（課税物件表「第9号」定義欄2、基達別表第1
「第9号文書」5）。

　ただし、当該証書に譲渡性のないことが明記されているものは有価証
券性がないため、課税されません（基達別表第1「第9号文書」5ただし書）。

⑵　「船荷証券」は、商法第757条の規定により、海上貨物について海上運
　送人又は船長が荷送人又は傭船者の請求により作成する海上運送物品の
　引渡請求権を表彰する有価証券（Bill of Lading、略称「Ｂ／Ｌ」をい
　い、運送貨物の受け取りを証するとともに荷揚港において運送物品を引
　き渡す際の引渡請求権を表彰するものです。

留意点	船荷証券を数通作成する場合

①　「Original」（原本）と「Duplicate」（写し）
　数通の船荷証券が作成されればそのいずれもが船荷証券とされます
（基通別表第1「第9号文書」4前段）。

　ただし、数通作成されていても「写し」などと表示された文書は、課
税されないこととなります（p.24参照）。

　したがって、「Original」や「First Original」等と表示されたものの
みが原本として課税対象とされ、「Duplicate」又は「Second Original」
等と表示されたものは課税文書に該当しないものとされます（基達別表
第1「第9号文書」4前段ただし書）。

３号文書

４号文書

６号文書

８号文書

９号文書

10号文書

11号文書

16号文書

17号文書

② 「流通を禁ず」又は「Non Negotiable」等と表示されたもの

　通関その他の用途に使用するため発行するもので「流通を禁ず」又は「Non Negotiable」等の表示を明確にするものは、課税文書に該当しないものとされます（基達別表第１「第９号文書」４後段）。

3　複合運送証券とは

　「複合運送証券」とは、商法第769条（複合運送証券）の規定により、運送人又は船長が陸上運送及び海上運送を一の契約で引き受けたときに荷送人の請求により作成する複合運送証券をいい（課税物件表「第９号」定義欄２、基達別表第１「第９号文書」３の２）、運送貨物の受け取りを証するとともに、到着地において運送物品を引き渡す際の引渡請求権を表彰するものです。

留意点	複合運送証券の記載事項（商法第769条第２項）〜緩やかな要式証券性

　「複合運送証券」も、穏やかな要式証券性があることについては倉荷証券や船荷証券と同じです。したがって、記載事項（商法769②、758）の一部を欠くものであっても、証券本来の効用を有するものは課税文書とされています（課税物件表「第９号定義欄２」、基達別表第１「第９号文書」５）。

　ただし、当該証券に譲渡性のないことが明記されているものは有価証券性がないため、課税されません（基達別表第１「第９号文書」５ただし書）。

第10号文書	保険証券

1　保険証券とは

「保険証券」とは、保険証券その他名称のいかんを問わず、保険者が保険契約の成立を証明するため、保険法㊟その他の法令の規定により、保険契約に係る保険者が当該保険契約を締結したときに当該保険契約に係る保険契約者に対して交付する書面をいいます（当該保険契約者からの再交付の請求により交付するものを含みますが、次の「2」の書面は除かれます。）（課税物件表「第10号」定義欄、基達別表第1「第10号文書」1）。

㊟　保険法第6条第1項（損害保険契約の締結時の書面交付）、第40条第1項（生命保険契約の締結時の書面交付）又は第69条第1項（傷害疾病定額保険契約の締結時の書面交付）

留意点　保険証券の意義

「保険証券」とは、保険者が保険契約の成立を証明するため、保険法その他の法令の規定により保険契約者に交付する書面をいいます（基達別表第1「第10号文書」1）。

留意点　記載事項の一部を欠く保険証券

保険証券としての記載事項の一部を欠くものであっても保険証券としての効用を有するものは、第10号文書（保険証券）として取り扱われます（基達別表第1「第10号文書」2）。

留意点　保険証券その他名称のいかんを問わず

第10号文書の「保険証券」とは、保険法その他の法令の規定により保険者が保険契約の成立を証明するために保険契約者に交付する書面であれば、第10号文書に該当することとされますので注意が必要です。

189

3号文書

4号文書

6号文書

8号文書

9号文書

10号文書

11号文書

16号文書

17号文書

| 留意点 | 保険特約書等（第7号文書） |

「保険特約書」など、その名称のいかんを問わず損害保険会社と保険契約書との間で2以上の保険契約を継続して行うために作成される契約書で、保険の目的の種類、保険金額又は保険料率を定めるものは、第7号文書（令26五）に該当することになります（p.130参照）。

| 留意点 | 保険証券のデジタル化 |

　最近は保険証券もデジタル化していますが、印紙税は「文書」課税であるため、電子化されたデジタル証券に印紙税は課税されません。

2　保険証券から除かれる書面

　第10号文書の保険証券から、次の保険契約に係る文書は除かれています（課税物件表「第10号」定義欄、令27の2、保険業法3⑤三）。

(1)　人が外国への旅行又は国内の旅行のために住居を出発した後、住居に帰着するまでの間における保険業法第3条第5項第1号又は第2号に掲げる保険に係る保険契約（令27の2一）

| 留意点 | 海外旅行保険、国内旅行保険等 |

　損害保険会社の海外旅行保険、国内旅行保険又は学校旅行保険等の商品に係る保険証券は課税対象から除かれています（令27の2一）。

(2)　人が航空機に搭乗している間における保険業法第３条第５項第１号又は第２号に掲げる保険に係る保険契約（令27の２二）

留意点	航空傷害保険等

損害保険会社の航空傷害保険契約、航空機搭乗保険契約に係る保険証券は課税対象から除かれています。

(3)　既契約の保険約款（特約を含みます。）に次の【要件１】に掲げる定めのいずれかの記載がある場合において、当該定めに基づき当該既契約を更新㊟する保険契約（ただし、次の【要件２】の記載があるものに限られます。）

　㊟　令第27条の２第３号に規定する「更新」には、保険期間の満了に際して既契約を継続するものを含むものとされています（基達別表第１「第10号文書」３）。

【要件１】

①　既契約の保険期間の満了に際して当該既契約の保険者又は当該既契約の保険契約者のいずれかから当該既契約を更新しない旨の意思表示がないときは当該既契約を更新する旨の定め

②　既契約の保険期間の満了に際して新たに保険契約の締結を申し込む旨の書面を用いることなく、当該既契約に係る保険事故、保険金額及び保険の目的物と同一の内容で当該既契約を更新する旨の定め

【要件２】

　保険証券から除かれるのは、当該既契約の更新の際に法別表第１第10号の定義の欄に規定する規定により、当該既契約の保険者から当該既契約の保険契約者に対して交付する書面において、当該保険契約者からの請求により同号に掲げる保険証券に該当する書面を交付する旨の記載がある場合のものに限られます。

3号文書
4号文書
6号文書
8号文書
9号文書
10号文書
11号文書
16号文書
17号文書

3号文書

4号文書

6号文書

8号文書

9号文書

10号文書

11号文書

16号文書

17号文書

留意点	自動更新特約等に基づく保険契約

　保険約款の一定の記載内容（上記【要件1】①・②）によって更新される保険契約で、その更新の際に当該保険契約者からの請求により交付する旨の定めがある場合の書面（上記【要件2】）は課税対象から除かれています（令27の2三）。

(4)　共済に係る契約（令27の2四）

留意点	共済証書

　共済契約に係る共済証書などは課税対象から除かれています。

3　自動車損害賠償責任保険に関する保険証券

　自動車損害賠償責任保険に関する保険証券等㊟は非課税とされています（法5三、法別表第3）。

　㊟　非課税となる文書は、保険会社等（※）が作成する自動車損害賠償保障法に定める自動車損害賠償責任保険に関する保険証券若しくは保険料受取書又は同法に定める自動車損害賠償責任共済に関する共済掛金受取書です（法別表第3）。

　※　保険会社のほか、農業協同組合又は同連合会、消費生活協同組合又は同連合会、事業協同組合又は同連合会です（自動車損害賠償保障法6条2項）。

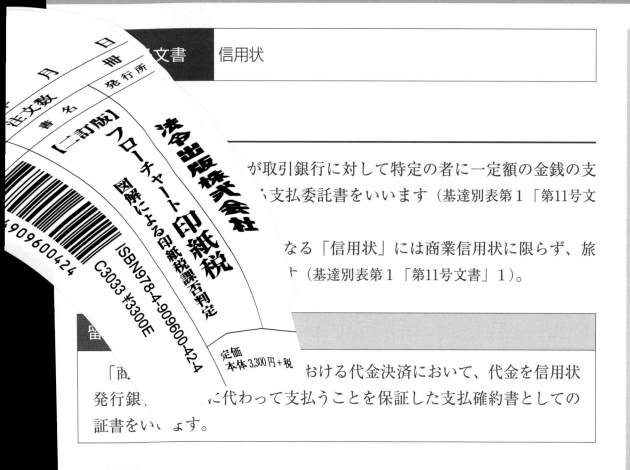

が取引銀行に対して特定の者に一定額の金銭の支
……支払委託書をいいます（基達別表第1「第11号文
……

……なる「信用状」には商業信用状に限らず、旅
……（基達別表第1「第11号文書」1）。

「商……おける代金決済において、代金を信用状
発行銀……に代わって支払うことを保証した支払確約書としての
証書をい……ます。

| 留意点 | 旅行信用状 |

　「旅行信用状」とは、海外旅行者の依頼により銀行が発行する信用状
ですが、近年においては旅行小切手（トラベラーズ・チェック）の簡便性
によって利用されなくなり、そのトラベラーズ・チェックもカード決済
に取って代わられ、現在は販売されていません（既発行分は有効（利用可
能）とされています。）。

2　商業信用状条件変更通知書

　既に発行されている商業信用状について、その金額、有効期限、数量、
単価、船積み期限、船積み地又は仕向け地等を変更した場合に銀行が発行
する商業信用状条件変更通知書は、課税文書に該当しないこととされてい
ます（基達別表第1「第11号文書」2）。

第16号文書	配当金領収書、配当金振込通知書

1　第16号文書の「配当金」

　第16号文書の「配当金」とは、株式会社が株主に対して行う「剰余金の配当」（中間配当を含みます。）をいうものとされています（会社法454⑤、基達別表第1「第16号文書」4）。

　したがって、持分会社（合名会社、合資会社、合同会社）や信用金庫など、株式会社以外の会社等が行う剰余金の配当について作成される文書は、第16号文書の課税対象とはされません。

留意点	株主に対する配当

　法別表第1の課税物件表「第16号」定義欄2、印紙税法基本通達別表第1「第16号文書」に定める「配当金」は、株主に対する配当を前提に定められています。「株主」は「株式会社」の出資者であることから（会社法50①、65①、102②）、課税対象となる第16号文書の配当金は株式会社が株主に対して行う「剰余金の配当」ということになります。

「配当金」課否検討フローチャート

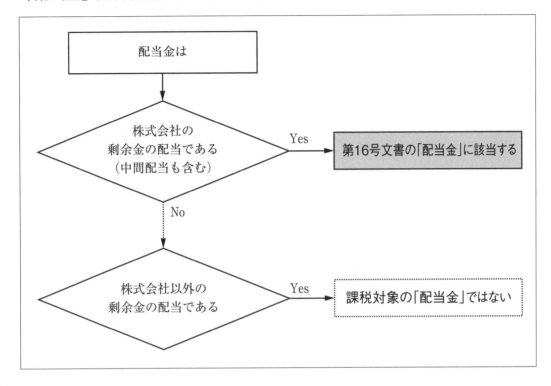

2　中間配当

　第16号文書の「配当金」には、会社法第454条第5項（剰余金の配当に関する事項の決定）に規定する中間配当を含むこととされます（基達別表第1「第16号文書」4）。

3　配当金領収証（第16号文書）とは

　「配当金領収証」とは、配当金領収書その他名称のいかんを問わず、配当金の支払を受ける権利を表彰する証書又は配当金の受領の事実を証するための証書をいいます（課税物件表「第16号」定義欄1）。

(1)　配当金の支払を受ける権利を表彰する証書とは

　「配当金の支払を受ける権利を表彰する証書」とは、会社（株式の預託を

3号文書

4号文書

6号文書

8号文書

9号文書

10号文書

11号文書

16号文書

17号文書

受けている会社を含みます。）が株主（株式の預託者を含みます。）の具体化した利益配当請求権を証明した証書で、株主がこれと引換えに当該証書に記載された取扱銀行等のうち株主の選択する銀行等で配当金の支払を受けることができるものをいいます（次頁のフロー図参照。基達別表第1「第16号文書」1）。

(2)　配当金の受領の事実を証するための証書とは

「配当金の受領の事実を証するための証書」とは、会社が株主に配当金の支払をするに当たり、あらかじめ当該会社が株主に送付する証書のうち、上記(1)（配当金の支払を受ける権利を表彰する証書）以外のもので、株主が取扱銀行等から配当金の支払を受けた際その受領事実を証するために使用するものをいいます（次頁のフロー図参照。基達別表第1「第16号文書」2）。

なお、株主が会社から直接配当金の支払を受けた際に作成する受取書は、第16号文書（配当金領収証）ではなく、第17号の2文書（金銭の受取書）に該当することになります（基達別表第1「第16号文書」2なお書）。

留意点	配当金支払副票を添付する配当金領収証

配当金領収証には、配当金支払副票を添付することによって配当金の支払を受けることができるものを含むものとされます（基達別表第1「第16号文書」3）。

留意点	配当金計算書など

単に各株主に対する配当金額を連絡するための文書は、上記文書のいずれにも該当しないので、不課税文書とされます。

「配当金領収証」課税検討フローチャート

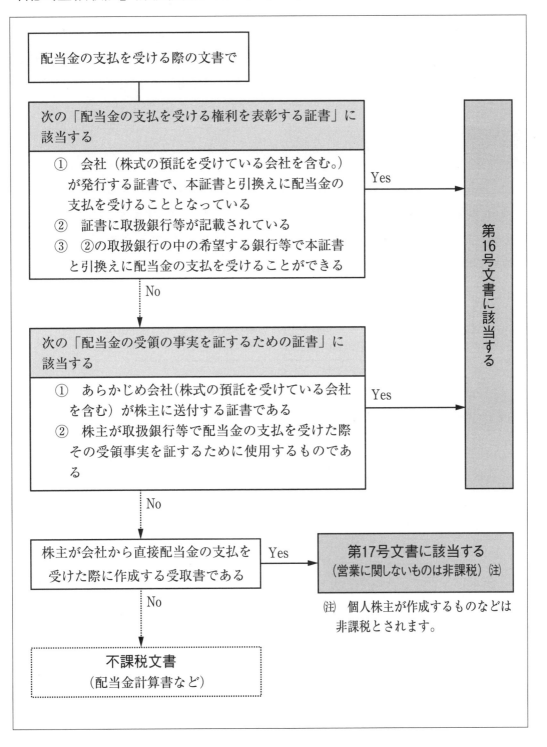

配当金の支払を受ける際の文書で

次の「配当金の支払を受ける権利を表彰する証書」に該当する

① 会社（株式の預託を受けている会社を含む。）が発行する証書で、本証書と引換えに配当金の支払を受けることとなっている
② 証書に取扱銀行等が記載されている
③ ②の取扱銀行の中の希望する銀行等で本証書と引換えに配当金の支払を受けることができる

Yes → 第16号文書に該当する

No

次の「配当金の受領の事実を証するための証書」に該当する

① あらかじめ会社（株式の預託を受けている会社を含む）が株主に送付する証書である
② 株主が取扱銀行等で配当金の支払を受けた際その受領事実を証するために使用するものである

Yes → 第16号文書に該当する

No

株主が会社から直接配当金の支払を受けた際に作成する受取書である

Yes → 第17号文書に該当する（営業に関しないものは非課税）㊟

㊟　個人株主が作成するものなどは非課税とされます。

No

不課税文書（配当金計算書など）

4　配当金振込通知書（第16号文書）とは

　「配当金振込通知書」とは、配当金振込票その他名称のいかんを問わず、配当金が銀行その他の金融機関にある株主の預貯金口座その他の勘定に振込済みである旨を株主に通知する文書をいいます（課税物件表「第16号」定義欄2）。

留意点	振込済みである旨を株主に通知する文書の範囲

　「振込済みである旨を株主に通知する文書」には、「振込済み」である旨の通知書だけでなく、文書の表現が「振り込みます。」又は「振り込む予定です。」等となっているものを含むものとされます（次のフローチャート参照。基達別表第1「第16号文書」5）。

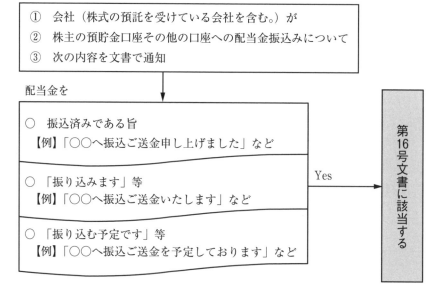

5　非課税文書

　配当金領収書又は配当金振込通知書に記載された配当金額が3,000円未満の証書又は文書は、非課税とされます（課税物件表「第16号」非課税物件欄）。

第17号文書　金銭又は有価証券の受取書

　金銭又は有価証券の受取書は、売上代金として受け取るもの（第17号の1文書）とそれ以外のもの（第17号の2文書）に区分されます。

　主な文書名としては「受取書」「領収証」「レシート」「預り証」などです。

領収書等の課否判定フローチャート

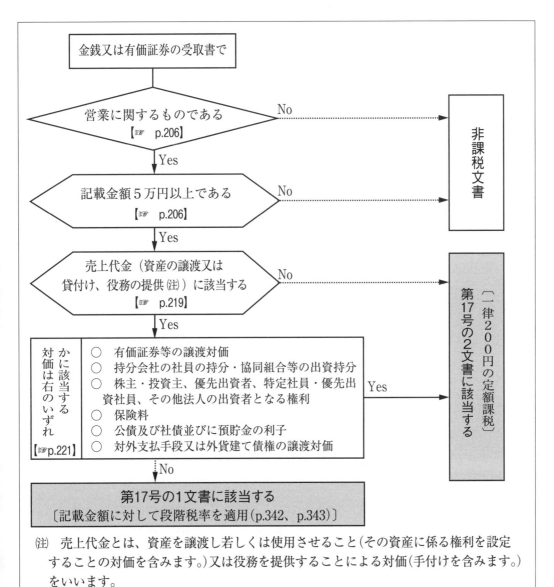

A．共通事項

1　「金銭又は有価証券の受取書」の意義とその範囲

　「金銭又は有価証券の受取書」（以下「受取書」といいます。）とは、金銭又は有価証券の引渡しを受けた者が、その受領事実を証明するため作成し、その引渡者に交付する単なる証拠証書をいうものとされます（基達別表第1「第17号文書」1）。

　したがって、金銭又は有価証券の受領の事実を証することのできる文書であれば、その名称や形式の如何を問わず第17号文書として取り扱われることとなります。

留意点　伝票等への「相済み」や「了」等の記載
例えば、納品書等の伝票に「相済み」「了」等を記載するものは、代金受領済みであることを表していますので、正式な領収書を切っていなくても、当事者間では当該伝票のみで受領の事実を証することができることから、課税対象とされます（基達別表第1「第17号文書」1注書、序章2（p.4）参照）。

　また、受取書は、金銭又は有価証券の受領事実を証明するすべてのものをいい、債権者が作成する債務の弁済事実を証明するものに限らないものとされます（基達別表第1「第17号文書」2）。

　これらのことの帰結として、以下のような取扱いが定められています。

⑴　お預り証等

　お預り証等は、経理上の「預り金」の受取り、担保としての受取り、あるいは寄託物としての受取りなど様々なケースが想定されますが、受取書は、債権者が作成する債務の弁済事実を証明するものに限らないものとされます（基達別表第1「第17号文書」2）ので、これらのものは事実として

の金銭又は有価証券の受領を証する文書として、第17号文書に該当することになります。

　なお、金融機関等が作成する「お預り証」等の中には、金銭又は有価証券を受領するとともに寄託契約が成立する文書がありますが、このような文書については、金銭又は有価証券の寄託に関する契約書（第14号文書）に該当することとされています（p.139参照。基達別表第1「第14号文書」2）。

留意点	担保品預り証書

　金銭又は有価証券を担保として受け入れたことを内容とする担保品預り証書等は、第17号文書に該当するものとされます（基達別表第1「第17号文書」35）。

留意点	提出株券預り証書等

　会社法には合併、株式交換などの様々な場合に自社株券の提出を求めることが定められています（会社法219①）。このような場合に株券の提出を受けたことを証するために交付する「提出株券預り証書」などの文書は、株券を受領した事実を証するものですから有価証券の受取書に該当することとされます。

　また、自己株式の取得（会社法第4節）に際しても、株券を取得する場合に作成する受取書は有価証券の受取書に該当することとされます。

留意点	不渡手形の受取書

　不渡手形も有価証券であることから、その受領の事実を証するものは有価証券の受取書に該当するものとされます（基達別表第1「第17号文書」9）。

留意点	銀行間で作成する手形到着報告書

　手形取立ての依頼をした仕向け銀行が被仕向け銀行にその手形を送付した場合に、被仕向け銀行が仕向け銀行に交付する手形到着報告書

3号文書

4号文書

6号文書

8号文書

9号文書

10号文書

11号文書

16号文書

17号文書

で、手形を受領した旨の記載があるものは有価証券の受取書に該当するものとされます（基達別表第1「第17号文書」8）。

| 留意点 | 取次票、預り証等（金融機関が作成するもの） |

　金融機関が得意先から送金又は代金の取立て等の依頼を受け、金銭又は有価証券を受領した場合に作成する「取次票」「預り証」などと称する文書は、金銭又は有価証券の受取書に該当するものとされます（基達別表第1「第17号文書」34。なお、第14号文書に該当する場合としてp.141参照）。

(2)　仮受取書、仮領収書

　仮受取書等と称するものは、たとえ「仮」であっても事実として金銭又は有価証券を受け取ったことを証明するものは第17号文書に該当するものとされます（基達別表第1「第17号文書」3、基達58）。

(3)　振込済みの通知書等

　売買代金等が預貯金の口座振替又は口座振込みの方法により債権者の預貯金口座に振り込まれた場合に、当該振込みを受けた債権者が債務者に対して預貯金口座への入金があった旨を通知する「振込済みのお知らせ」等と称する文書は、受取りの事実を証するものとして第17号文書に該当するものとされます（基達別表第1「第17号文書」4）。

(4)　入金通知書、当座振込通知書

　上記(3)との関連で、銀行が被振込人に対し交付する入金通知書、当座振込通知書又は当座振込報告書等は、銀行が振込人から入金があった事実を被振込人に対し通知するものですから課税文書に該当しないこととされます（基達別表第1「第17号文書」7）。

　なお、被振込み人宛てのものであっても、振込銀行が振込人に対して交付するものは第17号文書（金銭の受取書）に該当するものとされます。

(5)　受領事実の証明以外の目的で作成される文書

　金銭又は有価証券の受取書は、その作成者が金銭又は有価証券の受領事実を証明するために作成するものをいいますので、文書の内容が間接的に金銭又は有価証券の受領事実を証明する効果を有するものであっても、作成者が受領事実の証明以外の目的で作成したものは、第17号文書に該当しないものとされます（基達別表第1「第17号文書」5）。

　例えば手形割引料計算書、預金払戻請求書などです。

(6)　支払通知書受領書等

　文書の受取書であるような形式をとる「支払通知書受領書」等と称する文書であっても、金銭又は有価証券の受領の事実を証することのできる文書であれば、第17号文書として取り扱われることとなります（基達別表第1「第17号文書」11前段）。

　また、金銭等の支払者が作成するような形式をとる「支払通知書控」等と称する文書であっても、金銭又は有価証券を受領するに際し、その受取人から支払人に交付する文書であることが明らかなものは第17号文書に該当するものとされます（基達別表第1「第17号文書」11後段）。

(7)　受取金引合通知書、入金記帳案内書

　従業員が得意先において金銭を受領した際に受取書を交付し、又は判取帳若しくは通帳にその受領事実を証明したような場合でも、後日あらためて会社が「受取引合通知書」又は「入金記帳案内書」などといった名称の文書を発行したときには、最初の受取書等だけでなく、後に会社が発行した文書も当該金銭の受領事実を証明するものは、第17号文書に該当するものとして取り扱われます（基達別表第1「第17号文書」6）。

(8)　現金販売の場合のお買上票、レジペーパー等

　商店が現金で物品を販売した場合に買受人に交付するお買上票等と称する文書で、当該文書の記載文言により金銭の受領事実が明らかにされているもの又は金銭登録機（レジスター）によるもの若しくは特に当事者間において受取書としての了解があるものは、第17号文書に該当するものとし

3号文書

4号文書

6号文書

8号文書

9号文書

10号文書

11号文書

16号文書

17号文書

て取り扱われます（基達別表第1「第17号文書」10）。

　㊟　クレジット販売の際に打ち出されるものは、その旨を記載又は表示することにより「受取書」に該当しないものとされます（p.230参照）。

留意点	ポスレジから打ち出される「仕切り書」や「納品書」等

　現金販売においてポスシステムの端末（ポスレジ）から打ち出され、現金による支払いと引き換えに客に交付される文書は、レジスターによるレジペーパーと同様に第17号文書に該当するものとされます。

⑼　相殺の事実を証明する領収書

　売掛金等と買掛金等とを相殺する場合において作成する領収書等と表示した文書で、その文書に相殺による旨を明示しているものについては、金銭の受取書に該当しないものとして取り扱われます（基達別表第1「第17号文書」20）。「相殺」によって金銭又は有価証券の受領の事実がないことは明らかだからです。

留意点	受取書に記載された金額に相殺金額が含まれて記載されている場合

　受取書に相殺に係る金額が含まれて記載されている場合には、その文書の記載事項から相殺金額の部分が明らかにされているときは、その相殺に係る部分は受取書の記載金額として取り扱わないものとされます（基達別表第1「第17号文書」20後半）。つまり、相殺金額を除いた部分が、その受取書の記載金額となります。

2　有価証券の受取書

⑴　有価証券の範囲

「有価証券」の範囲は、国税庁ホームページの「法令等」＞「質疑応答事例」＞「印紙税」＞「金銭又は有価証券の受取書（第17号文書）」に「1

有価証券の範囲」として解説があります（https://www.nta.go.jp/law/shitsugi/inshi/19/09.htm）。

　これによれば、第14号文書及び第17号文書に規定する「有価証券」の範囲は次のとおりです（上記ＨＰを加工して作成）。

【有価証券の範囲】（国税庁ホームページ、「質疑応答事例」から）

　印紙税法に規定する「有価証券」とは、財産的価値のある権利を表彰する証券であって、その権利の移転、行使が証券をもってなされることを要するものをいいます。

　有価証券と有価証券に該当しないものの事例は、次表のとおりです。

内　容		有価証券の例
印紙税法上の有価証券（第14号文書、第17号文書に規定する有価証券）		株券、国債証券、地方債証券、社債券、出資証券、投資信託の受益証券、貸付信託の受益証券、特定目的信託の受益証券、受益証券発行信託の受益証券、約束手形、為替手形、小切手、郵便為替、倉荷証券、船荷証券、社債利札、商品券、各種のプリペイドカード
有価証券に該当しないもの	権利の行使が必ずしも証券をもってなされることを要しない単なる証拠証書	借用証書、受取証書、送り状
	債務者が証券の所持人に弁済すれば、その所持人が真の権利者であるかどうかを問わず、債務者の責を免れる単なる免責証券	小荷物預り証、下足札、預金証書
	証券自体が特定の金銭的価値を有する金券	郵便切手、収入印紙

---

(2)　有価証券の受取書の記載金額

①　受取に係る金額の記載があるもの

　小切手等の有価証券を受け取る場合の受取書で、受取に係る金額の記載があるものについては当該金額が記載金額とされますが、売上代金に係る有価証券の受取書で次の②に該当する場合、又は売上代金以外の有

価証券の受取書で次の③に該当する場合は、それぞれ②又は③によることとなります（基達別表第1「第17号文書」18）。

②　第17号の1文書に該当する有価証券の受取書

売上代金に係る有価証券の受取書（第17号の1文書）については、通則4のホの（三）の規定が適用される場合は、当該規定に定めるところによります（基達別表第1「第17号文書」18なお書、p.289参照）。

③　第17号の2文書に該当する有価証券の受取書

第17号の2文書に該当する有価証券の受取書で、受取に係る金額の記載がなく当該有価証券の券面金額の記載があるものについては当該金額が記載金額として取り扱われます（基達別表第1「第17号文書」18前段）。

3　非課税文書

⑴　記載された受取金額が5万円未満の金銭又は有価証券の受取書

記載された受取金額が5万円未満の受取書は非課税とされます（課税物件表「第17号」非課税物件欄1。「未満」についてp.291参照）。

留意点	5万円未満非課税

平成26年4月1日以降に作成される受取書については、受取金額が5万円未満のものが非課税とされています。

平成26年3月31日以前に作成されたものについては、受取金額が3万円未満のものが非課税とされていました。

⑵　営業に関しない受取書

営業に関しない受取書は非課税とされます（課税物件表「第17号」非課税物件欄2）。

印紙税の法令及び通達において、「営業」の意義を定めた規定等はありません。したがって、借用概念㊟として商法における「営業」の概念によ

ることとなります。

(注)　借用概念の例としては、例えば「住所」についても税法上に定めはない
　　ことから、民法第22条及び第23条の「住所」が借用概念とされています
　　（平成23年2月18日最高裁判決【武富士事件〜贈与税】）。

① 「営業」の概念について

　　借用概念としての「営業」については、課税庁の次の見解が参考になります。

　　この見解を基本に「営業」に該当するかどうかについての具体例は、②の取扱いとなっています。

【課税庁の見解】

　　国税庁ホームページ「法令等」＞「質疑応答事例」＞「印紙税」＞「金銭又は有価証券の受取書（第17号文書)」掲載の「6　営業の意義」から引用（文中の下線は筆者による。）

　　https://www.nta.go.jp/law/shitsugi/inshi/19/01.htm

　　一般通念では、利益を得る目的で、同種の行為を継続的、反復的に行うことをいいます。営利目的がある限り、現実に利益を得ることができなかったとしても、また、当初、継続、反復の意思がある限り、1回でやめたとしても営業に該当します。

　　具体的にどのような行為が営業に該当するかは、商法の規定による商人と商行為から考えられます。

　　商人には、自己の名をもって商行為をすることを業とする固有の商人と、店舗その他これに類する設備（商人的施設）によって物品の販売を業とする者及び鉱業を営む者を商人とみなす擬制商人とがあります（商法第4条）。

　　商行為は商法に列挙されていますが、営業とすると否とにかかわらず商行為とする絶対的商行為（商法第501条）と、営業としてしたものは商行為とする営業的商行為（商法第502条）及び商人がその営業のためにする行為を商行為とする附属的商行為（商法第503条）があります。

更に、特別法による商行為として、信託の引受け、無尽業等があります。

　このことから、これらの行為をなすことを業とするものは商人となり、営利を目的として同種の行為を反復継続する場合は営業に該当することになります。

　したがって、商行為に該当しない医師、弁護士等の行為は営業にはならず、また、農業、漁業等の原始生産業者が店舗をもたずにその生産物を販売する場合も商人の概念から除かれますので営業にはなりません。

　また、商法第502条ただし書に「専ら賃金を得る目的で物を製造し、又は労務に従事する者の行為は、この限りでない」と規定されていることから、サラリーマン、内職などの行為も営業にはなりません。

　法人の場合には、私法人は、大別すると営利法人、公益法人及びそれら以外の法人に分けられます。

　営利法人である、会社法の規定による株式会社、合名会社、合資会社又は合同会社がその事業としてする行為及びその事業のためにする行為は商行為であり（会社法5条）、すべて営業（資本取引に係るものなど特に定めるものは除かれます。）になります。

　公益社団法人、公益財団法人、学校法人などの公益法人については、その法人が目的遂行のために必要な資金を得るための行為が商行為に該当する場合であっても営業には該当しません。

　営利法人及び公益法人以外の法人については、印紙税法では、その事業の実態等を考慮して、会社以外の法人で、利益金又は剰余金の配当又は分配をすることができることとなっている法人が、出資者以外の第三者に対して行う事業は、営業に含むこととなっています（出資者に対して行う事業は、営業に含みません。）。

　また、特定非営利活動促進法により設立が認められた、特定非営利活動法人（いわゆるNPO法人）は、定款の定めにより、利益金又は剰余金の配当又は分配ができないこととされている場合は、営業には該当しません。

| 留意点 | 会社（株式会社、合名会社、合資会社又は合同会社）がその事業としてする行為及びその事業のためにする行為 |

　その行為は商行為であり（会社法5）、すべて営業に該当することになります。

| 留意点 | 清算中の会社が作成する受取書 |

① 　清算人名義で作成されるもの

　　清算中の会社もその目的の範囲内でなお存続する会社であることから、清算人名義で作成される受取書であっても営業に関するものとされます。

② 　破産管財人等の名義で作成されるもの

　　裁判所から選任された「破産管財人等」がその名義で作成する受取書は、営業に関しないものとされます。

| 留意点 | 更生管財人が作成する領収書 |

　会社更生法又は民事再生法によって選任される管財人は、会社の更生を図る目的で会社の営業活動を行うことから、その管財人が作成する受取書は営業に関しないものには当たらない（営業に関する受取書）とされます。

② 　営業に関しない受取書の具体例

　イ　個人が家事用財産を譲渡等したときに作成する受取書

　　⇒　商行為に当たらず、営業に関しない受取書として非課税とされます。

　ロ　医師、弁護士等の作成する受取書

　　⇒　その業務又は職務は商行為に当たらず、次の者が業務上作成する受取書は営業に関しない受取書として非課税とされます（基達

209

別表第1「第17号文書」25、26）。

医師等	医師、歯科医師、歯科衛生士、歯科技工士、保健師、助産師、看護師、あん摩・マッサージ・指圧師、はり師、きゅう師、柔道整復師、獣医師等（基達別表第1「第17号文書」25）
弁護士等	弁護士、弁理士、公認会計士、計理士、司法書士、行政書士、税理士、中小企業診断士、不動産鑑定士、土地家屋調査士、建築士、設計士、海事代理士、技術士、社会保険労務士等（基達別表第1「第17号文書」26）

㊟　弁護士法人、監査法人、税理士法人等については後記リの【留意点】（p.213）を参照。

ハ　農業従事者等が作成する受取書

⇒　店舗その他これらに類する設備を有しない農業、林業又は漁業に従事する者が、自己の生産物を販売する場合も商人から除かれますので、これに関して作成する受取書は、営業に関しない受取書に該当し、非課税とされます（基達別表第1「第17号文書」24）。

ニ　茶華道の先生が謝金等について作成する受取書、大学教授等が謝金・講演料・原稿料について作成する受取書

⇒　商法上の商人の行為（商行為）には当たらないので、営業に関しない受取書とされます。

ホ　公益法人が作成する受取書

⇒　公益認定を受けた一般社団法人、一般財団法人（公益社団法人、公益財団法人）、学校法人などの公益法人は、たとえ収益事業を行う場合であっても営業に該当しないものとされるので、これらが作成する受取書はすべて非課税とされます（基達別表第1「第17号文書」22）。

> | 留意点 | 学校法人、社会福祉法人、宗教法人等が作成する受取書 |
> | --- | --- |
>
> 　これらの法人が作成する受取書は、たとえ収益事業に関するもので
> あっても営業に関しないもの（非課税）として取り扱われます。

ヘ　公益認定を受けていない一般社団法人・一般財団法人が作成する受取書

　⇒　会社（株式会社、合名会社、合資会社又は合同会社）以外の法人の
うち、法令の規定又は定款の定めにより利益金又は剰余金の配当
又は分配をすることができないものは営業者に該当しないことと
されています（課税物件表「第17号」非課税物件欄2かっこ書）。

　　したがって、公益認定を受けていない一般社団法人・一般財団
法人であっても、この要件に該当する法人が作成する金銭又は有
価証券の受取書は、収益事業に関して作成するものであっても、
営業に関しない受取書に該当し、非課税とされます。

ト　人格のない社団の作成する受取書

　(イ)　公益及び会員相互間の親睦等の非営利事業を目的とする人格の
ない社団

　　⇒　公益及び会員相互間の親睦等の非営利事業を目的とする人格
のない社団が作成する受取書は非課税とされます（基達別表第
1「第17号文書」23前半）。

　(ロ)　上記(イ)以外の人格のない社団

　　⇒　収益事業に関して作成する受取書は課税の対象とされます
（基達別表第1「第17号文書」23後半）。

チ　会社以外の法人で、利益金又は剰余金の配当又は分配のできない法人が作成する受取書

　⇒　会社（株式会社、合名会社、合資会社又は合同会社）以外の法人の
うち、法令の規定又は定款の定めにより利益金又は剰余金の配当
又は分配をすることができないものは営業者に該当しないことと

3号文書

4号文書

6号文書

8号文書

9号文書

10号文書

11号文書

16号文書

17号文書

されています（課税物件表「第17号」非課税物件欄2かっこ書）。

したがって、このような法人が作成する受取書は営業に関しないものとして非課税とされます。

| 留意点 | NPO法人が作成する受取書 |

特定非営利活動促進法に基づいて設立されるNPO法人は、特定の個人又は法人その他の団体の利益を目的とした事業を行うことができず（同法3①）、利益金又は剰余金の配当も行わないものとされます。

したがって、このようなNPO法人が作成する受取書は営業に関しない受取書として非課税とされます。

リ　会社以外の法人で、利益金又は剰余金の配当又は分配のできる法人

㈠　その出資者との間で作成する受取書

⇒　法令の規定、定款の定めにより利益金又は剰余金の配当又は分配のできる法人が、その出資者に対して行う事業に係る受取書は非課税とされます（課税物件表「第17号」非課税物件欄2）。

㊟　会社以外の法人で、利益金又は剰余金の配当又は分配のできる法人には、おおむね次の法人が該当します（基達別表第1「第17号文書」21）。

なお、ここに掲げる以外の法人については、当該法人に係る法令の規定又は定款の定めにより判断する必要があります。

①貸家組合、貸家組合連合会、②貸室組合、貸室組合連合会、③事業協同組合、事業協同組合連合会、④事業協同小組合、事業協同小組合連合会、⑤火災共済協同組合、火災共済協同組合連合会、⑥信用協同組合、信用協同組合連合会、⑦企業組合、⑧協業組合、⑨塩業組合、⑩消費生活協同組合、消費生活協同組合連合会、⑪農林中央金庫、⑫信用金庫、信用金庫連合会、⑬労働金庫、労働金庫連合会、⑭商店街振興組合、商店街振興組合連合会、⑮船主相互保険組合、⑯輸出水産業協同組合、⑰漁業協同組合、漁業協同組合連合会、⑱漁業生産組合、⑲水産加工業協同組合、水産加

3号文書　4号文書　6号文書　8号文書　9号文書　10号文書　11号文書　16号文書　17号文書

工業協同組合連合会、⑳共済水産業協同組合連合会、㉑森林組合、森林組合連合会、㉒蚕糸組合、㉓農業協同組合、農業協同組合連合会、㉔農事組合法人、㉕貿易連合、㉖相互会社、㉗労働者協同組合（特定労働者協同組合を除く。）、労働者協同組合連合会（出資のあるものに限る。以下同じ。）㉘輸出組合、輸入組合、㉙商工組合、商工組合連合会、㉚生活衛生同業組合、生活衛生同業組合連合会

㋺　その出資者以外の者との間で作成する受取書

　⇒　営業に関するものとして課税されます。

留意点	弁護士法人、監査法人、税理士法人、司法書士法人等が作成する受取書

　これらの法人は、いずれも法令の定めにより利益金の分配等をすることができることとされています㊟。したがって、これらの法人が出資者以外の者に交付する受取書は営業に関する受取書として課税対象とされます（課税物件表「第17号」非課税物件欄２かっこ書）。

　㊟　会社法621、622、弁護士法30の30①、公認会計士法34の22①、税理士法48の21①、司法書士法46②

ヌ　法人組織の病院等が作成する受取書

　⇒　営利法人組織の病院等又は営利法人の経営する病院等が作成する受取書は、営業に関する受取書に該当し課税されます（基達別表第１「第17号文書」27）。

　　なお、医療法第39条に規定する医療法人が作成する受取書は、営業に関しない受取書に該当して非課税とされます（基達別表第１「第17号文書」27なお書）。

会社以外の法人の「受取書」課否判定フローチャート

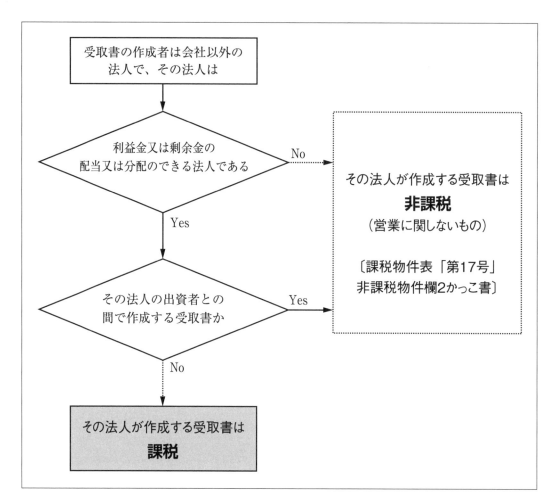

③　受取金額の記載中に営業に関するものと関しないものとがある場合

　記載金額が5万円以上の受取書であっても、内訳等で営業に関するものと関しないものとが明確に区分できるもので、営業に関するものが5万円未満のものは、記載金額5万円未満の受取書として取り扱われます（基達別表第1「第17号文書」28）。

受取金額の中に営業に関しない金額（非課税部分）が含まれる文書の課否判定フローチャート

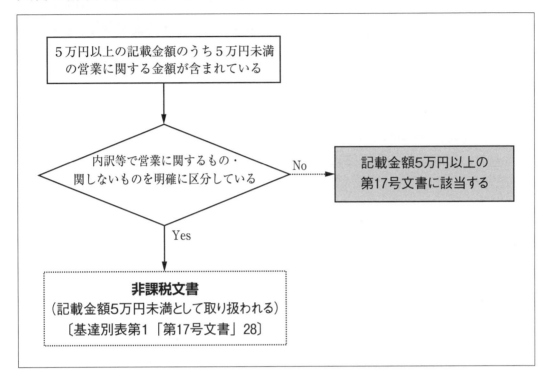

```
┌─────────────────────────────────┐
│ 5万円以上の記載金額のうち5万円未満    │
│  の営業に関する金額が含まれている      │
└─────────────────────────────────┘
                    │
                    ▼
        ◇ 内訳等で営業に関するもの・      No      ┌──────────────────┐
          関しないものを明確に区分している ─────▶│ 記載金額5万円以上の   │
                    │                           │ 第17号文書に該当する │
                   Yes                          └──────────────────┘
                    │
                    ▼
        ┌─────────────────────────────┐
        │         非課税文書            │
        │（記載金額5万円未満として取り扱われる）│
        │  〔基達別表第1「第17号文書」28〕  │
        └─────────────────────────────┘
```

留意点	受取金額の記載中に営業に関するものと関しないものとがある場合

　この例としては、例えば会社以外の法人で利益金又は剰余金の配当ができる法人が、出資者たる組合員と非組合員であるその家族に対して各3万円の物品販売を行い、合計6万円の受取書を作成した場合などのように、営業に関しない金額（員内取引（非課税部分））と営業に関する金額（員外取引）が混在する文書がこれに当たります。

　この例の場合、それぞれが区分記載されていれば、上記取扱いにより記載金額は3万円となり、非課税文書ということになります。

3号文書

4号文書

6号文書

8号文書

9号文書

10号文書

11号文書

16号文書

17号文書

| 留意点 | 受取金額に売上代金と売上代金以外の金額を含む場合 |

　「受取金額に売上代金と売上代金以外の金額を含む場合」の取扱い〔p.223「留意点：受取金額の一部に売上代金を含む受取書の記載金額」参照。〕は、「営業に関する」受取書であることを前提に、その中に売上代金とそれ以外の代金が混在する場合の取扱いです。

　これに対し、上記の「受取金額の記載中に営業に関するものと関しないものとがある場合」は、受取金額の中に非課税部分（営業に関しないもの）がある場合の取扱いです。

④　株式払込金領収証又は株式申込受付証等

　株式払込金（株式申込証拠金を含みます。）領収証又はこれに代えて発行する株式申込受付証並びに出資金領収証で、直接会社が作成するものは営業に関しない受取書に該当するものとされます（基達別表第1「第17号文書」32前半）。

　一方、募集及び払込取扱業者が作成するものは営業に関するものとして課税されます（基達別表第1「第17号文書」32後半）。

(3)　有価証券又は第8号、第12号、第14号若しくは第16号に掲げる文書に追記した受取書

　有価証券又は預貯金証書（第8号）、信託行為に関する契約書（第12号）、金銭又は有価証券の寄託に関する契約書（第14号）若しくは配当金領収証又は配当金振込通知書（第16号）に追記した受取書は非課税とされます（課税物件表「第17号」非課税物件欄3）。

追記しても第17号文書としては非課税となる他の文書

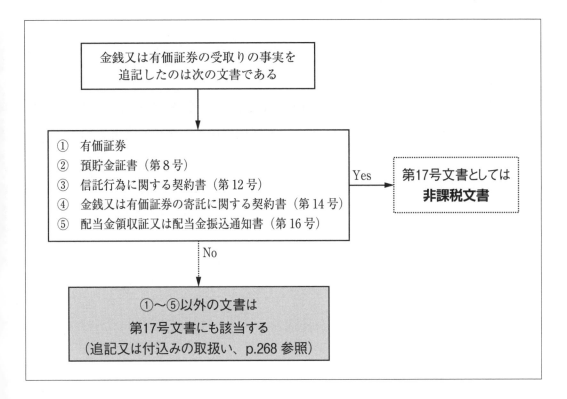

金銭又は有価証券の受取りの事実を
追記したのは次の文書である

① 有価証券
② 預貯金証書（第8号）
③ 信託行為に関する契約書（第12号）
④ 金銭又は有価証券の寄託に関する契約書（第14号）
⑤ 配当金領収証又は配当金振込通知書（第16号）

Yes → 第17号文書としては**非課税文書**

No

①～⑤以外の文書は
第17号文書にも該当する
（追記又は付込みの取扱い、p.268 参照）

4　課税しないこととされる文書

次の文書は、いずれも課税しないこととされています。

(1)　租税過誤納金等の受取書

国税及び地方税の過誤納金とこれに伴う還付加算金を受領（納税者等の指定する金融機関から支払を受ける場合を含みます。）する際に作成する受取書は、課税しないこととされます（基達別表第1「第17号文書」29）。

(2)　返還を受けた租税の担保の受取書

租税の担保として提供した金銭又は有価証券の返還を受ける際に作成する受取書は、課税しないこととされます（基達別表第1「第17号文書」30）。

3号文書

4号文書

6号文書

8号文書

9号文書

10号文書

11号文書

16号文書

17号文書

⑶　返還された差押物件の受取書

　差押物件の返還を受ける際に作成する受取書は、課税しないこととされます（基達別表第1「第17号文書」31）。

⑷　災害義えん金の受取書

　新聞社、放送局等が、災害その他の義えん金の募集に関して作成する受取書は、課税しないこととされます（基達別表第1「第17号文書」33）。

B. 売上代金に係る金銭又は有価証券の受取書

～第17号の1文書

1　売上代金に係る金銭又は有価証券の受取書とは

　「売上代金に係る金銭又は有価証券の受取書」とは、資産を譲渡し若しくは使用させること（当該資産に係る権利を設定することを含みます。）又は役務を提供することによる対価（以下「売上代金」といいます。）として受け取る金銭又は有価証券の受取書をいいます（課税物件表「第17号」定義欄1）。

　そして、これに該当する受取書で記載金額が5万円以上のものについては、記載金額に応じた段階税率が適用されます。

　なお、売上代金には「手付け」を含むものとされています（後掲「【留意点】手付け」（次頁）参照）。

　また、後記「2　売上代金から除かれるもの」のとおり、一定の譲渡対価は売上代金から除かれます。

留意点	消費税法上の「資産の譲渡等」

　売上代金の定義において、その対価関係となる資産の譲渡、資産の貸付、役務の提供は、消費税法第2条第8号で定める「資産の譲渡等」の定義とほぼ同じといえます。つまり、原則としてすべての財貨及びサービスの対価が売上代金に該当することとなります。

留意点	「対価」の意義

　「対価」とは、ある給付に対する反対給付の価格をいうものとされています（基達別表第1「第17号文書」15）。したがって、反対給付の関係にない、例えば借入金、保険金あるいは損害賠償金等の受領は、売上代金に該当しないものとされます（次頁の「留意点：反対給付に該当しないもの」参照）。

3号文書　4号文書　6号文書　8号文書　9号文書　10号文書　11号文書　16号文書　17号文書

留意点	反対給付に該当しないもの

　「対価」とは、ある給付に対する反対給付の価格をいうので、これに該当しないもの、例えば、借入金、担保物（担保有価証券、保証金、証拠金等）、寄託物（寄託有価証券、預貯金等）、割戻金、配当金、保険金、損害賠償金（遅延利息及び違約金を含みます。）、各種補償金、出資金、租税等の納付受託金、賞金、各種返還金等は売上代金に該当しないこととされます（基達別表第1「第17号文書」15）。

留意点	手付け

　契約の際に受領した「手付け」は、契約の履行があったときには、そのまま債務の弁済額の一部に充当されるものであることから、「手付け」として受領した金銭又は有価証券も売上代金に含まれることとされます（課税物件表「第17号」定義欄1）。

(1)　資産を使用させることによる対価とは

　例えば次のようなものが「資産を使用させることによる対価」とされます（基達別表第1「第17号文書」12）。

- 　土地や建物の賃貸料
- 　建設機械のリース料
- 　貸付金の利息
- 　著作権・特許権等の無体財産権の使用料等
- 　不動産、動産、無体財産権その他の権利を他人に使わせることの対価

留意点	遅延利息

　債務不履行となった場合に発生する遅延利息は「資産を使用させることによる対価」には含まれません（基達別表第1「第17号文書」12なお書、15）。

(2)　資産に係る権利を設定することによる対価とは

　「資産に係る権利を設定することによる対価」とは、例えば家屋の賃貸借契約に当たり支払われる権利金のように、資産を他人に使用させるに当たり、当該資産について設定される権利の対価をいうものとされます（基達別表第1「第17号文書」13）。

留意点	不返還部分の敷金、保証金等

　家屋の賃貸借契約に当たり支払われる敷金、保証金等と称されるものであっても、後日返還されないこととされている部分がある場合には、その部分は「資産に係る権利を設定することによる対価」に含まれることになります（基達別表第1「第17号文書」13なお書）。

---

(3)　役務を提供することによる対価とは

　「役務を提供することによる対価」とは、例えば、土木工事、修繕、運送、保管、印刷、宿泊、広告、仲介、興行、技術援助、情報の提供等、労務、便益その他のサービスを提供することの対価をいうものとされます（基達別表第1「第17号文書」14）。

2　売上代金から除かれるもの

　次のものは売上代金から除かれています（課税物件表「第17号」定義欄1、令28）。

(1)　有価証券の譲渡対価

①　金融商品取引法第2条第1項に掲げる有価証券の譲渡対価（課税物件表「第17号」定義欄1）

【有価証券の具体例】

　国債証券、地方債証券、社債券、特別の法律により設立された法人の発行する出資証券、株券又は新株予約権証券、投資信託又は外国投資信託の受益証券、貸付信託の受益証券などです。

② 金融商品取引法第2条第1項第1号から第15号まで（定義）に掲げる有価証券及び同項第17号に掲げる有価証券（同項第16号に掲げる有価証券の性質を有するものを除きます。）に表示されるべき権利（これらの有価証券が発行されていないものに限ります。）の譲渡対価（令28一）

留意点	手形、倉荷証券、船荷証券等の譲渡対価

　手形、倉荷証券、船荷証券等は、金融商品取引法第2条第1項（定義）に規定する有価証券には該当しません。したがって、これらを譲渡したことによる対価は売上代金に該当することとなります。

⑵ **持分会社（合名会社、合資会社又は合同会社）の社員の持分、協同組合等法人の出資者の持分の譲渡対価**
次の持分の譲渡対価は売上代金から除かれます（令28二）。
① 合名会社、合資会社又は合同会社の社員の持分
② 法人税法第2条第7号（定義）に規定する協同組合等の組合員又は会員の持分その他法人の出資者の持分

⑶ **株主又は投資主となる権利、優先出資者となる権利、特定社員又は優先出資社員となる権利、その他法人の出資者となる権利の譲渡対価**
次の権利の譲渡対価は売上代金から除かれます（令28三）。
① 株主又は投資主（投資信託及び投資法人に関する法律第2条第16項（定義）に規定する投資主をいいます。）となる権利
② 優先出資者（協同組織金融機関の優先出資に関する法律第13条（優先出資者となる時期）の優先出資者をいいます。）となる権利
③ 特定社員（資産の流動化に関する法律第2条第5項（定義）に規定する特定社員をいいます。）又は優先出資社員（同法第26条（社員）に規定する優先出資社員をいいます。）となる権利その他法人の出資者となる権利

⑷ **保険料**
保険料は売上代金から除かれます（課税物件表「第17号」定義欄1）。

(5)　公債及び社債並びに預貯金の利子

公債及び社債（特別の法律により法人の発行する債券及び相互会社の社債を含みます。）並びに預貯金の利子は売上代金から除かれます（令28②一）。

留意点	債券の意義

上記(5)の「債券」とは、起債に係る債券をいい、その権利の表示方法がいわゆる現物債であると登録債又は振替債であるとを問わないものとされます（基達別表第1「第17号文書」16）。

(6)　対外支払手段又は外貨建て債権の譲渡対価

財務大臣と銀行等との間又は銀行等相互間で行われる外国為替及び外国貿易法第6条第1項第8号（定義）に規定する対外支払手段又は同項第13号に規定する債権であって外国において若しくは外国通貨をもって支払を受けることができるものの譲渡の対価は売上代金から除かれます（令28②二）。

3　売上代金の受取書に含まれるもの

次のものは売上代金の受取書に含まれます（課税物件表「第17号」定義欄1）。

(1)　受取金額の一部に売上代金を含む受取書

受取書に記載されている受取金額の一部に売上代金が含まれている受取書は、売上代金の受取書（第17号の1文書）として取り扱われます（課税物件表「第17号」定義欄1イ）。

留意点	受取金額の一部に売上代金を含む受取書の記載金額

この場合の受取書は第17号の1文書として取り扱われますが、記載されている受取金額については、売上代金と売上代金以外の金額に区分

できるかどうかによって次のように取り扱われます（通則４ハ）。

① **区分記載されている場合（通則ハ⑴）**

　その区分記載された売上代金に係る金額がその受取書の記載金額とされ、その金額に応じて税率を適用することとなります。

② **区分記載されていない場合（通則ハ⑵）**

　その区分記載されていない金額全額がその受取書の記載金額とされ、その金額に応じた税率を適用することとなります。

　なお、その金額のうちに売上代金以外の金額として明らかにされている部分があれば、その明らかにされている部分の金額は除かれます。

留意点　**受取金額の一部に売上代金を含む場合の非課税判定**

　売上金額の一部に売上代金を含む場合に、非課税とされる5万円未満に該当するかどうかについて迷うことがありますが、非課税の判定については次の①によることとなります。

　また、その判定の結果、非課税にならないときの税率の適用については、次の②によることとなります。

① 　例えば、売上代金が３万円、売上代金以外が３万円、合計６万円の受取書を作成した場合の記載金額は、通則４イにより、同一の号（第17号）に該当する文書により証されるものとして、これらの金額の合計額が記載金額とされます（基達34）。

　したがって、記載された受取金額（課税物件表「第17号」非課税物件欄１）は６万円となるので、この受取書は非課税とはなりません。

② 　①の例のように非課税とされないと判定された金銭の受取書の適用税率に関しては、上記通則４イの規定にかかわらず（通則４ハ）、売上代金（第17号の１）部分（上記例では３万円）を記載金額としますので、３万円は「100万円未満」の税率に該当し、200円の税率が適用されることになります（通則４ハ⑴）。

(2) 受取金額の内容が明らかでない受取書

　受取書に記載されている受取金額の全部又は一部が売上代金であるかどうかがその受取書の記載事項から明らかでない金銭又は有価証券の受取書は、売上代金の受取書（第17号の1文書）として取り扱われます（課税物件表「第17号」定義欄1イ）。

留意点　　他の文書から明らかにできる場合

　その受取金額が売上代金であるかどうかは「当該受取書の記載事項により」判断することとされています（課税物件表「第17号」定義欄1イ）。

　したがって、その受取書に受取金額の記載のある支払通知書、請求書等の文書の名称、発行の日、記号、番号その他の記載があって売上代金部分を明らかにできる場合（通則4ホ(3)）を除けば、他の文書でその受取金額の内容を明らかにできるとしても、それが受取書上で明らかでなければ上記のように取り扱われることとなります（p.5参照）。

---

(3) 委託者・受託者において作成される受取書

　事務の委託（委任）関係において、他人の事務の委託を受けた者（受託者）又はその委託をした者（委託者）がその委託（委任）関係から作成することとなる売上代金に係る受取書の取扱いは、次のとおりです。

① 受託者が委託者に代わって売上代金を受け取る場合に作成する受取書

　売上代金の受取書（第17号の1文書）とされます（課税物件表「第17号」定義欄1ロ）。

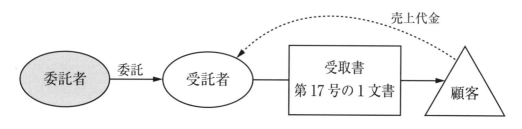

② 委託者が受託者から上記①の売上代金の全部又は一部に相当する金額を受け取る場合に作成する受取書

　　売上代金の受取書（第17号の1文書）とされます（課税物件表「第17号」定義欄1ハ）。

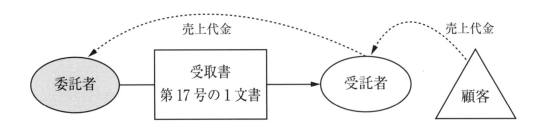

③ 受託者が代払いした売上代金の全部又は一部に相当する金額を委託者から受け取る場合に作成する受取書

　　売上代金の受取書（第17号の1文書）とされます（課税物件表「第17号」定義欄1ニ）。

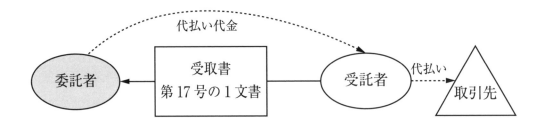

| 留意点 | 受託者たる金融機関が作成する受取書（第17号の２文書） |

受託者たる銀行その他の金融機関が作成する次の振込金の受取書は、「売上代金の受取書」から除かれ第17号の２文書とされます（課税物件表「第17号」定義欄１ロかっこ書、令28③）。

①　売上代金が口座振込みされる場合に金融機関が作成する振込金の受取書

②　売上代金が信託会社にある信託勘定に振り込まれる際に金融機関が作成する振込金の受取書

③　売上代金を為替取引により送金する際に金融機関が作成する送金資金の受取書

【例】電信送金の依頼を受けた銀行が送金依頼人に対し作成交付する送金資金の受取書（基達別表第１「第17号文書」17）

3号文書

4号文書

6号文書

8号文書

9号文書

10号文書

11号文書

16号文書

17号文書

C．売上代金以外の金銭又は有価証券の受取書

〜第17号の２文書

　売上代金以外の受取書（第17号の２文書）には、①売上代金、すなわち、資産を譲渡し若しくは使用させること（当該資産に係る権利を設定することを含みます。）又は役務を提供することによる対価に該当しない金銭又は有価証券の受取書と、②法令の規定により売上代金から除かれている金銭又は有価証券の受取書（前記Ｂの「２　売上代金から除かれるもの」（p.221）参照）の二つがあります（p.199のフローチャート参照）。

1　「対価」に該当しない金銭又は有価証券の受取書

　「対価」とは、ある給付（資産を譲渡し若しくは使用させること又は役務を提供すること）に対する反対給付の価格をいうものとされます（基達別表第1「第17号文書」15）。したがって、対価性のない金銭又は有価証券の受取書が第17号の２文書に該当するものとなります。

留意点	反対給付に該当しないものの例

　次のような名目で受け取る金銭又は有価証券は反対給付として受け取るものには該当しないものとされます（基達別表第1「第17号文書」15）。
- 借入金
- 担保物（担保有価証券、保証金、証拠金等）
- 寄託物（寄託有価証券、預貯金等）
- 割戻金
- 配当金（ただし、次の「【留意点】破産手続き等における配当」参照）
- 保険金
- 損害賠償金（遅延利息及び違約金を含みます。）
- 各種補償金

- ・　出資金
- ・　租税等の納付受託金
- ・　賞金
- ・　各種返還金等

留意点	破産手続き等における配当

　「配当金」とは、いわゆる会社の剰余金の配当などがこれに当たりますが、破産手続きや民事執行手続きにおいても「配当」が行われます。これらの配当を受けて受取書を作成する場合は、そもそもの請求債権の内容に応じて売上代金に該当するか否かを判断します。

【例】資産の譲渡代金の回収　⇒　売上代金に該当する。

　　　貸付金（元本）の回収　⇒　売上代金以外に該当する（ただし、利息は売上代金）。

　　　内容が明らかでない場合　⇒　売上代金に該当する（Bの３の(2)（p.225）参照）。

2　売上代金から除かれている金銭又は有価証券の受取書

前記Bの「２　売上代金から除かれるもの」（p.221）を参照。

3号文書

4号文書

6号文書

8号文書

9号文書

10号文書

11号文書

16号文書

17号文書

D．その他の取扱い

1　クレジットカード決済、デビットカード決済及びコード決済で交付する受取書

⑴　クレジットカード決済で交付する受取書（領収書、レシート等）

　　受取書に「クレジット決済」、「クレジットカード利用」等、クレジットカード決済である旨を記載表示することで第17号の１文書に該当しないものとされます。

留意点	クレジットカード決済

　　クレジットカード決済は、カード会社を介在した後払方式による一種の信用取引です。後払方式の信用取引なので対価の支払の場面では金銭又は有価証券の授受はありません。したがって、その旨を表示すれば課税対象とはならないものとされています。

留意点	クレジットカード決済である旨を表示しない場合

　　書面上にクレジットカード決済である旨を表示しない場合は、第17号の１文書として課税対象とされます。

　　印紙税は文書課税であり、その記載事項によって課否判定を行います。売上代金の受領の事実しか表記されていない文書は、その記載事項どおりの課否判定がされることになります。

⑵　デビットカード決済で交付する受取書（領収書、レシート等）

　　デビットカードは、顧客が商品等を購入する際、現金の支払に代えて、金融機関の発行したデビットカード（キャッシュカード）で支払うことができる取引ですが、デビットカードにも①即時決済型（銀行が消費者の預金口座から瞬時に引落しを行い、加盟店の預金口座に振り込まれることが確定しているものをいいます。）と、②信用取引型（クレジットカード決済のシステムを利用するもの。）とがあります。

デビットカード取引に係る「口座引落確認書」及び「領収書（レシート）」等の取扱いは、①即時決済型か②信用取引型かによって、次のとおり取り扱われることとなります。

㊟　国税庁HP：「法令等」＞「質疑応答事例」＞「印紙税」＞「金銭又は有価証券の受取書（第17号文書）」＞「45　デビットカード取引（即時決済型）に係る『口座引落確認書』及び『領収書（レシート）』」（https://www.nta.go.jp/law/shitsugi/inshi/19/08.htm）参照。

①　即時決済型デビットカード

イ　「口座引落確認書」

顧客に自己の銀行口座から支払代金が引き落とされた事実を確認してもらうため加盟店が「口座引落確認書」を作成し、交付することとしているものは、加盟店が顧客のキャッシュカード発行銀行から支払代金の口座引落しの通知を受け、当該銀行に代わって口座からの引落し事実を顧客に通知するものと認められることから、金銭の受取書には該当しないもの（不課税文書）として取り扱われます。

ロ　「レシート」等

加盟店が商品販売時に、即時決済されるデビットカードで代金の支払いを受けた際に作成される「レシート」等は、販売代金の受領事実を証明するために作成、交付していると認められるので第17号の1文書に該当するものとされます。

②　信用取引型デビットカード

このタイプのデビットカードは、クレジットカード販売の場合と同様に信用取引により商品を引き渡すものであり、その際のレシート、領収書等であっても金銭又は有価証券の受領事実がないことから、表題が「レシート」、「領収書」等となっていても、第17号の1文書には該当しないものとされます。

ただし、この場合であっても、クレジットカード利用等である旨を「領収書」に記載しないと、第17号の1文書に該当することになります。

> **留意点** **デビットカード決済と決済代金の受領**
>
> 　デビットカード決済は顧客にとっては即時決済となりますが、販売店において数日後の入金となったとしても、デビットカードは支払手段として、決済システム上も代金回収が確定することから上記の取扱いとされているようです。
>
> ㊟　前記Aの1の「⑶　振込済みの通知書等」（p.202）参照。

> **留意点** **プリペイドカードによる決済**
>
> 　プリペイドカードは有価証券に該当します（前記Aの「2　有価証券の範囲」（p.205）参照）。したがって、商品等売買の際のプリペイドカード決済による受取書は、第17号の1文書として課税対象とされます。

⑶　コード決済サービスによる領収書

　ＱＲコードやバーコードを使用した決済（以下「バーコード決済」といいます。）によるサービス（以下、例として「Ⓐ Ｐ ａ ｙ」、「Ⓑ Ｐ ａ ｙ」などと称します。）が行われた際に発行される領収書等については、決済の仕組みや加盟店契約等の内容（以下「システム上」といいます。）において、金銭又は有価証券（以下「金銭等」といいます。）の受取りの事実の有無により取扱いが分かれることとされています。

　この点については、国税庁ＨＰの「コード決済サービスを利用して決済を行った者に交付する領収書」㊟において課税庁の見解が明らかにされています。

　㊟　国税庁ＨＰ：「法令等」＞「質疑応答事例」＞「印紙税」＞「金銭又は有価証券の受取書（第17号文書）」＞「37　コード決済サービスを利用して決済を行った者に交付する領収書」（https://www.nta.go.jp/law/shitsugi/inshi/19/50.htm）参照。

　ここでのポイントは次のとおりです。

① システム上は金銭等の受領事実があることとされる「Ⓐ Ｐａｙ」の決済サービス

　イ　利用した個々のコード決済サービス名（Ⓐ Ｐａｙ）が表記された領収書

　　第17号の１文書に該当することとされます。

　ロ　単に「コード決済」と表記された領収書

　　第17号の１文書に該当することとされます。

　　　単に「コード決済」だけでは、どのサービスを利用しての決済か（Ⓐ Ｐａｙを利用したかどうか）が不明であり、しかも、領収の事実が記載されているだけで受取金額の内容が明らかでないことから（課税物件表「第17号」定義欄１イ、p.225参照）、第17号の１文書に該当する取扱いであると考えられます。

　　　以下、②ロ及び③ロにおいて同じです。

② システム上は金銭等の受領事実がないこととされる「Ⓑ Ｐａｙ」の決済サービス

　イ　利用した個々のコード決済サービス名（Ⓑ Ｐａｙ）が表記された領収書

　　第17号の１文書に該当しないこととされます。

　ロ　単に「コード決済」と表記された領収書

　　第17号の１文書に該当することとされます（上記①ロ）。

③ システム上は利用者が金銭等の受領事実あるとされる決済方法と金銭等の受領事実がないとされる決済方法を選択できる「Ⓒ Ｐａｙ」の決済サービス

　イ　利用した個々のコード決済サービス名（Ⓒ Ｐａｙ）が表記された領収書

　　第17号の１文書に該当することとされます。

233

> 　「©Ｐａｙ」と表示されていても、利用者がどの方法を利用して決済いたかが不明であり、しかも、領収の事実が記載されているだけで受取金額の内容が明らかでないことから（課税物件表「第17号」定義欄１イ、p.225参照）、第17号の１文書に該当する取扱いであると考えられます。

ロ　単に「コード決済」と表記された領収書
　第17号の１文書に該当することとされます（上記①ロ）。

２　共同企業体（JV）と構成員の間で作成する受取書

　共同施工方式（構成員が資金、労務、機械等を出資し、合同計算により工事等を共同施工する方式）をとる共同企業体（以下「ＪＶ」といいます。）とその構成員との間において金銭等を授受する場合に作成する受取書の取扱いは、次によることとされます（基達別表第１「第17号文書」19）。

⑴　共同企業体（ＪＶ）が作成する受取書
①　出資金
　出資金（費用分担金と称するものを含みます。）を受け取る場合に作成する受取書は営業に関しないものとして取り扱われます（基達別表第１「第17号文書」19⑴イ）。

②　受領を委託した構成員から受け取る金銭等
　構成員に金銭等の受領を委託し、構成員から当該委託に基づく金銭等を受け取る場合に作成する受取書は、金銭等を受け取る原因が売上代金であるかどうかにより、第17号の１文書又は第17号の２文書に該当するものとされます（基達別表第１「第17号文書」19⑴ロ）。

(2)　構成員が作成する受取書

①　利益分配金又は出資金の返れい金

利益分配金又は出資金の返れい金を受け取る場合に作成する受取書は、第17号の２文書に該当するものとされます（基達別表第１「第17号文書」19(2)イ）。

②　支払委託を受けた構成員が受領する支払委託に係る金銭等

ＪＶから金銭等の支払の委託を受けた構成員が、当該委託に基づく金銭等を受け取る場合に作成する受取書は、金銭等を支払う原因が売上代金であるかどうかにより、第17号の１文書又は第17号の２文書に該当するものとされます（基達別表第１「第17号文書」19(2)ロ）。

3号文書　4号文書　6号文書　8号文書　9号文書　10号文書　11号文書　16号文書　17号文書

Ⅲ 通帳タイプの課税文書

第18号文書	預貯金通帳、信託行為に関する通帳、銀行若しくは無尽会社の作成する掛金通帳、生命保険会社の作成する保険料通帳又は生命共済の掛金通帳

1 預貯金通帳とは

(1) 「預金通帳」の意義

「預貯金通帳」とは、法令の規定による預金又は貯金業務を行う銀行その他の金融機関等が、預金者又は貯金者との間における継続的な預貯金の受払い等を連続的に付け込んで証明する目的で作成する通帳をいうものとされます（基達別表第1「第18号文書」1）。

留意点	預貯金通帳

例えば、普通預金通帳、通知預金通帳、定期預金通帳、総合口座通帳などです。

(2) 当座勘定入金帳

当座預金への入金の事実のみを付け込んで証明するいわゆる当座勘定入金帳（付け込み時に当座預金勘定への入金となる旨が明らかにされている集金用の当座勘定入金帳を含みます。）は、第18号文書（預貯金通帳）として取り扱うこととされています（基達別表第1「第18号文書」3）。

留意点	当座預金通帳

当座預金通帳には、当座勘定入金帳など特定の当座預金専用のものや、付け込み時に当座預金勘定への入金となる旨が明らかにされている集金用の当座勘定入金帳も含まれることとされています（基達別表第

1「第18号文書」3かっこ書)。

(3)　勤務先預金通帳

　会社等が労働基準法第18条（強制貯金）第４項又は船員法第34条（貯蓄金の管理等）第３項に規定する預金を受け入れた場合に作成する勤務先預金通帳は、第18号文書（預貯金通帳）に該当するものとされます（基達別表第１「第18号文書」2)。

(4)　現金自動預金機専用通帳

　現金自動預金支払機（ATM）を設置する金融機関が、その現金自動預金支払機の利用登録をした顧客にあらかじめ専用のとじ込み用表紙を交付しておき、利用の都度現金自動預金機から打ち出される預入年月日、預入額、預入後の預金残額、口座番号及びページ数その他の事項を記載した紙片を順次専用のとじ込み用表紙に編てつすることとしているものは、その全体を第18号文書（預貯金通帳）として取り扱うこととされます（基達別表第１「第18号文書」4)。

(5)　非課税文書

①　信用金庫その他政令で定める金融機関の作成する預貯金通帳

　次の金融機関が作成する預貯金通帳は非課税とされます（課税物件表「第18号」非課税物件欄１、令27)。

　　イ　信用金庫
　　ロ　信用金庫連合会
　　ハ　労働金庫及び労働金庫連合会
　　ニ　農林中央金庫
　　ホ　信用協同組合及び信用協同組合連合会
　　ヘ　農業協同組合及び農業協同組合連合会
　　ト　漁業協同組合、漁業協同組合連合会、水産加工業協同組合及び水
　　　　産加工業協同組合連合会

18号文書

19号文書

20号文書

②　所得税法第９条第１項第２号（非課税所得）に規定する預貯金に係る預貯金通帳

　いわゆるこども銀行の代表者名義で預け入れる預貯金に係る預貯金通帳は非課税とされます（課税物件表「第18号」非課税物件欄2、基達別表第1「第18号文書」5）。

③　こども銀行の作成する預貯金通帳

　いわゆるこども銀行の作成する預貯金通帳等と称する通帳は、課税文書に該当しないものとして取り扱われます（基通別表第1「第18号文書」6）。

④　所得税法第10条（障害者等の少額預金の利子所得等の非課税）の規定によりその利子につき所得税が課されないこととなる普通預金に係る通帳

　預金者が所得税法第10条に規定する非課税貯蓄申告書を提出し、かつ、預け入れの際、同条に規定する非課税貯蓄申込書を提出して預け入れた普通預金に係る普通預金通帳(注)で、その預金の元本が同条第1項に規定する最高限度額を超えないものは非課税とされます（課税物件表第1「第18号」非課税物件欄2、令30、基達別表第1「第18号文書」7）。

　なお、当該預金通帳に係る普通預金の元本が同項に規定する最高限度額を超える付け込みをした場合は、当該付け込みをした時に課税となる普通預金通帳を作成したものとして取り扱われます（基達別表第1「第18号文書」7なお書。下記「留意点」参照）。

(注)　この普通預金通帳には、勤務先預金通帳のうち預金の払戻しが自由にできるものを含みます。

留意点	最高限度額を超える付け込みをした場合

　上記の預金通帳に係る普通預金の元本が所得税法第10条第1項に規定する最高限度額を超える付け込みをした場合は、当該付込みをした時に課税となる普通預金通帳を作成したものとして取り扱われますが、

その普通預金通帳については、その時以降1年間は当該元本が再び同項に規定する最高限度額を超えることとなっても、これを新たに作成したものとはみなさないこととして取り扱われます（基達別表第1「第18号文書」7なお書）。

2　信託行為に関する通帳とは

「信託行為に関する通帳」とは、信託会社が、信託契約者との間における継続的財産の信託関係を連続的に付け込んで証明する目的で作成する通帳をいうものとされます（基達別表第1「第18号文書」8）。

3　銀行又は無尽会社の作成する掛金通帳の意義

「銀行又は無尽会社の作成する掛金通帳」とは、銀行又は無尽会社が、掛金契約者又は無尽掛金契約者との間における掛金又は無尽掛金の受領事実を連続的に付け込んで証明する目的で作成する通帳をいうものとされます。（基通別表第1「第18号文書」9）。

4　日掛記入帳

銀行が、掛金の契約者から掛金を日掛けで集金し、一定時期に掛金に振り替えることとしている場合において、当該掛金の払込み事実を証明するため作成する日掛記入帳は、掛金通帳として取り扱われます（基通別表第1「第18号文書」10）。

5　生命保険会社の作成する保険料通帳とは

「生命保険会社の作成する保険料通帳」とは、生命保険会社が、保険契約者との間における保険料の受領事実を連続的に付け込んで証明する目的で作成する通帳をいうものとされます（基達別表第1「第18号文書」11）。

6　生命共済の掛金通帳とは

　「生命共済の掛金通帳」とは、農業協同組合法第10条第1項第10号（共済に関する施設）の事業を行う農業協同組合又は農業協同組合連合会が死亡又は生存を共済事故とする共済に係る契約に関し作成する掛金通帳をいいます（課税物件表「第18号」定義欄1、令29、基達別表第1「第18号文書」12)。

　なお、建物その他の工作物又は動産について生じた損害を併せて共済事故とするものは除かれます（令29かっこ書。下記「留意点」参照)。

留意点	「死亡又は生存を共済事故とする共済」

　「死亡又は生存を共済事故とする共済」とは、人の死亡若しくは生存のみを共済事故とする共済又は人の死亡若しくは生存と人の廃疾若しくは傷害等とを共済事故とする共済（「生命事故共済」）をいうこととされます（基達別表第1「第18号文書」12)。

留意点	建物その他の工作物又は動産について生じた損害を併せて共済事故とする損害共済の掛金通帳

　いわゆる損害共済の掛金通帳は第18号文書から除かれているので、建物その他の工作物又は動産について生じた損害を併せて共済事故とする損害共済の掛金通帳は、金銭の受取通帳として第19号文書に該当することとされます（基達別表第1「第18号文書」12なお書)。

第19号文書	第1号、第2号、第14号又は第17号に掲げる文書により証されるべき事項を付け込んで証明する目的をもって作成する通帳（第18号の通帳を除く。）

1　第19号文書の通帳の意義と範囲

　第19号文書の通帳は、次の課税文書の課税事項について、1又は2以上を付け込み証明する目的で作成する通帳（第18号の通帳に該当するものを除きます。）とされます（基達別表第1「第19号文書」1）。

(1)　第1号文書

①　不動産、鉱業権、無体財産権、船舶若しくは航空機又は営業の譲渡に関する契約書

②　地上権又は土地の賃借権の設定又は譲渡に関する契約書

③　消費貸借に関する契約書

④　運送に関する契約書（傭船契約書を含む。）

(2)　第2号文書

　請負に関する契約書

(3)　第14号文書

　金銭又は有価証券の寄託に関する契約書

(4)　第17号文書

①　売上代金に係る金銭又は有価証券の受取書

②　金銭又は有価証券の受取書で①に掲げる受取書以外のもの

留意点	第19号の通帳と第20号の判取帳の異同

　第19号の通帳も第20号の判取帳も、第1号、第2号、第14号又は第17号に掲げる文書により証されるべき事項（以下「付込事項」）を付け込む点では同じですが、次の点で両者は異なります（課税物件表「第19号」及び「第20号」の物件名欄、「Ⅲ　通帳タイプのフローチャート」（p.52）参照）。

①　第19号の通帳

　文書の作成者が付込事項を付け込んで証明するもの

18号文書

19号文書

20号文書

② 第20号の判取帳

文書の作成者が２以上の相手方から付込証明を受けるため作成する帳簿

留意点	課税文書の課税事項

第19号文書は第１号、第２号、第14号又は第17号に掲げる文書の課税事項を付け込み証明するものに限られます。

したがって、「クリーニングお預かり帳」などのように、クリーニングを請け負う際の請負契約の成立を証する内容のものではなく、単なる物品の預かり事実を証明するような通帳は、課税文書の課税事項を付け込み証明するものには当たらないこととなります。

2　金銭又は有価証券の受取通帳

第19号文書の通帳には非課税物件は規定されていません（課税物件表「第19号」非課税物件欄参照）。したがって、第19号文書の付込事項のうち、金銭又は有価証券の受取書の課税事項を付け込む受取通帳については、営業に関しない受領事実を付け込むものであっても、また、その付込金額のすべてが５万円未満のものであっても、課税文書に該当することとされます（基達別表第１「第19号文書」２）。

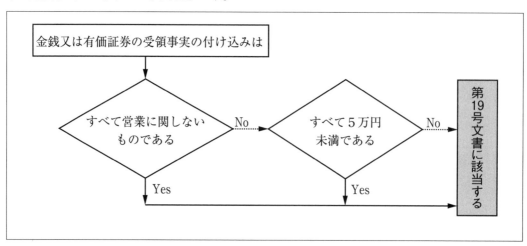

18号文書

19号文書

20号文書

留意点	担保差入通帳

　金銭又は有価証券の受取通帳は第19号文書に該当することとされます。したがって、担保差入れ帳などもその受領する担保物が有価証券である場合は第19号文書に該当することとなります。

　なお、担保物が預金証書等の債権証書に限られる場合は、第19号文書には該当しないことになります。

留意点	第19号文書の作成者

　第19号文書は、例えば金銭又は有価証券の受取通帳の場合、その受領の事実を付け込み証明する者が作成者とされます（課税物件表「第19号」物件名欄参照）。

　例えば家賃の領収通帳などの場合、その通帳を便宜支払者である借主等が保存することがあります。このような場合、保存する者があたかも作成者として納税義務を負うように錯覚しがちですが、上記のとおりその文書は受領の事実を付け込み証明する者、すなわち家主等が受領の事実を連続して証明する目的で作成し、便宜、借主等に保管させておくものですから、納税義務を負う者は金銭の受領者である家主等ということになります。

3　その他具体的な取扱い

⑴　入金取次帳

　金融機関の外務員が得意先から預金として金銭を受け入れる場合に、当該受入事実を連続的に付け込み証明する目的で作成する入金取次帳等は、第19号文書に該当することとされます（基達別表第1「第19号文書」3）。

　このような入金取次帳は、預金の受払いを連続して付け込むものではないので第18号文書には該当せず、また、受け入れの事由によっては第14号（預金契約としての寄託契約）又は単に第17号（金銭の受取書）の課税事項の付け込みであることが想定されますが、これらの事項を連続して付け込み

証明する通帳であり、第19号文書に該当することとされます。

⑵　代金取立手形預り通帳

　取引先から手形代金の取立ての依頼を受けるとともに、代金取立手形の預かり事実を連続して付け込み証明する通帳は、有価証券の受取通帳であり、第19号文書に該当するものとされます。

⑶　積金通帳

　積金通帳（積金に入金するための掛金を日割で集金し、一定期日に積金に振り替えることとしている場合の日掛通帳を含みます。）は、課税文書に該当しないことに取り扱われます（基達別表第1「第19号文書」5）。

　㊟　積金は預金とは異なる性格のものとされています。

⑷　授業料納入袋

　私立学校法第2条（定義）に規定する私立学校又は各種学校若しくは学習塾等がその学生、生徒、児童又は幼児から授業料等を徴するために作成する授業料納入袋、月謝袋等又は学生証、身分証明書等で、授業料等を納入の都度その事実を裏面等に連続して付け込み証明するものは、課税しないことに取り扱われます（基達別表第1「第19号文書」6）。

⑸　貸付金の支払通帳

　貸付金の返済を受ける都度、金銭の受領事実を付け込み証明するために作成する通帳は、金銭の受取通帳（第19号文書）に該当することとなります。

　したがって、前記フローチャートのとおり、営業に関しないものでも、また受領金額がすべて5万円未満ものであっても課税対象とされます。

　なお、このような文書の作成者は、金銭の受領の事実を付け込む者（金銭の受領者）となります。

⑹　その他

　「クレジット代金等の支払通帳」については、基達別表第1「第19号文書」4に定めがあります。

第20号文書	判取帳

1　判取帳の意義と範囲

　判取帳は、次の課税文書の課税事項（第19号文書と同じ課税事項です。）について、2以上の相手方から付込証明を受ける目的をもって作成する帳簿をいうものとされます（課税物件表「第20号」物件名欄、基達別表第1「第20号文書」1）。

(1)　第1号文書

　①　不動産、鉱業権、無体財産権、船舶若しくは航空機又は営業の譲渡に関する契約書

　②　地上権又は土地の賃借権の設定又は譲渡に関する契約書

　③　消費貸借に関する契約書

　④　運送に関する契約書（傭船契約書を含む。）

(2)　第2号文書

　請負に関する契約書

(3)　第14号文書

　金銭又は有価証券の寄託に関する契約書

(4)　第17号文書

　①　売上代金に係る金銭又は有価証券の受取書

　②　金銭又は有価証券の受取書で①に掲げる受取書以外のもの

留意点	上記課税文書の課税事項以外の付込証明を受ける帳簿

　上記課税文書の課税事項以外の付込証明を受ける目的で帳簿を作成しても、第20号文書には該当しないこととなります（基達別表第1「第20号文書」1）。

2 金銭又は有価証券の判取帳

第20号文書の判取帳には非課税物件は規定されていません（課税物件表「第20号」非課税物件欄参照）。

したがって、判取帳に付込証明を受ける課税事項のうち、金銭又は有価証券の受取書の課税事項を付込証明を受ける目的で作成する判取帳については、営業に関しない受領事実を証明させるものであっても、また、その付込証明金額のすべてが5万円未満のものであっても、課税文書に該当することとされます（基達別表第1「第20号文書」2）。

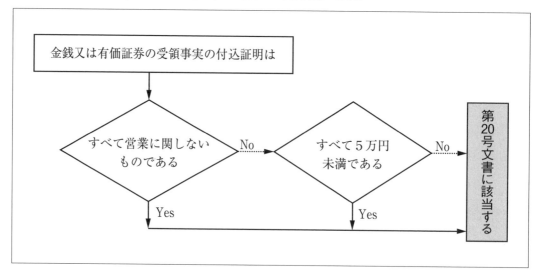

3 その他具体的な取扱い

(1) 諸給与一覧表等

事業主が従業員に対し、諸給与の支払をした場合に、従業員の支給額を連記して、これに領収印を徴する諸給与一覧表等は、課税しないことに取り扱われます（基達別表第1「第20号文書」3）。

(2) 団体生命保険契約の配当金支払明細書

きょ出制（加入者各自が保険料を負担するもの）の団体生命保険契約に基づいて、配当金を団体の代表者が受領し、これを加入者各人に分配する際にその配当金の受領事実を証明する目的で加入者から受領印を徴する配当

金支払明細書は、課税しないことに取り扱われます（基達別表第1「第20号文書」4）。

Ⅳ　非課税法人、非課税文書

1　非課税法人

　国、地方公共団体及び法別表第2並びに財務省告示第56号別表に掲名されている各法人は非課税法人とされています。したがって、これらが作成する文書に印紙税は課税されません（法5二、法別表第2、（独立行政法人について）財務省告示第56号）。

(1)　非課税法人から委託を受けた者が作成する文書

　非課税法人からその業務の委託を受けた者（受託者）は非課税法人に含まれないことから、受託者が作成する文書には印紙税法第5条第2号の適用はありません（基達別表第1「非課税文書」1）。

　もっとも、委託の契約内容（委任契約の内容）において、受託者に代理権を授与することまでも定めてある場合は、次の(2)のとおりとなります。

> **留意点　委任と代理**
>
> 　委任と代理とは本来別物ですが、重なることが多くあります。
> 　委任契約に基づいて代理権が授与される（授権行為）ことにより、本人に対して代理による法律効果が形成されるとことになります。

(2)　非課税法人の代理人が作成する文書

　委任に基づく代理関係においては、代理人名義で作成する場合と委任者の名義で作成する場合（いわゆる署名代理）があります。

　これらの文書の作成者が誰であるかについての印紙税の取扱いは次のとおりであり、これによって非課税法人が作成者と判定されない限り、その文書は（法第5条第2号による）非課税文書に該当しないことになります。

① 代理人名義で作成する文書の作成者

【例】「非課税法人Ａ代理人Ｂ」との表示

　いわゆる代理人の顕名行為として「Ａ非課税法人代理人Ｂ」などと表示する文書が代理人名義で作成する文書となります。

　このような場合は、委任者である「Ａ非課税法人」の名義も表示されていますが、代理人が作成者とされます（基達43①）。

　したがって、代理人Ｂが作成した文書として課否判定を行うことになります。

② 代理人が文書上で委任者名のみを表示する場合の作成者

【例】「非課税法人Ａ」とのみ表示

　上記①の例で、代理人Ｂが文書上で委任者名（非課税法人Ａ）のみを表示する場合（いわゆる署名代理）には、その表示された委任者が作成者とされます（基達43②）。したがって、この場合には委任者が作成者となり、委任者が非課税法人である場合は、当該文書は法第５条第２号により非課税とされます。

留意点	代理行為と顕名主義

　代理人は「本人のためにすることを示して」代理行為をしなければならないとされています（民法99）。

　「非課税法人Ａ代理人Ｂ」との表示がその例ですが、この場合の作成者は代理人である「代理人Ｂ」ということになります。そうすると「代理人Ｂ」が非課税法人に当たらなければ、その作成文書については通常の課否判定を行うこととなります。

留意点	署名代理

　「署名代理」とは、代理人が代理権に基づき本人の署名をすることですが、代理人に本人を代理する意思（代理意思）がある限り、代理人が直接本人を表示した場合も有効な代理行為として扱われます（上記①の

非課税号文書

の顕名主義に反しないものとされます。）。

	表示	表示の例	作成者
非課税法人の 代理人が作成 する文書で ➡	代理人名義で作成	A非課税法人 代理人B	➡ 代理人B
➡	委託者名義で作成 （署名代理）	A非課税法人	➡ A非課税法人

(3)　国等と国等以外の者との共同作成文書

　国地方公共団体等、法第5条第2号に掲げる法人（以下「国等」といいます。）と国等以外の者とが共同して作成した文書については、国等が保存するものは国等以外の者が作成したものとみなし、国等以外の者が保存するものは国等が作成したものとみなされます（法4⑤）。具体的には、次の留意点のとおりです。

留意点	国等との共同作成文書の課税関係

　国等との共同作成文書については、端的には、その保存場所が次の何処であるかにより、次のとおり取り扱われます。

保存場所	みなされる文書の作成者	課税・非課税
国等	国等以外の者 ➡	課税（印紙の貼ってあるものが保存される。）
国等以外の者	国等 ➡	非課税

(注)　片方又は双方の当事者が複数の場合も同じです。

　　例えば、国等が①及び②の二者、国等以外が一者の場合、保存場所によって次のとおりです。

　　　国等①の保存分　　　⇒　国等以外の者が印紙税を納付（課税）

　　　国等②の保存分　　　⇒　国等以外の者が印紙税を納付（課税）

　　　国等以外の者の保存分　⇒　国等が作成した文書として非課税

2　非課税文書

　法別表第3の下欄に掲名された者が、その表の上欄に掲名されている文書を作成した場合には、その文書は非課税とされます（法5三）。

　㊟　「法別表第3」については、巻末付録を参照。

第5章

文書の所属の決定

I　複数の課税事項を有する文書のパターン

　実務で作成する契約書、念書あるいは覚書などの文書には数多くの契約条項が定めてあります。

　印紙税の課否判定においては、それぞれの事項について課税物件表の各号に該当する課税事項の該当・非該当を判断する必要がありますが、一つの文書に複数の課税事項が確認される例は少なからず見受けられます。

　このような文書のパターン（形態）は、通則2及び印紙税法基本通達第10条によれば、次のとおりです。

1　併記又は混合記載の文書

　その文書に課税物件表の複数の課税事項が併記され又は混合して記載されているもの（基達10(1)）。

　【例】不動産及び債権売買契約書（第1号文書と第15号文書）

　㊟　なお、パターンとしては課税事項とそれ以外の事項の記載の併記又は混合記載もあります（基達10(2)）が、課税事項についてのみ判断することとなります。

2　一つの事項が複数課税事項に同時に該当する文書

　その文書に記載されている一の内容を有する事項が、課税物件表の2以上の号の課税事項に同時に該当するもの（基達10(3)）。

　【例】継続する請負についての基本的な事項を定めた契約書（第2号文書と第7号文書）

Ⅱ　複数の課税事項を有する文書の所属の決定

　複数の課税事項を有する文書の所属の決定（通則３、基達11）は、次項のフローチャートに沿って判断することができます。

　次に、「２　文書の所属の決定」において、通則３及び印紙税法基本通達第11条に定める文書の所属の決定（次項のフローチャート）の詳細を整理しています。

1　文書の所属決定のフローチャート

　通則３及び印紙税法基本通達第11条によれば、文書の所属の決定は、契約書タイプ及び証券・証書タイプの所属決定のグループと、通帳タイプの所属決定のグループの二つに区分することができます。

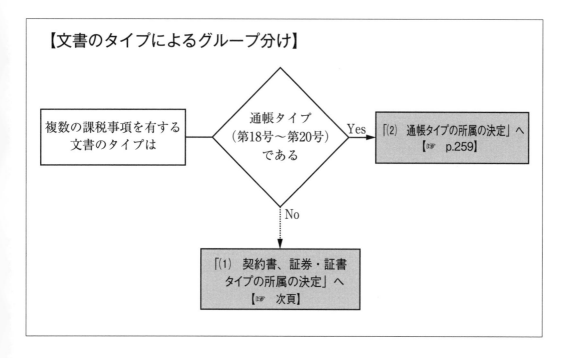

【文書のタイプによるグループ分け】

複数の課税事項を有する文書のタイプは → 通帳タイプ（第18号〜第20号）である → Yes 「(2)　通帳タイプの所属の決定」へ【☞　p.259】

No → 「(1)　契約書、証券・証書タイプの所属の決定」へ【☞　次頁】

　区分した各グループについては、次の(1)以下により判定することになります。

⑴　契約書、証券・証書タイプ（第1号文書から第17号文書まで）の所属の
　決定

　契約書、証券・証書タイプの所属決定については、更に、このタイプの
中でも重要とされる「第1号又は第2号文書に関わるグループ」と、「そ
れ以外のグループ」に整理できます。

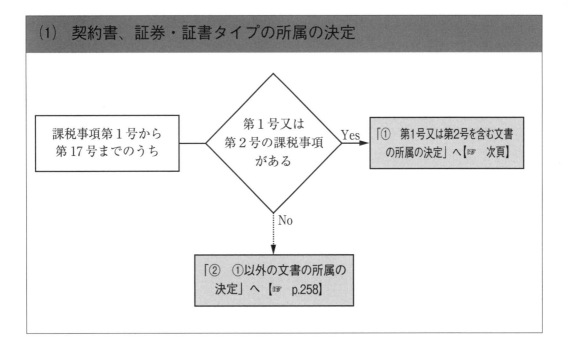

⑴　契約書、証券・証書タイプの所属の決定

| 課税事項第1号から第17号までのうち | → | 第1号又は第2号の課税事項がある | Yes → | ①　第1号又は第2号を含む文書の所属の決定」へ【☞　次頁】 |

No ↓

「②　①以外の文書の所属の決定」へ【☞　p.258】

　この絞り込んだ区分に従い、次の①又は②により判定することになりま
す。

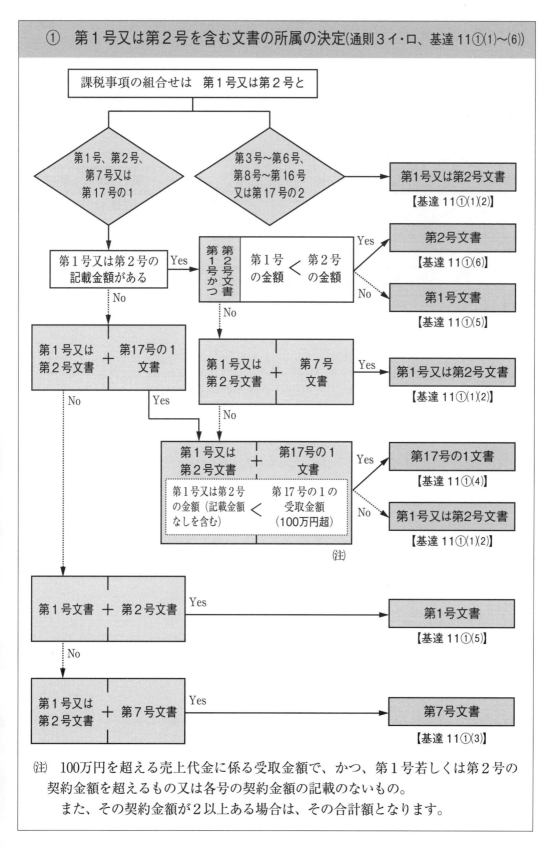

① 第1号又は第2号を含む文書の所属の決定(通則3イ・ロ、基達11①(1)〜(6))

㊟　100万円を超える売上代金に係る受取金額で、かつ、第1号若しくは第2号の契約金額を超えるもの又は各号の契約金額の記載のないもの。

　また、その契約金額が2以上ある場合は、その合計額となります。

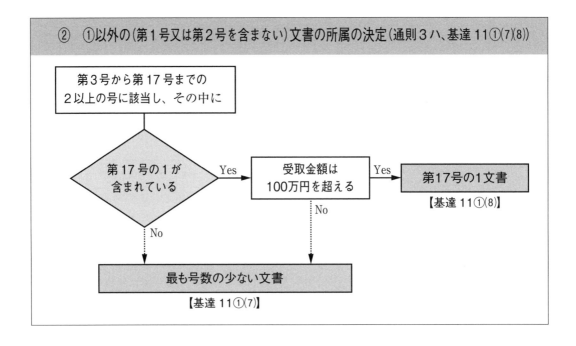

(2)　通帳タイプの所属の決定

　通帳タイプの所属の決定については、次のフローチャートにより判定することになります。

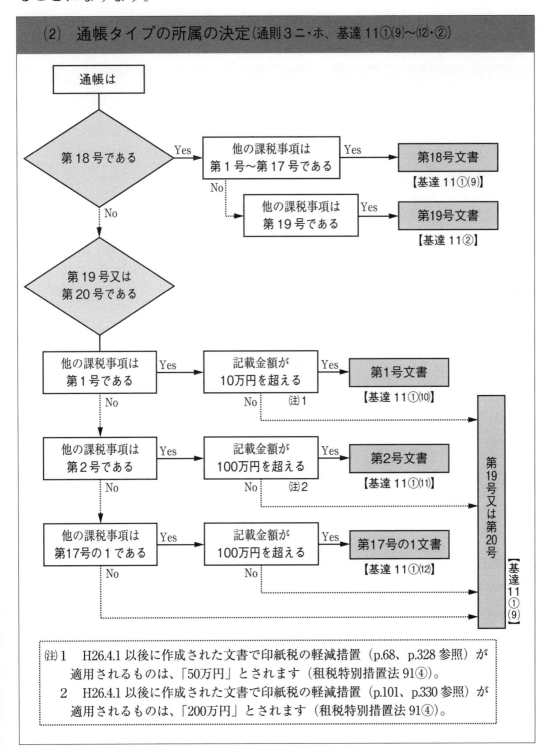

(2)　通帳タイプの所属の決定（通則3ニ・ホ、基達11①(9)～(12)・②）

- 通帳は
- 第18号である
  - Yes → 他の課税事項は第1号～第17号である
    - Yes → 第18号文書【基達11①(9)】
    - No → 他の課税事項は第19号である
      - Yes → 第19号文書【基達11②】
  - No → 第19号又は第20号である
    - 他の課税事項は第1号である
      - Yes → 記載金額が10万円を超える
        - Yes → 第1号文書【基達11①(10)】
        - No （注）1
      - No
    - 他の課税事項は第2号である
      - Yes → 記載金額が100万円を超える
        - Yes → 第2号文書【基達11①(11)】
        - No （注）2
      - No
    - 他の課税事項は第17号の1である
      - Yes → 記載金額が100万円を超える
        - Yes → 第17号の1文書【基達11①(12)】
        - No
      - No

第19号又は第20号【基達11①(9)】

（注）1　H26.4.1以後に作成された文書で印紙税の軽減措置（p.68、p.328参照）が適用されるものは、「50万円」とされます（租税特別措置法91④）。
　　2　H26.4.1以後に作成された文書で印紙税の軽減措置（p.101、p.330参照）が適用されるものは、「200万円」とされます（租税特別措置法91④）。

2　文書の所属の決定

　文書の所属決定のフローチャートは前記のとおりですが、その詳細について通則3及び印紙税法基本通達第11条の定めるところは次のとおりです。

契約書、証券・証書タイプ（第1号から第17号まで）の所属の決定

(1)　第1号又は第2号を含む文書の所属の決定

　①　基達第11条第1項(1)、通則3イ：

課税物件表の**第1号に掲げる文書**と同表**第3号から第17号までに掲げる文書**とに該当する文書（ただし、次の③又は④（基達第11条第1項(3)又は(4)）に該当する文書を除く。）	**第1号文書**
【例】不動産及び債権売買契約書 　　　　　　　：第1号文書と第15号文書　　⇒　　第1号文書	

　②　基達第11条第1項(2)、通則3イ：

課税物件表の**第2号に掲げる文書**と同表**第3号から第17号までに掲げる文書**とに該当する文書（ただし、次の③又は④（基達第11条第1項(3)又は(4)）に該当する文書を除く。）	**第2号文書**
【例】工事請負（請負金額の記載なし）及びその工事の手付金（100万円以下）の受取事実を記載した契約書 　　　　　　　　：第2号文書と第17号文書　　⇒　　第2号文書	

③　基達第11条第1項(3)、通則3イ：

課税物件表の第1号又は第2号に掲げる文書で契約金額の記載のないものと同表第7号に掲げる文書とに該当する文書	第7号文書

【例1】継続する物品運送についての基本的な事項を定めた記載金額のない契約書

　　　　　　　　　　　：第1号文書と第7号文書　　⇒　　第7号文書

【例2】継続する請負についての基本的な事項を定めた記載金額のない契約書

　　　　　　　　　　　：第2号文書と第7号文書　　⇒　　第7号文書

④　基達第11条第1項(4)、通則3イ：

課税物件表の第1号又は第2号に掲げる文書と同表第17号に掲げる文書とに該当する文書のうち、売上代金に係る受取金額（100万円を超えるものに限る。）の記載があるものでその金額が同表第1号若しくは第2号に掲げる文書に係る契約金額（当該金額が2以上ある場合には、その合計額）を超えるもの又は同表第1号若しくは第2号に掲げる文書に係る契約金額の記載のないもの	第17号の1文書

【例1】売掛金800万円のうち600万円を領収し、残額200万円を消費貸借の目的とすると記載された文書

　　　　　　　　：第1号文書と第17号の1文書　　⇒　　第17号の1文書

【例2】工事請負単価を定めるとともに180万円の手付金の受取事実を記載した文書

　　　　　　　　：第2号文書と第17号の1文書　　⇒　　第17号の1文書

⑤　基達第11条第1項⑸、通則３ロ：

課税物件表の**第１号に掲げる文書**と**同表第２号に掲げる文書**とに該当する文書（ただし、次の⑥（基達第11条第１項⑹）に該当する文書を除く。）	**第１号文書**
【例１】機械製作及びその機械の運送契約書 ：第１号文書と第２号文書　　⇒　　第１号文書	
【例２】請負及びその代金の消費貸借契約書 ：第１号文書と第２号文書　　⇒　　第１号文書	

⑥　基達第11条第1項⑹、通則３ロ：

課税物件表の**第１号に掲げる文書**と**同表第２号に掲げる文書**とに該当する文書で、それぞれの課税事項ごとの契約金額を区分することができ、かつ、同表第２号に掲げる文書についての契約金額が第１号に掲げる文書についての**契約金額を超えるもの**	**第２号文書**
【例１】機械の製作費20万円及びその機械の運送料10万円と記載された契約書 ：第１号文書と第２号文書　　⇒　　第２号文書	
【例２】請負代金100万円、うち80万円を消費貸借の目的とすると記載された契約書 ：第１号文書と第２号文書　　⇒　　第２号文書	

(2)　その他の（第１号又は第２号を含まない）契約書等の所属の決定

　　①　基達第11条第１項(7)、通則３ハ：

課税物件表の第３号から第17号までの２以上の号に該当する文書（ただし、次の②（基達第11条第１項(8)）に該当する文書を除く。）	最も号数の少ない号の文書
【例】継続する債権売買についての基本的な事項を定めた契約書 ：第７号文書と第15号文書　⇒　第７号文書	

　　②　基達第11条第１項(8)、通則３ハ：

課税物件表の第３号から第16号までに掲げる文書と同表第17号に掲げる文書とに該当する文書のうち、売上代金に係る受取金額（100万円を超えるものに限る。）が記載されているもの	第17号の１文書
【例】債権の売買代金200万円の受取事実を記載した債権売買契約書 ：第15号文書と第17号の１文書　⇒　第17号の１文書	

通帳タイプの所属の決定

① 基達第11条第1項(9)、通則3ニ：

証書(注)と通帳等とに該当する文書（ただし、次の②、③又は④（基達第11条第1項(10)、(11)又は(12)）に該当する文書を除く。） (注)　ここでの「証書」は、通達で定める「証書」、すなわち、第1号から第17号文書までの文書です（基達6）。本書（p.34参照）で定義した「証書」とは異なります。	通帳等
【例1】生命保険証券兼保険料受取通帳 　　　　：第10号文書と第18号文書　⇒　第18号文書	
【例2】債権売買契約書とその代金の受取通帳 　　　　：第15号文書と第19号文書　⇒　第19号文書	

② 基達第11条第1項(10)、通則3ホ：

契約金額が10万円(注)を超える課税物件表の第1号に掲げる文書と同表第19号又は第20号に掲げる文書とに該当する文書	第1号文書
【例1】契約金額が100万円の不動産売買契約書とその代金の受取通帳 　　　　：第1号文書と第19号文書　⇒　第1号文書	
【例2】契約金額が50万円の消費貸借契約書とその消費貸借に係る金銭の返還金及び利息の受取通帳 　　　　：第1号文書と第19号文書　⇒　第1号文書	

(注)　H26.4.1以後に作成された文書で印紙税の軽減措置（p68、p.328参照）が適用されるものは「50万円」とされます。

③　基達第11条第1項⑾、通則3ホ：

契約金額が 100万円㈺ を超える課税物件表の第2号に掲げる文書と同表第19号又は第 20号に掲げる文書とに該当する文書	第2号文書
【例】契約金額が150万円の請負契約書とその代金の受取通帳　：第2号文書と第19号文書　⇒　第2号文書	

㈺　H26.4.1以後に作成された文書で印紙税の軽減措置（p.101、p.330参照）が適用されるものは「200万円」とされます。

④　基達第11条第1項⑿、通則3ホ：

売上代金の受取金額が100万円を超える課税物件表の第17号に掲げる文書と同表第19号又は第20号に掲げる文書とに該当する文書	第17号の1文書
【例】下請前払金200万円の受取事実を記載した請負通帳　：第17号の1文書と第19号文書　⇒　第17号の1文書	

⑤　基達第11条第2項：

課税物件表の第18号に掲げる文書と同表第19号に掲げる文書とに該当する文書	第19号文書

Ⅲ　追記又は付込みに係るみなし作成

　追記又は付込みによって新たな課税文書の作成とみなされるのは、追記又は付込みされる文書が、通帳タイプ（第18号文書から20号文書まで）以外の場合は次の「１」により、通帳タイプの場合は「２」により、取り扱われます（法４②③④）。

　なお、追記及び付込みの意義については、①又は②のとおりです。

①　追記と併記又は混合記載の区分

　法第４条《課税文書の作成とみなす場合等》第３項に規定する「追記」とは、既に作成されている一の文書にその後更に一定事項を追加して記載することをいい、通則２に規定する「併記又は混合記載」とは、一の文書に同時に２以上の事項を記載することをいうものとされます（基達37、前記「Ⅰ複数の課税事項を有する文書のパターン」（p.254）参照）。

留意点	追記とは

　「追記」とは、いったん作成された文書に、「その後更に」追加して記載することが追記とされます。これに対し、「併記又は混合記載」とは、「同時に」複数の事項を記載することをいいます。

②　付込み

　法第４条第２項、第３項及び第４項によれば、第18号から第20号までの課税文書（通帳タイプ）として記帳又は記入されることを「付込み」と称しているものと解することができます。

　通帳タイプの文書については、継続使用されることを前提に、作成した日から１年を経過した日以後最初の「付込み」をした時に新たな作成とみなす扱い（法４②）、他の文書に第18号又は第19号文書として使用するために「付込み」をした場合の扱い（法４③）、あるいは第19号文書又は第20号文書に一定の課税文書（第１号、第２号又は第17号文書）によって証

されるべき一定金額を「付込み」したときの扱い（法4④）といった各規定からすると、いずれも通帳タイプの文書について「付込み」が課税判断の基準となる事実として使用されています。

1　通帳タイプ以外の文書（契約書、証券・証書タイプ）への追記又は付込み

　一の文書（別表第1第3号から第6号まで、第9号及び第18号から第20号までに掲げる文書を除きます。）に、課税物件表第1号から第17号までの課税文書（同表第3号から第6号まで及び第9号の課税文書を除きます。）により証されるべき事項の追記をした場合又は同表第18号若しくは第19号の課税文書として使用するための付込みをした場合には、当該追記又は付込みをした者が、当該追記又は付込みをした時に、当該追記又は付込みに係る事項を記載した課税文書を新たに作成したものとみなされます（法4③）。

留意点	課税物件表の第1号、第2号、第7号及び第12号から第15号までの課税事項により証されるべき事項を追記した場合

　その追記が原契約の内容の変更又は補充（「変更」p.58参照、「補充」p.61参照）についてのものであり、かつ、その追記した事項が印紙税法基本通達別表第2に掲げる重要な事項（第7章参照）に該当するときに、法第4条第3項の規定が適用されることになります（基達38②）。

　以上のみなし判定（第17号文書を追記する非課税の例外を含みます。）のフローチャートは次頁のとおりであり、続く(1)から(5)にその解説をしています。

追記又は付込みによる課税文書みなし作成判定のフローチャート

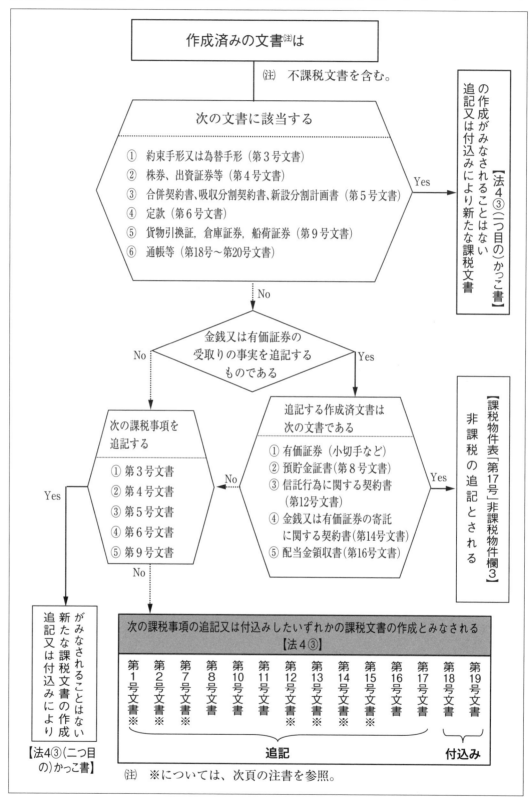

(1)　追記又は付込みが新たな課税文書の作成とみなされる課税文書

　次図の左側の文書に右側の課税文書の課税事項を追記又は付込みをすれば、追記又は付込みをした時に、右側の課税文書を新たに作成したものとみなされます（法4③、基達38）。

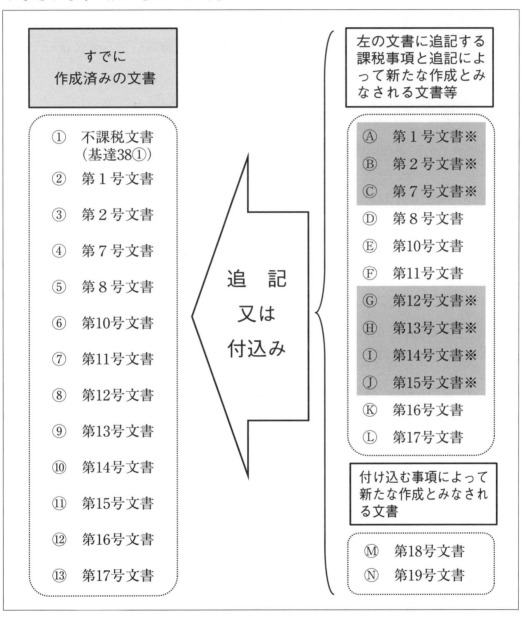

（注）　※印の課税事項（網掛けの文書）を追記する場合は、その追記が原契約の内容の変更又は補充についてのものであり、かつ、その追記した事項が印紙税法基本通達別表第2に掲げる重要な事項（第7章参照）に該当するときには、新たな課税文書の作成とみなされます（基達38②）。

⑵　**みなし作成の対象とならない作成済の課税文書**

　　次の課税文書に他の課税事項（前頁の図の右側）を追記しても、新たな課税文書の作成とはみなされません（法4③（一つ目の）かっこ書）。

　　イ　約束手形又は為替手形（第3号文書）

　　ロ　株券、出資証券等（第4号文書）

　　ハ　合併契約書、吸収分割契約書、新設分割計画書（第5号文書）

　　ニ　定款（第6号文書）

　　ホ　貨物引換証、倉庫証券、船荷証券（第9号文書）

　　ヘ　通帳等（第18号～第20号文書）

　　㊟　これらの文書は、前頁の図の左側の文書に掲名していません。

⑶　**新たな作成とならない追記又は付込み**

　作成済の文書（前頁の図の左側の文書）に次の追記又は付込みをしても、新たな課税文書の作成とはみなされません（法4③（二つ目の）かっこ書）。

　　イ　約束手形又は為替手形（第3号文書）

　　ロ　株券、出資証券等（第4号文書）

　　ハ　合併契約書、吸収分割契約書、新設分割計画書（第5号文書）

　　ニ　定款（第6号文書）

　　ホ　貨物引換証、倉庫証券、船荷証券（第9号文書）

　　ヘ　判取帳（第20号文書）

　　㊟　これらの文書は、前頁の図の左側の文書に掲名していません。

⑷　**第1号、第2号、第7号及び第12号から第15号の課税事項の追記**

　課税物件表の第1号、第2号、第7号及び第12号から第15号までの課税事項により証されるべき事項を追記した場合で、その追記が原契約の内容の変更又は補充（「変更」p.58、「補充」p.61参照）についてのものであり、かつ、当該追記した事項が別表第2に掲げる重要な事項（第7章参照）に該当するときは、その追記に係る事項を記載した課税文書を新たに作成したものとみなされます（法4③、基達38②）。

(5)　第17号文書の課税事項を追記しても非課税とされる文書

　次の文書に金銭又は有価証券の受取事実を追記しても、非課税とされます（課税物件表「第17号」非課税物件欄3）。

　　イ　有価証券
　　ロ　第8号文書
　　ハ　第12号文書
　　ニ　第14号文書
　　ホ　第16号文書

2　通帳タイプ（第19号及び第20号文書）の文書への追記又は付込み

(1)　第19号文書に一定金額を超える付込みがされた場合

　第19号文書である通帳に、次の各号の事項についてそれぞれ一定額を超える付け込みがされた場合には、その付込みの部分については、次のそれぞれの課税文書が新たに作成されたものとみなされます（法4④）。

　　㊟　以下の「付込金額」は、通則4の適用に係る「記載金額」（第5章）のことです。

　①　第1号文書の付込金額が10万円（軽減措置（租税特別措置法91②。p.68参照）が適用される不動産譲渡契約書の場合は50万円）を超える金額の場合

　　当該付け込みについては、新たな第1号文書の作成があったものとみなされます。

　②　第2号文書の付込金額が100万円（軽減措置（租税特別措置法91③。p.100参照）が適用される建設工事請負契約書の場合は200万円）を超える金額の場合

　　当該付け込みについては、新たな第2号文書の作成があったものとみなされます。

③　第17号の１文書の付込金額が100万円を超える金額の場合

当該付け込みについては、新たな第17号の１文書の作成があったものとみなされます。

第19号文書に一定金額を超える付込みがされた場合の
みなし作成フローチャート

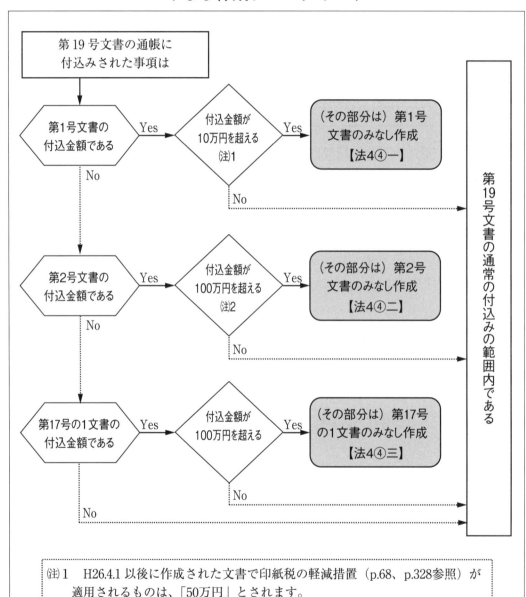

272

⑵　第20号文書に一定金額を超える付込みがされた場合

　第20号文書である通帳に、次の各号の事項についてそれぞれ一定額を超える付込みがされた場合には、その付込みの部分については、次のそれぞれの課税文書が新たに作成されたものとみなされます（法４④)。

　㊟　以下の「付込金額」は、通則４の適用に係る「記載金額」（第５章）のことです。

①　第１号文書の付込金額が10万円（軽減措置（租税特別措置法91②。p.68参照）が適用される不動産譲渡契約書の場合は50万円）を超える金額の場合

　当該付込みについては、新たな第１号文書の作成があったものとみなされます。

②　第２号文書の付込金額が100万円（軽減措置（租税特別措置法91③。p.100参照）が適用される建設工事請負契約書の場合は200万円）を超える金額の場合

　当該付込みについては、新たな第２号文書の作成があったものとみなされます。

③　第17号の１文書の付込金額が100万円を超える金額の場合

　当該付込みについては、新たな第17号の１文書の作成があったものとみなされます。

第20号文書に一定金額を超える付込みがされた場合の
みなし作成フローチャート

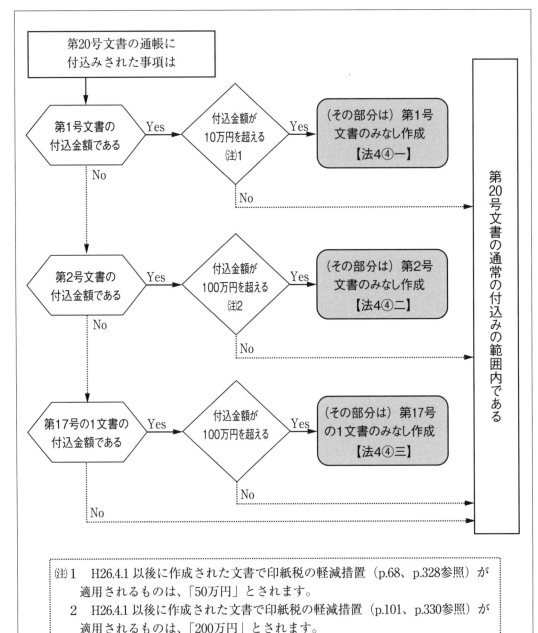

(3)　通帳タイプの文書を1年以上継続使用する場合

　第18号から第20号までの課税文書（通帳タイプの文書）を1年以上にわたり継続して使用する場合には、その課税文書を作成した日から1年を経過した日以後最初の付込みをした時に、その課税文書を新たに作成したものとみなされます（法4②）。

　通帳タイプの文書は継続使用を前提としますので、1年あたり1通の税率の適用が予定されているものです。

留意点　「1年を経過した日以後最初の付込みをした時」とは

　この場合の「1年を経過した日」は、次の例のように「y年m月d日」を通帳へ最初の付込みをした日とすれば、「y＋1年m月d日」が「1年を経過した日」に当たることになります。
- 　通帳に最初の付込みをした日　：　2023年4月2日
- 　上記日から1年を経過する日　：　2024年4月1日
- 　上記日から1年を経過した日　：　2024年4月2日

　したがって、上記例では「2024年4月2日」以後に付込みをすれば、その通帳タイプの文書を新たに作成したものとみなされます。

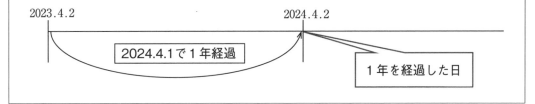

第6章

記載金額の具体的取扱い

　印紙税の課税文書に対する課税は、定額課税（課税標準を１通とするもの）と段階税率課税（記載金額の段階に応じた課税標準を定めるもの）の二通りがあります。

　また、法別表の非課税物件欄には記載金額の一定額を基準に非課税とされるものがあります。

　このように、印紙税においては、税率の適用（段階税率課税の場合）あるいは非課税文書の判断の場面においてその文書の記載金額を確定し、それを基準に判断しなければならないことがあります。

　ここにいう「記載金額」とは、その文書により証されるべき課税事項の金額（契約金額、券面金額など税率や非課税判断の基準となる金額）で、その文書に記載された金額をいうこととされますが（通則４）、この記載金額についての具体的な取扱いは、以下のとおりです。

1　第１号、第２号及び第15号文書の「契約金額」

　第１号、第２号及び第15号文書については、いずれも課税物件表に規定する「契約金額」が記載金額とされますが、ここにいう「契約金額」とは、その文書において契約の成立等に関し直接証明の目的となっているものをいうものとされます（基達23）。

　具体的には、各文書について次のとおりです。

⑴　第１号の１文書及び第15号文書のうち債権譲渡に関する契約書
　　譲渡の形態に応じ、次のとおりです。

① 売買

売買契約における契約金額は、「**売買金額**」とされます（基達23⑴イ）。

留意点	売買金額と時価、評価額

　物件の特定のために時価や評価額が売買金額と併記されている場合がありますが、その場合にこれらが契約金額として取り扱われることはありません。

(注)　不動産の買戻し約款付売買契約書の取扱いについては、p.67を参照。

② 交換契約

交換契約における契約金額は、「**交換金額**」とされます（基達23⑴ロ）。具体的には次の表のとおりです。

区　　分		交換金額
等価交換の場合		いずれか一方の金額
交換差金が出る場合	双方の価額が記載されているとき	いずれか高い方の金額
	【例】甲所有の土地（価額100万円）と乙所有の土地（価額110万円）とを交換し、甲は乙に10万円支払うと記載したもの	（第1号文書）110万円
	交換差金のみが記載されているとき	交換差金
	【例】甲所有の土地と乙所有の土地を交換し、甲は乙に10万円支払うと記載したもの	（第1号文書）10万円

(注)　不動産と動産の交換契約書の取扱いについては、p.67を参照。

③　代物弁済

代物弁済契約における契約金額は、「**代物弁済により消滅する債務の金額**」とされます（基達23(1)ハ）。

具体的には次の表のとおりです。

区　　　分	契約金額
代物弁済	代物弁済により消滅する債務の額 【例】「借用金100万円の支払いに代えて土地を譲渡する」 　　　　　　　　　⇒　（第1号文書）100万円
目的物と債権額との差額を支払って代物弁済を受ける場合	代物弁済により消滅する債務の額に差額を加えた金額 【例】「借用金100万円の支払いに代えて150万円相当の土地を譲渡するとともに、債権者は50万円を債務者に支払う」 　　　　　　　　　⇒　（第1号文書）150万円

④　法人等に対する現物出資

法人等に対する現物出資における契約金額は、「**出資金額**」とされます（基達23(1)ニ）。

⑤　その他

前記以外の場合における契約金額は、「**譲渡の対価たる金額**」とされます（基達23(1)ホ）。

留意点　贈与契約

贈与契約においては、譲渡の対価たる金額はないため、契約金額はないものとして取り扱われます（基達23(1)ホ注書）。

---

(2)　第1号の2文書

第1号の2文書の契約金額は、「**設定又は譲渡の対価たる金額**」とされます（基達23(2)）。

「設定又は譲渡の対価たる金額」とは

　賃貸料を除き、権利金その他名称のいかんを問わず、契約に際して相手方当事者に交付し、後日返還されることが予定されていない金額をいうものとされます（基達23⑵）。

後日返還されることが予定されている「保証金、敷金等」の取扱い

　後日返還されることが予定されている保証金、敷金等は、契約金額には該当しないものとされます（基達23⑵）。

⑶　第1号の3文書

　第1号の3文書の契約金額は、「**消費貸借金額**」とされます（基達23⑶）。

消費貸借金額と利息金額

　消費貸借金額には利息金額を含まないものとされます（基達23⑶）。

⑷　第1号の4文書

　第1号の4文書の契約金額は、「**運送料又は傭船料**」とされます（基達23⑷）。

⑸　第2号文書

　第2号文書の契約金額は、「**請負金額**」とされます（基達23⑸）。

⑹　第15号文書のうち「債務引き受けに関する契約書」

　第2号文書の契約金額は、「**引き受ける債務の金額**」とされます（基達23⑹）。

2　記載された記載金額が複数又は課税事項が複数の場合

⑴　同一の号の課税事項について記載金額が２以上ある場合

　記載金額は、これらの金額の合計額です（通則４イ、基達24⑴）。

　　【例１】請負契約書

　　　　　　Ａ工事200万円、Ｂ工事300万円　　　（第２号文書）500万円

　　【例２】不動産及び鉱業権売買契約書

　　　　　　不動産1,200万円、鉱業権400万円　（第１号文書）1,600万円

⑵　２以上の号の課税事項が記載されている場合

　２以上の号の記載金額が区分記載されているか否かによって、次のとおり取り扱われます。

①　区分記載されている場合

　まず、その文書の所属を決定します（「第５章」（p.254 ～）を参照）。

　それによって決定した号の記載金額が、その文書の記載金額となります（通則４ロ⑴、基達24⑵）。

　　【例１】不動産及び債権売買契約書（第１号と第15号文書）

　　　　不動産700万円、債権200万円　　（第１号文書）700万円（p.257参照）

　　【例２】不動産売買及び請負契約書（第１号と第２号文書）

　　　　土地400万円、建物建築請負600万円　　（第２号文書）600万円（p.257参照）

②　区分記載されていない場合

　その記載されている金額が記載金額となります（通則４ロ⑵、基達24⑶）。

　　【例】不動産及び債権売買契約書（第１号と第15号文書）

　　　　　不動産及び債権500万円　　（第１号文書）500万円（p.257参照）

課税事項を基準とした記載金額の判定フローチャート

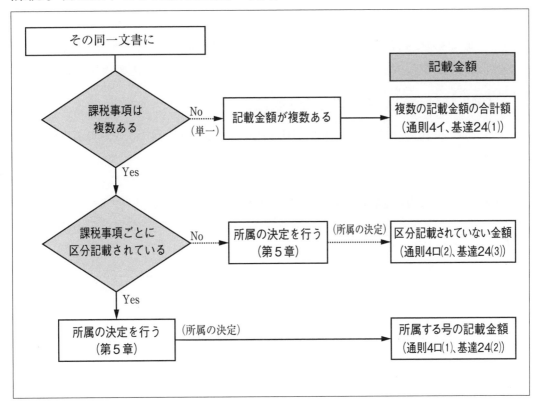

(3)　第17号の１文書の場合

　第17号の１文書(注) の税率の適用に関しては、上記(1)又は(2)の取扱いに
関わらず、売上代金に係る金額とそれ以外の金額との区分に応じて、次の
ように取り扱うこととされています（通則４ハ、基達24(4)(5)）。

(注)　所属の決定（第５章、p.257、258参照）により、同号に該当することとなっ
た文書を含みます（通則４ハかっこ書）。

①　売上代金に係る金額とそれ以外の金額が区分記載されている場合

　売上代金に係る金額が、その受取書（第17号の１文書）の記載金額と
されます（通則４ハ(1)、基達24(4)）。

　【例】貸付金元本と利息の受取書

　　　　貸付金元本200万円、貸付金利息20万円

　　　　　　　　　　　　　　　　　（第17号の１文書）20万円

②　売上代金に係る金額とそれ以外の金額が区分記載されていない場合

　記載されている金額（それ以外の金額が明らかにされている部分を除きます。）がその受取書（第17号の1文書）の記載金額とされます（通則4ハ(2)、基達24(5)）。

　【例】貸付金元本及び利息の受取書

　　　　貸付金元本及び利息210万円　　（第17号の1文書）210万円

第17号文書の受取金額の判定フローチャート

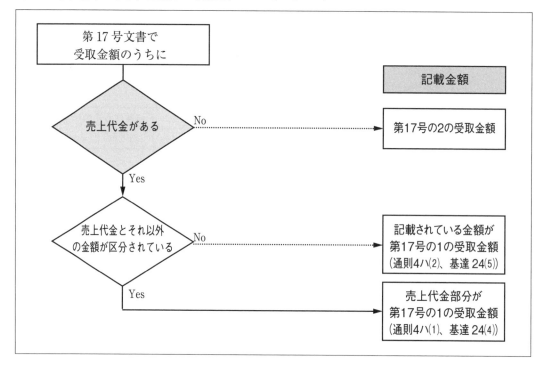

3　記載金額の計算（当該文書に直接的な契約金額等の記載がない場合）

　適用税率の基準となる記載金額を判定する際に、その金額の表示が文書上ない場合でも、それが文書上で計算可能であるときは、その計算した金額をもってその文書の記載金額とされることとなります。

　その原則的な取扱いと、特に第1号、第2号又は第17号の1文書についての特例的な取扱いについては、以下のとおりとなります。

(1) 契約金額等の表示はないが計算が可能な場合（原則）

　その文書に記載されている単価及び数量、記号その他によりその契約金額等の計算をすることができるときは、その計算により算出した金額がその文書の記載金額とされます（通則4ホ(1)、基達24(6)、25①）。

　　【例】物品加工契約書

　　　　A物品単価500円、数量10,000個　　（第2号文書）500万円

留意点	契約金額等の計算をすることができるとき

　　「単価及び数量、記号その他によりその契約金額等の計算をすることができるとき」（通則4ホ(1)）とは、当該文書に記載されている単価及び数量、記号等により、その契約金額等の計算をすることができる場合をいうこととされます（基達25①）。

(2) 第1号又は第2号文書の記載金額についての取扱い

　第1号又は第2号文書の記載金額（金額の具体的な表示がない場合）については、その計算方法について、次のように詳細に定められています（通則4ホ(2)、基達24(7)、25②）。

① 他の文書を引用している場合の契約金額等の計算

　契約金額又は単価、数量、記号その他の記載のある<u>見積書、注文書その他これらに類する文書（課税文書を除く。）</u>の名称、発行の日、記号、番号その他の記載があることにより、当事者間においてその契約についての契約金額が明らかであるとき又はその契約についての契約金額の計算をすることができるときは、その明らかである契約金額又はその計算によって算出した契約金額が第1号又は第2号に掲げる文書の記載金額とされます（通則4ホ(2)、基達25②、24(7)）。

　なお、上記アンダーラインの「見積書、注文書その他これらに類する文書」が課税文書（課税物件表に掲げる文書㊟）である場合には、その課税文書は「見積書、注文書その他これらに類する文書」（算定の基礎となる文書）から除かれますので、それに記載された内容を基に「契約金額

又はその計算によって算出した契約金額」を明らかにすることはできないことになります。

㊟　「非課税物件欄」に該当する文書も含まれます。

留意点	課税文書を引用した契約金額の判断又は契約金額の計算

　上記なお書のとおり、その文書の契約金額等の計算に当たって引用できる文書は、課税文書㊟以外の文書となります。

　したがって、例えばその文書に「契約金額は○年○月○日付覚書の単価及び数量による。」との記載があっても、「○年○月○日付覚書」が仮に第2号文書（請負契約書）に該当する場合には、同覚書を引用してその文書の契約金額を計算する必要はないことになります。

㊟　「非課税物件欄」に該当する文書も含まれます。

留意点	「契約金額が明らかであるとき」とは

　「契約金額が明らかであるとき」（通則4ホ(2)）とは、第1号文書又は第2号文書に当該文書に係る契約についての契約金額の記載のある見積書、注文書その他これらに類する文書を特定できる記載事項があることにより、当事者間において当該契約についての契約金額を明らかにできる場合をいうものとされます（基達25②）。

留意点	「契約金額の計算をすることができるとき」とは

　「契約金額の計算をすることができるとき」（通則4ホ(2)）とは、第1号文書又は第2号文書に当該文書に係る契約についての単価、数量、記号その他の記載のある見積書、注文書その他これらに類する文書（見積書等）を特定できる記載事項があることにより、当該見積書等の記載事項又は当該見積書等と当該第1号文書又は第2号文書の記載事項とに基づき、当事者間において当該契約についての契約金額の計算をすることができる場合をいうものとされます（基達25②）。

第1号又は第2号文書の契約金額等の算出フローチャート (注)1

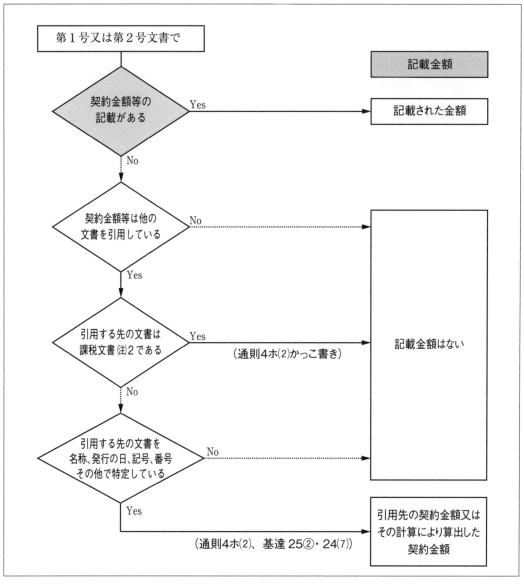

(注)1　p.6のフローチャートを参照。

　　2　「非課税物件欄」に該当することとなる文書も含まれます。

②　引用又は計算例（基達24⑺）

	文書名及び記載内容	引用先の文書名及び記載内容	契約金額等
契約金額が明らかである場合	工事請負注文請書 「請負金額は貴注文書第××号のとおりとする。」	注文書第××号 「請負金額500万円」	（第2号文書） 500万円
契約金額が計算できる場合	物品の委託加工注文請書 「加工数量及び加工料単価は貴注文書第××号のとおりとする。」	注文書第××号 「数量1万個、単価500円」	（第2号文書） 500万円
	物品の委託加工注文請書 「加工料は1個につき500円、加工数量は貴注文書第××号のとおりとする。」	注文書第××号 「加工数量1万個」	（第2号文書） 500万円
課税文書を引用している場合	「加工数量は1万個、加工料は委託加工基本契約書のとおりとする。」	委託加工基本契約書	（第2号文書） 記載金額なし

⑶　第17号の1文書の受取代金についての取扱い

　第17号の1文書の受取代金（金額の表示がない場合）については、その計算方法について次のように詳細に定められています（通則4ホ⑶、基達24⑻、25③）。

①　有価証券で売上代金を受け取る場合の計算

　売上代金として受け取る有価証券の受取書にその「有価証券の発行者の名称、発行の日、記号、番号その他の記載がある」ことにより、当事者間において当該売上代金に係る受取金額（券面金額）が明らかであるときは、その明らかである受取金額が受取書の記載金額とされます（通則4ホ⑶、基達25③、24⑻。p.6参照）。

【計算例】

文書名及び記載内容	受取金額
物品売買代金の受取書 「○○(株)発行のNo.××の小切手」	（第17号の１文書） その小切手の券面金額

留意点	受け取った有価証券を引用することができる場合の「当事者間において当該売上代金に係る受取金額が明らかであるとき」とは

　通則４のホの(3)に規定する「当該有価証券の発行者の名称、発行の日、記号、番号その他の記載があることにより、当事者間において当該売上代金に係る受取金額が明らかであるとき」とは、売上代金として受け取る有価証券の受取書に受け取る有価証券を特定できる事項の記載があることにより、当事者間において当該有価証券の券面金額が明らかである場合をいうものとされます（基達25③）。

② 他の文書を引用している場合の受取金額の計算

　売上代金として受け取る金銭又は有価証券の受取書にその「売上代金に係る受取金額の記載のある支払通知書、請求書その他これらに類する文書の名称、発行の日、記号、番号その他の記載がある」ことにより、当事者間においてその売上代金に係る受取金額が明らかであるときは、その明らかである受取金額が受取書の記載金額とされます（通則４ホ(3)、基達25③、24(9)。p.6参照）。

【計算例】

文書名及び記載内容	引用先の文書名及び記載内容	契約金額等
請負代金の受取書 「○○（株）発行の支払通知書No.××」	支払通知書No.×× 「請負代金500万円」	（第17号の１文書） 500万円

> **留意点** 支払通知書や請求書等を引用することができる場合の「当事者間において当該売上代金に係る受取金額が明らかであるとき」とは
>
> 　通則4のホの(3)に規定する「当該売上代金に係る受取金額の記載のある支払通知書、請求書その他これらに類する文書の名称、発行の日、記号、番号その他の記載があることにより、当事者間において当該売上代金に係る受取金額が明らかであるとき」とは、売上代金として受け取る金銭又は有価証券の受取書に受取金額の記載がある文書を特定できる事項の記載があることにより、当事者間において授受した金額が明らかである場合をいうものとされます（基達25③）。

(4)　外国通貨で表示されている場合の取扱い

　その文書の記載金額が外国通貨により表示されている場合には、その文書を作成した日における邦貨換算が必要となります。

　この場合の換算は、外国為替及び外国貿易法第7条第1項（外国為替相場）の規定により財務大臣が定めた「基準外国為替相場又は裁定外国為替相場」に基づいて外貨表示の記載金額を本邦通貨に換算した金額がその文書の記載金額とされます（通則4へ、基達24⑽）。

> **留意点** 基準外国為替相場又は裁定外国為替相場
>
> 　米貨（ドル）は基準外国為替相場により、その他の外国通貨は裁定外国為替相場により、それぞれ本邦通貨に換算することとされます（基達24⑽注書）。
>
> 　なお、「基準外国為替相場又は裁定外国為替相場」は、日本銀行の下記ホームページに掲載されています。
>
> 　https://www.boj.or.jp/about/services/tame/tame_rate/kijun

4 記載金額の記載内容に応じた取扱い

(1) 予定金額、概算金額等

　その文書に予定金額や概算金額などの金額が記載されている文書は、その予定金額や概算金額が記載金額として取り扱われます（基達26(1)）。

記　　　載　　　例	記載金額
予定金額250万円	250万円
概算金額250万円	250万円
約250万円	250万円

(2) 最低金額又は最高金額

① 最低金額又は最高金額の一方が表示されている場合

　その文書に記載された最低金額又は最高金額が記載金額として取り扱われます（基達26(2)）。

記　　　載　　　例	記載金額
最低金額　50万円	50万円
最低金額　50万円以上	50万円
最低金額　50万円超	50万1円
最高金額　100万円	100万円
最高金額　100万円以下	100万円
最高金額　100万円未満	99万9,999円

留意点　「以上」「以下」又は「超」「未満」

　「以上」、「以下」又は「超」、「未満」と記載がある場合には、記載金額は次のように取り扱われます（基達26(2)(3)）。

- ・「以上」　　【例】100万円以上　　（記載金額）　　　100万円
- ・「以下」　　【例】100万円以下　　（記載金額）　　　100万円
- ・「超」　　　【例】100万円超　　　（記載金額）　　100万1円
- ・「未満」　　【例】100万円未満　　（記載金額）　99万9,999円

②　最低金額と最高金額の双方が表示されている場合

その文書に記載された最低金額が記載金額として取り扱われます（基達26⑶）。

記　　　　　載　　　　　例	記載金額
50万円から100万円まで	50万円
50万円を超え100万円以下	50万1円

⑶　予定単価、予定数量又は概算単価、概算数量等が表示されている場合

その文書に予定単価、予定数量又は概算単価、概算数量等の金額が記載されている文書で、それらを使って予定金額や概算金額が算出できる場合は、その算出した予定金額や概算金額が記載金額として取り扱われます（基達26⑷）。

記　　　　　載　　　　　例	記載金額
予定単価1万円、予定数量100個	100万円
概算単価1万円、概算数量100個	100万円
予定単価1万円、最低数量100個	100万円
最高単価1万円、最高数量100個	100万円
単価1万円で50個から100個まで	50万円

⑷　契約の一部についての契約金額しか記載がない場合

その契約書に、その契約の一部についての契約金額のみが記載されている場合には、その記載された一部の金額が記載金額とされます（基達27）。

【例】

文書名及び記載内容	記載金額
請負契約書 「A工事100万円。ただし、附帯工事については実費による。」	（第2号文書） 100万円

⑸　手付金額又は内入金額が記載されている場合

契約書に記載された手付金額又は内入金額は契約金額とは認められず、記載金額には該当しないものとされます（基達28）。

なお、契約書に100万円を超える手付金額又は内入金額の受領の事実が記

載されている場合(注)は、その文書は通則３のイ又はハのただし書の規定によって、第17号の1文書に該当することがあります（基達28、通則３イただし書、ハただし書）。

　(注)　第１号又は第２号文書についてはp.257、第３号から第17号文書についてはp.258の各フローチャートを参照。

| 留意点 | 手付金額又は内入金額受領の事実の記載 |

　手付金額又は内入金額は契約金額とはされませんが、売上代金の一部として、その受領の事実が記載されていれば第17号の１文書とされます。

(6)　月単位等の契約金額（月単価の定めがある場合）

　月単位で金額の定め（月単価）がある契約書については、その文書に契約期間が定めてあるか否かで次のように取り扱われます（基達29）。

契約期間 の記載が	ある場合	契約金額 ＝ 月単価 × 契約期間	［更新後の期間を 含みません。］
	ない場合	記載金額なし（月単価は契約金額として扱われません。）	

| 留意点 | 更新の定めと契約期間 |

　「契約期間」は更新後の期間を含めずに、更新前の期間のみを算出の基礎とします（基達29なお書）。

(7)　「無償」「０円」などの記載

　契約書等に「無償」又は「０円」と記載されている場合、その契約書には記載金額がないものとして取り扱われます（基達35）。

| 留意点 | 「無償」「０円」 |

　このような表示は記載金額がないものとして取り扱われますので、例えば、請負契約書に契約金額「０円」と記載したとしても、記載金

額の記載がないものとして1通につき200円の税率が適用され（課税物件表「第2号」課税標準及び税率欄）、1万円未満非課税の適用はありません。

5　記載された税金額の取扱い

(1)　源泉徴収又は特別徴収に係る税金

源泉徴収義務者又は特別徴収義務者が作成する受取書等の記載金額のうちに、源泉徴収又は特別徴収に係る税金額（源泉所得税、軽油引取税、ゴルフ場利用税等）を含む場合において、その税金額が記載されているときは、全体の記載金額からその税金額を控除したのちの金額が記載金額として取り扱われます（基達32）。

| 留意点 | 特別徴収義務者等が作成する受取書 |

例えば、特別徴収義務者が作成する受取書等に軽油引取税額を記載しているときは、その税額部分は記載金額から差し引くこととなります。

(2)　消費税及び地方消費税

第1号文書、第2号文書及び第17号文書については、消費税及び地方消費税の金額（以下「消費税額等」）が区分記載等されている場合には、消費税額等は記載金額に含めないものとされます（元.3.10付間消3-2「消費税法の改正等に伴う印紙税の取扱いについて」1）。

①　対象となる文書
- 第1号の1文書
- 第1号の2文書
- 第1号の3文書
- 第1号の4文書
- 第2号文書
- 第17号文書

② 消費税額等の表示方法

　消費税額等が区分記載されている場合又は税込価格及び税抜価格が記載されていることにより、その取引に当たって課されるべき消費税額等が明らかである場合とは、具体的には次の記載例がこれに該当するものとされます（上記通達1注書の1・2）。

【例】課税されるべき消費税額が明らかである場合

区　分		記　　載　　例
消費税額等が区分記載されている場合（上記通達注書の1）	①	請負金額1,100万円 税抜価格1,000万円　消費税額等100万円
	②	請負金額1,100万円　　うち消費税額等100万円
	③	請負金額1,000万円 消費税額等100万円　計1,100万円
税込価格及び税抜価格が記載されていて消費税額等が明らかな場合（上記通達注書の2）		請負金額1,100万円 税抜価格1,000万円

留意点　消費税額等のみを受け取った場合の受取書（第17号文書）

　消費税額等のみを受領した際に交付する金銭又は有価証券の受取書については、記載金額のない第17号の2文書（売上代金以外の金銭又は有価証券の受取書）として取り扱われます（元.3.10付間消3-2「消費税法の改正等に伴う印紙税の取扱いについて」3）。

　なお、その消費税額等が5万円未満である場合は、非課税文書に該当するものとされます。

6　契約金額の変更等

(1)　契約金額変更の場合の記載金額

　契約金額を変更する契約書等（変更契約書）の記載金額については、変更前の契約書等の作成がある場合と、そうでない場合とで次のとおり取扱

いが異なります（通則4ニ、基達30）。

①　変更前の契約書等がある場合

　変更前の契約書等の作成があって、次の【要件】を満たす場合は、変更の前後での差額部分を基準に、増額の場合は増加金額を、減額の場合は記載金額がないものとして（当初契約書の記載金額の範囲内であることから）取り扱われることとなります（通則4ニ、基達30②）。

【要件】次のいずれかを満たす場合（基達30②）

　イ　変更契約書に変更前の契約金額等を証明した文書の名称、文書番号又は契約年月日等変更前の契約書を特定できる事項の記載があること

　ロ　変更前契約書と変更契約書とが一体として保管されていること　等

上記要件を満たす変更契約書の記載金額

区分	変更契約書等における記載内容	記載金額
増額	土地の売買契約の変更契約書 「当初の売買金額1,000万円を100万円増額する」 又は 「当初の売買金額1,000万円を1,100万円に増額する」	（第1号文書） 100万円
減額	土地の売買契約の変更契約書 「当初の売買金額1,000万円を100万円減額する」 「当初の売買金額1,100万円を1,000万円に減額する」	（第1号文書） 記載金額なし

> **留意点**　実際に変更前の契約書等が作成されていない場合
>
> 　変更契約書等において、上記要件イを満たす記載をしたとしても、実際に変更前の契約書等が作成されていない場合には上記取扱いは認められません（次の②によることとなります。基達30②注書）。
>
> 　また、実際に変更前の契約書等を作成している場合であっても、上記要件を満たさなければ、次の②によることとなります。

② 上記①以外の場合

　変更前の契約書等の作成がない場合や、作成があっても前記①の【要件】を満たさない場合は、増額後の契約金額又は減額後の契約金額が記載金額として取り扱われることとなります（通則4ニ、基達30①）。

【例】

区分	変更契約書等における記載内容	記載金額
増額	土地の売買契約の変更契約書 「当初の売買金額100万円を10万円増額する」	（第1号文書） 110万円
	「当初の売買金額を10万円増額する」	（第1号文書） 10万円
減額	土地の売買契約の変更契約書 「当初の売買金額100万円を10万円減額する」	（第1号文書）90万円
	「当初の売買金額を10万円減額する」	（第1号文書） 10万円

(2) 内訳金額の変更又は補充

　契約金額の内訳を変更する契約書等の記載金額については、次の【要件】を満たす場合には、記載金額がないものとして取り扱われます（基達31）。

【要件】次の両方を満たす場合です。
　イ　原契約書の契約金額と総金額が同一であること
　ロ　単に同一号中の内訳金額を変更又は補充するにすぎないこと

上記要件を満たす場合の例

変更契約書における記載内容	記載金額
工事請負変更契約書 「当初の請負金額A工事200万円、B工事100万円をA工事100万円、B工事200万円に変更する」	（第2号文書） 記載金額なし

| 留意点 | 契約金額に他の号又は不課税となる事項が含まれている場合 |

　契約金額の内容に該当する号が２以上ある場合又は不課税となる事項（例えば動産売買など）が含まれている場合において、各内訳金額を変更する契約書には上記の取扱いは認められません。該当する課税文書の記載金額の変更として、上記(1)の取扱いによることになります。

7　記載金額によって非課税となる文書の取扱い（第１号又は第２号文書と第 15 号又は第 17 号文書）

(1)　記載金額1万円未満の第1号又は第2号文書についての取扱い

①　原則

　第１号文書と第２号文書については、記載金額が１万円未満であっても通則３イの規定が適用されることによりこの号に所属が決定されたものは（p.257「①第１号又は第２号を含む文書の所属の決定」参照）、非課税とはならないこととされます（課税物件表「第１号」及び「第２号」の非課税物件欄かっこ書）。

契約書の記載内容	記載金額
9,000円の加工請負（第２号）と10万円の債権譲渡（第15号）	（第２号文書）非課税とならない

②　例外

　イ　課税物件表の第1号又は第2号の課税事項と所属しないこととなった号（第15号文書又は第17号文書）の課税事項とのそれぞれについて記載金額があり、かつ、当該記載金額のそれぞれが1万円未満（当該所属しないこととなった号が同表第17号であるときは、同号の記載金額については5万円未満）であるときは、非課税文書とされます（基達33(1)）。

契約書の記載内容	記載金額
9,000円の加工請負（第2号）と8,000円の債権譲渡（第15号）	（第2号文書）非課税

 ロ 課税物件表の第1号又は第2号の課税事項と所属しないこととなった号（第15号文書又は第17号文書）の課税事項についての合計記載金額があり、かつ、当該合計金額が1万円未満のときは、非課税文書とされます（基達33(2)）。

契約書の記載内容	記載金額
加工請負（第2号）と債権譲渡（第15号）の合計9,000円	（第2号文書）非課税

(2)　記載金額5万円未満の第17号文書の取扱い

 第17号文書について、その記載金額が5万円未満に該当するかどうかを判断する場合（課税物件表「第17号」の非課税物件欄1）において、その受取書に売上金額と売上以外の金額とが記載されているときには、それらの金額の合計額によって非課税となるかどうかを判断することとされています（通則4イ、基達34。なお、非課税判定と税率の適用についてはp.224参照）。

受取書の記載内容	記載金額
貸付金元金4万円と貸付利息1万円を受領	（第17号の1文書）5万円（課税）

第7章

契約書の「重要な事項」

印紙税法基本通達第12条《契約書の意義》（p.56）、同第17条《契約の内容の変更の意義等》（p.58）、同第18条《契約の内容の補充の意義等》（p.61）及び第38条２項《追記又は付け込みの範囲》（p.267「留意点」）の「重要な事項」（基達別表第２「重要事項の一覧表」）とは、おおむね次に掲げる文書の区分に応じ、それぞれ次に掲げる事項（それぞれの事項と密接に関連する事項を含む。）をいうものとされます。

留意点	課税事項のうちの一の「重要な事項」を証明する目的で作成される文書

　「重要な事項」に該当する事項が記載され、これを証明する目的で作成される契約書であれば、「重要な事項」のうちの一つのみを証明する目的で作成される文書であっても課税対象となる契約書に該当するものとされます（基達12）。

【例】とりあえず契約の「目的物の内容」や「請負の内容」のみを取り決めた契約書（「覚書」など）

留意点	「重要な事項」に該当するものが変更、補充又は追記等された場合

　契約書の「重要な事項」に該当するものが変更、補充又は追記等された場合には、それぞれ課税文書に該当する変更契約書又は補充契約書とされ、あるいは新たな課税文書の作成とみなされることとなります（通則５、基達17・18、法4③、基達38）。

1	第1号の1文書	不動産、鉱業権、無体財産権、船舶若しくは航空機又は営業の譲渡に関する契約書
	第1号の2文書のうち右に掲げる文書	地上権又は土地の賃借権の譲渡に関する契約書
	第15号文書のうち右に掲げる文書	債権譲渡に関する契約書

重要な事項		
(1) 目的物の内容	(6)	契約金額の支払方法又は支払期日
(2) 目的物の引渡方法又は引渡期日	(7)	割戻金等の計算方法又は支払方法
(3) 契約金額	(8)	契約期間
(4) 取扱数量	(9)	契約に付される停止条件又は解除条件
(5) 単価	(10)	債務不履行の場合の損害賠償の方法

(1) 目的物の内容

　譲渡の対象となる資産の内容は「重要な事項」とされます。

　【例】当初契約で定めた譲渡対象不動産「甲土地」を「乙土地」に変更する契約書を作成した場合は「目的物の内容」を変更するものとして、第1号の1文書（変更契約書）に該当することとなります。

(2) 目的物の引渡方法又は引渡期日

　【例】「○年○月○日付不動産売買契約書に次の条項を追加する。第○条　目的物件の所有権移転及びその引渡しは買主が売買代金全額を売主に支払った時とする。」との内容の契約書を作成した場合には、第1号の1文書（補充契約書）に該当することとなります。

(3) 契約金額

　○　第1号の1文書及び第15号文書のうちの債権譲渡に関する契約書の契約金額とは

　　第1号の1文書及び第15号文書のうちの債権譲渡に関する契約書の契約金額とは、譲渡の形態に応じ、次に掲げる金額とされます（基達23(1)。p.278参照）。

したがって、次の金額を変更又は補充等する契約書は第1号の1文書又は第15号文書に該当するものとされます。

① 売買　売買金額
② 交換　交換金額
③ 代物弁済　代物弁済により消滅する債務の金額
④ 法人等に対する現物出資　出資金額
⑤ その他　譲渡の対価たる金額

【例】売買の目的物のみを特定した不動産売買契約書について、後日、売買価額を決定する契約書（第1号の1文書（補充契約書））

○ 第1号の2文書のうち「地上権又は土地の賃借権の譲渡に関する契約書」の「契約金額」とは

「地上権又は土地の賃借権の譲渡に関する契約書」の「契約金額」とは「譲渡の対価たる金額」です（基達23(2)。p.280参照）。

したがって、「譲渡の対価たる金額」を変更又は補充等する契約書は第1号の2文書及び第15号文書に該当するものとされます。

(4) 取扱数量

【例】契約期間が3か月以内の基本契約書（第7号文書の要件に該当しない契約書）の「取扱数量」を補充する契約書（契約期間を3か月以内とするもの。）などが考えられます。

㊟ 後掲「5　第7号文書」の「(2)　取扱数量」（p.314）を参照。

(5) 単価

【例】契約期間が3か月以内の基本契約書（第7号文書の要件に該当しない契約書）の「単価」を変更する契約書（契約期間を3か月以内とするもの。）などが考えられます。

㊟ 後掲「5　第7号文書」の「(3)　単価」（p.314）を参照。

(6) 契約金額の支払方法又は支払期日

【例】・土地売買代金の支払を現金から銀行振込みに変更する契約書

（第1号の1文書）。

　　　・土地売買契約書の契約金額の支払期日を変更する契約書（第1
　　　　号の1文書）。

　　㊟　そのほか後掲「5　第7号文書」の「(4)　対価の支払方法」(p.315)
　　　を参照。

(7)　割戻金等の計算方法又は支払方法

　　【例】一定期間の取引数量又は取引金額に基づき割戻金を支払うことを
　　　　内容とする条項は重要な事項に該当し、これを補充又は変更する契
　　　　約書等で、原契約が上記の文書に該当する場合は上記各号の課税文
　　　　書に該当します。

(8)　契約期間

　　【例】契約期間が3か月超の基本契約書（上記文書と第7号文書に該当す
　　　　る契約書）の「契約期間」を3か月以内とする、又は当初2か月を
　　　　1か月とする変更契約書などが考えられます。

(9)　契約に付される停止条件又は解除条件

　　「停止条件」とは、一定の事項が成就するまで法律行為の効果の発生を
停止する条件をいいます（民法127①）。

　　「解除条件」とは、一定の事項の成就によって既に生じている法律行為
の効力を消滅させる条件をいいます（民法127②）。

　　【例】・停止条件：土地の売買契約で農地法第3条又は第5条の許可を
　　　　　得ることを停止条件として所有権が移転する旨の条項を補充す
　　　　　る契約書（第1号の1文書）

　　　　・解除条件：土地・建物の売買契約で、建物の賃借人の立退きの
　　　　　不成就を本契約の解除条件とする条項を補充する契約書（第1
　　　　　号の1文書）。

(10)　債務不履行の場合の損害賠償の方法

　　「債務不履行の場合の損害賠償の方法」とは、債務不履行の結果生ずべ

き損害の賠償として給付されるものの金額、数量等の計算、給付の方法等をいいます（基達別表第1「第7号文書」12参照）。

【例】「乙が売買代金の支払を怠ったときは、甲に対し支払期日の翌日より完済まで、日歩5銭の割合による遅延損害金を支払う。」

㊟　その不履行となった原債務の弁済方法を定める文書は、原契約に定めた債務の弁済方法（契約金額の支払方法）の変更契約書となります。

留意点　「購入品品質保証契約書」などの損害補償条項

取引物品の品質を保証し、その物品に対する瑕疵担保責任の内容を定める「購入品品質保証契約書」の損害補償条項などは、「債務不履行の結果生ずべき損害の賠償」ではないとの整理から、「債務不履行の場合の損害賠償の方法」を定めたものにはならないこととされます。

㊟　そのほか後掲「5　第7号文書」の「(5)　債務不履行の場合の損害賠償の方法」（p,315）を参照。

2	第1号の2文書のうち右に掲げる文書	地上権又は土地の賃借権の設定に関する契約書

重要な事項	
(1)　目的物又は被担保債権の内容	(5)　契約金額又は権利の使用料の支払方法又は支払期日
(2)　目的物の引渡方法又は引渡期日	(6)　権利の設定日若しくは設定期間又は根抵当権における確定期日
(3)　契約金額又は根抵当権における極度金額	(7)　契約に付される停止条件又は解除条件
(4)　権利の使用料	(8)　債務不履行の場合の損害賠償の方法

(1)　目的物又は被担保債権の内容

設定される権利の内容は「重要な事項」とされます。

【例】当初契約で定めた地上権設定対象不動産「甲土地」を「乙土地」

に変更する契約書を作成した場合は「目的物の内容」を変更するものとして、第1号の2文書（変更契約書）に該当することとなります。

(2) 目的物の引渡方法又は引渡期日

【例】「第3条（土地の引渡期限等）　甲は、前条に規定する賃貸借期間の初日までに、土地を乙に引き渡すものとし、土地に第1条第1項に規定する物件が存するときは、当該物件を移転するものとする。」との条項は引渡期日を定めた条項になりますので、この部分を変更又は補充等する場合には、第1号の2文書（変更又は補充契約書）に該当することとなります。

(3) 契約金額又は根抵当権における極度金額

○ 第1号の2文書のうち「地上権又は土地の賃借権の設定に関する契約書」の「契約金額」とは

第1号の2文書のうち「地上権又は土地の賃借権の設定に関する契約書」の「契約金額」とは「設定の対価たる金額」であり、この「設定の対価たる金額」とは、賃貸料を除き、権利金その他名称のいかんを問わず、契約に際して相手方当事者に交付し、後日返還されることが予定されていない金額をいうものとされています（基達23(2)）。

したがって、このような権利金等の金額が「重要な事項」に当たり、これを変更又は補充する契約書は第1号の2文書（変更又は補充契約書）に該当することとなります。

なお、後日返還されることが予定されている保証金、敷金等は、契約金額には該当しないこととされているため（基達23(2)）、これらは「重要な事項」には該当しないこととなります。

(4) 権利の使用料

権利の使用の対価である地代又は賃料等がこれに該当します。

【例】地代や賃料を変更又は補充する契約書は、第1号の2文書（変更又は補充契約書）に該当することとなります。

(5)　契約金額又は権利の使用料の支払方法又は支払期日

　　【例】・賃料の支払いを現金から銀行振込みに変更する契約書（第1号の
　　　　　　2文書）。

　　　　　・借地権譲渡契約書の契約金額の支払期日を変更する契約書（第
　　　　　　1号の2文書）。

(6)　権利の設定日若しくは設定期間又は根抵当権における確定期日

　　【例】賃貸借期間（又は存続期間）を変更又は補充する契約書（第1号の
　　　　　2文書）

(7)　契約に付される停止条件又は解除条件

　　前記1の(9)（p.305）を参照。

(8)　債務不履行の場合の損害賠償の方法

　　前記1の(10)（p.305）を参照。

3	第1号の3文書	消費貸借に関する契約書

重要な事項	
(1)　目的物の内容	(5)　契約金額（数量）又は利息金額の返還（支払）方法又は返還（支払）期日
(2)　目的物の引渡方法又は引渡期日	(6)　契約期間
(3)　契約金額（数量）	(7)　契約に付される停止条件又は解除条件
(4)　利率又は利息金額	(8)　債務不履行の場合の損害賠償の方法

(1)　目的物の内容

　　消費貸借の対象となる金銭又はその他の物、あるいは準消費貸借の対象
は「重要な事項」とされます。

　　【例】・有価証券の消費貸借契約における証券の銘柄など

　　　　　・準消費貸借契約の対象とされる既存債務の内容など

⑵　目的物の引渡方法又は引渡期日

　【例】合意によって成立した金銭消費貸借契約の条項に基づいて、貸付
　　　　資金の送金方法（口座振り込みなど）や送金日などを補充する文書は
　　　　第1号の3文書に該当することになります。

⑶　契約金額（数量）

　○　消費貸借に関する契約書の「契約金額」とは

　　消費貸借金額をいうものとされています（基達23⑶）。

　　なお、消費貸借金額には利息金額を含まないものとされます（次の⑷
　参照。基達23⑶なお書）。

　○　消費貸借に関する契約書の「契約数量」とは

　　そもそも消費貸借契約は、「当事者の一方が種類、品質及び数量の同
　じ物をもって返還をすることを約して相手方から金銭その他の物を受け
　取ることによって、その効力を生ずる」（民法587、書面でする消費貸借等
　について民法587の2）もので、対象物は金銭に限らず、古くは種粄、今
　日では債券貸借取引における有価証券なども対象となります。このよう
　な金銭以外の対象物の場合には「数量」が「重要な事項」ということに
　なります。

⑷　利率又は利息金額

　【例】利率又は利息を変更又は補充する内容の契約書は第1号の3文書
　　　　に該当します。

⑸　契約金額（数量）又は利息金額の返還（支払）方法又は返還（支払）
　期日

　【例】既に契約されている金銭消費貸借契約について、その現に負担す
　　　　る債務（残債務）の弁済方法を定める文書（「債務承認弁済契約書」
　　　　（p.77参照））は、弁済方法又は対価の支払方法を変更するものとして
　　　　第1号の3文書に該当するものとされます。

(6)　**契約期間**

　　【例】一般的な消費貸借契約では返還時期が「重要な事項」に該当することになります。

　　　　極度貸付契約又は限度貸付契約の場合は「契約期限」などが「重要な事項」に該当することとなります。

(7)　**契約に付される停止条件又は解除条件**

　　前記1の(9)（p.305）を参照。

(8)　**債務不履行の場合の損害賠償の方法**

　　前記1の(10)（p.305）を参照。

4	第1号の4文書	運送に関する契約書（傭船契約書を含む。）
	第2号文書	請負に関する契約書

重要な事項	
(1)　運送又は請負の内容（方法を含む。）	(6)　契約金額の支払方法又は支払期日
(2)　運送又は請負の期日又は期限	(7)　割戻金等の計算方法又は支払方法
(3)　契約金額	(8)　契約期間
(4)　取扱数量	(9)　契約に付される停止条件又は解除条件
(5)　単価	(10)　債務不履行の場合の損害賠償の方法

(1)　**運送又は請負の内容（方法を含む。）**

　①　運送の内容（方法も含む。）

　　　次のような内容（又は方法）を約する文書が第1号の4文書として取り扱われています。

　　イ　物品又は人の場所的な移動を約するもの

　　ロ　運送物品の種類、数量、発地、着地等

ハ　荷受人、出荷人及び運送保険

【例】既に運送契約が締結されていても、具体的な運送について、「送り状」や「運送状」などで運送物品の種類、数量、発地、着地等を荷送人に交付するような文書は、第1号の4文書に該当することとされます（p.85参照）。

② **請負の内容（方法も含む。）**

　請負の内容（その目的物）としては、有形のもの、あるいは無形のもの双方があり、それぞれ次のとおりです。

イ　有形のもの

　例えば、家屋の建築、道路の建設、橋りょうの架設、洋服の仕立て、船舶の建造、車両及び機械の製作、機械の修理、広告など

ロ　無形のもの

　シナリオの作成、音楽の演奏、舞台への出演、講演、機械の保守、建物の清掃など

【例】機械等の製造請負契約において、その製品の仕様の詳細などを変更又は補充することを約する文書は、請負契約の内容を変更又は補充するものとして第2号文書に該当することとされます。

(2) **運送又は請負の期日又は期限**

【例】・運送に関する契約書については、その実施日など

　　　・傭船契約については、その期間

　　　・請負契約については、完成・引渡しの日など

(3) **契約金額**

○ **第1号の4文書の契約金額とは**

　第1号の4文書の契約金額とは、運送料又は傭船料とされます（基達23(4)）。

　具体的には、運送料、傭船料、有料道路利用料、集荷料、配達料、保管料等の運送契約の対価のすべてをいい、品代金取立料（代引手数料）、運送保険料等の運送契約とは別の代金取立委託契約、運送保険契約等の

対価を含まない取扱いとなっています。

○　第２号文書の「契約金額」とは

第２号文書の契約金額は、請負金額とされます（基達23(5)）。

仕事の完成・引渡しの反対給付として受け取る金銭であり、工事代金や修理料等のほか、広告料、出演料、保守料などがその例です。

(4)　取扱数量

【例】契約期間が３か月以内の基本契約書（第７号文書の要件に該当しない契約書）の「取扱数量」を変更・補充する契約書（かつ、契約期間を３か月以内とするもの。）などが考えられます。

　　(注)　後掲「５　第７号文書」の「(2)　取扱数量」（p.314）を参照。

(5)　単価

【例】契約期間が３か月以内の基本契約書（第７号文書の要件に該当しない契約書）の「単価」を変更する契約書（かつ、契約期間を３か月以内とするもの。）などが考えられます。

　　(注)　後掲「５　第７号文書」の「(3)　単価」（p.314）を参照。

(6)　契約金額の支払方法又は支払期日

【例】・請負代金の支払いを現金から銀行振込みに変更する契約書（第２号文書）。

　　　・広告契約の契約金額の支払期日を変更する契約書（第２号文書）。

　　(注)　そのほか「５　第７号文書」の「(4)　対価の支払方法」（p.315）を参照。

(7)　割戻金等の計算方法又は支払方法

【例】一定期間の取引数量又は取引金額に基づき割戻金を支払うことを内容とする条項は重要な事項に該当し、これを補充又は変更する契約書で、原契約が上記文書に該当する場合は上記号の課税文書に該当します。

(8) 契約期間

　【例】契約期間が３か月超の基本契約書（上記文書と第７号文書に該当す
　　る契約書）の「契約期間」を３か月以内とする変更契約書などが考
　　えられます。

(9) 契約に付される停止条件又は解除条件

　前記１の(9)（p.305）を参照。

(10) 債務不履行の場合の損害賠償の方法

　前記１の(10)（p.305）を参照。

5	第７号文書（令26一）	令第26条第１号の継続的取引の基本となる契約書

重要な事項	
(1)　目的物の種類	(6)　再販価格
(2)　取扱数量	(7)　契約期間　令第26条各号に該当する文書を引用して契約期間を延長するものに限るものとし、当該延長する期間が3か月以内であり、かつ、更新に関する定めのないものを除く。
(3)　単価	
(4)　対価の支払方法	
(5)　債務不履行の場合の損害賠償の方法	

(1) 目的物の種類

　令第26条第１号に規定する「目的物の種類」とは、取引の対象の種類を
いい、その取引が売買である場合には売買の目的物の種類が、請負である
場合には仕事の種類・内容等がこれに該当することとなります（基達別表
第１「第７号文書」８）。

　また、当該目的物の種類には、例えばテレビ、ステレオ、ピアノという
ような物品等の品名だけでなく、電気製品、楽器というように共通の性質
を有する多数の物品等を包括する名称も含まれるものとされます（基達別

表第1「第7号文書」8）。

【例】・「石油類」という名称は包括的な名称として「目的物の種類」を定めたものとして取り扱われます。

・「○○機械の製造・加工・修理」は、仕事の内容を記載したものであり、「目的物の種類」を定めたものとして取り扱われます。

・「甲社の取扱商品」を取引の内容とする契約は、甲社の取扱商品を取引の対象として抽象的に定めたものであり、具体的に種類を定めたものではないとして「目的物の種類」を定めるものには該当しないものとされます。

(2)　取扱数量

令第26条第1号に規定する「取扱数量を定めるもの」とは、取扱量として具体性を有するものをいい、一定期間における最高又は最低取扱（目標）数量を定めるもの及び金額により取扱目標を定める場合の取扱目標金額を定めるものを含むものとされます（基達別表第1「第7号文書」9）。

したがって、例えば「1か月の最低取扱数量は50トンとする。」、「1か月の取扱目標金額は100万円とする。」とするものはこれに該当しますが、「毎月の取扱数量は当該月の注文数量とする。」とするものは該当しないものとされます（基達別表第1「第7号文書」9）。

なお、取扱目標金額を記載した契約書は、記載金額のある契約書にも該当することになります（基達別表第1「第7号文書」9注書）。

【例】「1月当たりの取扱数量は100台以上とする」との定めは、1月当たりの取扱数量を具体的に定めるものとして取り扱われます。

(3)　単価

令第26条第1号に規定する「単価」とは、数値として具体性を有するものに限られます。したがって、例えば「市価」、「時価」等とするものはこれに該当しないものとされます（基達別表第1「第7号文書」10）。

【例】数値として具体性を有するか否かについては、次のように取り扱われています。

（具体性を有するもの（「単価」に該当するもの）

「1メートル当たりの単価は50円とする。」、「1日当たりの報酬は
1万円とする。」など
（具体性を有しないもの）
　　「従来の単価の0.9掛とする。」、「乙への販売価格は甲の仕入価格
　の1.1掛とする。」、「市価」、「時価」など

(4)　対価の支払方法

　　令第26条第1号に規定する「対価の支払方法を定めるもの」とは、「毎
月分を翌月10日に支払う。」、「60日手形で支払う。」、「借入金と相殺する。」
等のように、対価の支払に関する手段方法を具体的に定めるものをいうも
のとされます（基達別表第1「第7号文書」11）。
　　このような「対価の支払方法」の定めが「重要な事項」とされるので、
これを変更、補充等する契約書は第7号文書に該当することとなります。

留意点	「対価の支払方法」を定めるものに該当しない例

　　例えば、次のような定めは「対価の支払方法」を定めるものには該当
しないこととされます。
・　単に支払う場所を定めたもの
・　「相殺することができる。」旨の定め
・　月単位の締切日を変更する定め（支払日には変更がないもの。）
・　振込先の銀行を変更する定め

(5)　債務不履行の場合の損害賠償の方法

　　令第26条第1号に規定する「債務不履行の場合の損害賠償の方法」とは、
債務不履行の結果生ずべき損害の賠償として給付されるものの金額、数量
等の計算、給付の方法等をいいます（基達別表第1「第7号文書」12）。
　　なお、その不履行となった債務の弁済方法をいうものではありません
（基達別表第1「第7号文書」12）。その不履行となった原債務の弁済方法を
定める文書は、原契約に定めた債務の弁済方法（契約金額の支払方法）の変
更契約書となります。

【例】損害賠償の方法を定めるもの

　　「債務不履行の場合は、延滞金として100円につき日歩3銭の割合で金銭を支払う。」

(6)　再販価格

　製造者等が卸売業者や小売業者にそれぞれの販売価格を指定する行為は独占禁止法で禁止されていますが、一部の商品（書籍や雑誌など）については、例外として認められています（p.118参照）。

　再販売価格についての定めは令第26条第1号文書の「重要な事項」とされます。

(7)　契約期間

　「契約期間」は令第26条各号の第7号文書に共通する「重要な事項」ですが、令第26条各号に該当する文書を引用して契約期間を延長するものに限るものとされます（基達別表第2「5　第7号文書」(2)）。

　なお、その延長する期間が3か月以内であり、かつ、更新に関する定めのないものが除かれます（基達別表第2「5　第7号文書」(2)）。

留意点	「重要な事項」に該当する契約期間の延長
・　延長する期間を3か月を超える期間とするもの ・　延長する期間は3か月以内だが更新の定めがあるもの	

留意点	「重要な事項」に該当しない契約期間の延長
・　延長する期間は3か月以内であり更新の定めがないもの	

6	第7号文書（令26二）	令第26条第2号の継続的取引の基本となる契約書

重要な事項	
(1) 委託される業務又は事務の範囲 　① 売買に関する業務 　② 金融機関の業務 　③ 保険契約の締結の代理又は媒介の業務 　④ 株式の発行又は名義書換えの事務	(2) 対価の支払方法 (3) 契約期間 　令第26条各号に該当する文書を引用して契約期間を延長するものに限るものとし、当該延長する期間が3か月以内であり、かつ、更新に関する定めのないものを除く。

(1)　委託される業務又は事務の範囲

①　売買に関する業務

　「売買に関する業務の委託」とは、売買に関する業務の一部又は全部を委託することをいいます。

　これに対し、特定の物品等を販売し又は購入することを委託することは「売買の委託」とされ、令第26条第1号の第7号文書に該当します（基達別表第1「第7号文書」7）。

　販売施設を所有する者がそこでの販売業務を委託する場合は、次のような業務又は事務の範囲が「重要な事項」に当たることになります。

○　販売店の経営そのものの委託

○　業務の一部である次の業務……集金業務、仕入業務、在庫管理業務等

【例】「食堂の経営委託」（「売買に関する業務」を継続的に委託することを内容とする「食堂経営委託に関する契約書」）など

留意点　金融機関に対する販売代金等の収納事務の委託

　会社等が販売代金等の収納事務を金融機関に委託する場合において、その内容が当該販売代金等を積極的に集金することまで委託するものでないものは、令第26条第2号に規定する「売買に関する業務」の委託には該当しないものとして取り扱われます（基達別表第1「第7号文書」17）。

　なお、当該委託についての契約書は、委任に関する契約書であり、不課税文書とされます。

② 金融機関の業務

　令第26条第2号に規定する「金融機関の業務を継続して委託する」とは、金融機関が、預金業務、貸出業務、出納業務、為替業務、振込業務その他の金融業務を他の者に継続して委託することをいうものとされます（基達別表第1「第7号文書」15）。

　したがって、これら委託される業務又は事務の範囲が「重要な事項」とされます。

【例】金融機関が他の金融機関あてに振込の取次を行う場合のその振込の取次も金融機関の業務とされ、そのような業務又は事務の範囲を定めるものは「重要な事項」に該当することとされます。

③ 保険契約の締結又は媒介の業務

留意点	保険の紹介業務、集金代理業務

　「重要な事項」に該当するのは「保険契約の締結又は媒介の業務」であり、紹介のみを行う業務、あるいは保険料の集金のみを行う業務は「保険契約の締結又は媒介の業務」に該当しないことから、これらの業務又は事務の範囲を定めるものは令第26条第2号の「重要な事項」を定めるものには当たらないものとされます。

④ 株式の発行又は名義書換えの事務

　「株式の発行事務」には、新株の発行に当たり証券会社等と新株発行会社の間で締結される募集引受けなどのほか、株式の分割・併合、株式への転換など、新株を発行する事務も含むものとされています。

　また、株式の「名義書換え事務」とは、株主から名義書換えの請求を受けた場合のその処理に伴う事務をいうものとされます。

　このような委託される業務又は事務の範囲を定めるものが「重要な事

項」とされます。

(2) 対価の支払方法

前掲 5 の(4)（p.315）を参照（基達別表第 1「第 7 号文書」11）。

(3) 契約期間

前掲 5 の(7)（p.316）を参照（基達別表第 1「第 7 号文書」11）。

7	第 7 号文書（令26三）	令第26条第 3 号の継続的取引の基本となる契約書

重要な事項		
金融機関から信用の供与を受ける者と当該金融機関との間において	(1) 貸付け（手形割引及び当座貸越しを含む。）、支払承諾、外国為替その他の取引によって生ずる当該金融機関に対する一切の債務の履行について包括的に履行方法その他の基本的事項
	(2) 契約期間 令第26条各号に該当する文書を引用して契約期間を延長するものに限るものとし、当該延長する期間が 3 か月以内であり、かつ、更新に関する定めのないものを除く。

(1) 貸付け（手形割引及び当座貸越しを含む。）、支払承諾、外国為替その他の取引によって生ずる当該金融機関に対する一切の債務の履行についての包括的な履行方法その他の基本的事項

　令第26条第 3 号に規定する「包括的に履行方法その他の基本的事項を定める契約書」とは、貸付け（手形割引及び当座貸越を含む。）、支払承諾、外国為替等の個々の取引によって生ずる金融機関に対する債務の履行について、履行方法その他の基本的事項を定める契約書（例えば当座勘定取引約定書、当座勘定借越約定書、手形取引約定書、手形取引限度額約定書、支払承諾約定書、信用状約定書等）をいうのでなく、貸付け（手形割引及び当座貸越を含む。）、支払承諾、外国為替その他の取引によって生ずる債務のすべてにつ

いて、包括的に履行方法その他の基本的事項を定める契約書（例えば普通銀行における銀行取引約定書、信用金庫における信用金庫取引約定書等）をいうものとされます（基達別表第1「第7号文書」18）。

したがって、この第7号文書の「重要な事項」は、各種の取引によって生ずる一切の債務についての包括的な履行方法その他の基本的事項をいうものと解されます。

留意点	包括的な履行方法その他の基本的事項の部分的な変更

令第26条第3号文書の性質上、部分的な変更である限り第7号文書には該当しないものとして取り扱われます。もっとも、その部分的な変更が他の課税文書の「重要な事項」に該当する場合は、その他の号の課税文書に該当することとなります。

(2)　契約期間

前掲5の(7)（p.316）を参照（基達別表第1「第7号文書」11）。

8	第7号文書（令26四）	令第26条第4号の継続的取引の基本となる契約書

重要な事項	
（金融商品取引業者又は商品先物取引業者とこれらの顧客との間における）有価証券又は商品の売買に関する二以上の取引に共通して適用される取引条件のうち	(1)　受渡しその他の決済方法
	(2)　対価の支払方法
	(3)　債務不履行の場合の損害賠償の方法
	(4)　契約期間 　令第26条各号に該当する文書を引用して契約期間を延長するものに限るものとし、当該延長する期間が3か月以内であり、かつ、更新に関する定めのないものを除く。

(1) 受渡しその他の決済方法

【例】・商品又は有価証券の受渡方法

・委託保証金の預託や差額決済の方法

(2) 対価の支払方法

前掲5の(4)（p.315）を参照（基達別表第1「第7号文書」11）。

(3) 債務不履行の場合の損害賠償の方法

前掲5の(5)（p.316）を参照（基達別表第1「第7号文書」12）。

9	第7号文書（令26五）	令第26条第5号の継続的取引の基本となる契約書

重要な事項		
損害保険会社と保険契約者との間において、二以上の保険契約を継続して行うため作成される契約書の保険要件のうち	(1) 保険の目的の種類	
	(2) 保険金額又は保険料率	
	(4) 契約期間 　令第26条各号に該当する文書を引用して契約期間を延長するものに限るものとし、当該延長する期間が3か月以内であり、かつ、更新に関する定めのないものを除く。	

(1) 保険の目的の種類
(2) 保険金額又は保険料率

10	第12号文書	信託行為に関する契約書

重要な事項	
(1)　目的物の内容	(6)　報酬の支払方法又は支払期日
(2)　目的物の運用の方法	(7)　信託期間
(3)　収益の受益者又は処分方法	(8)　契約に付される停止条件又は解除条件
(4)　元本の受益者	(9)　債務不履行の場合の損害賠償の方法
(5)　報酬の金額	

　「信託行為に関する契約書」とは、信託法第3条第1号《信託の方法》に規定する信託契約を証する文書をいうものとされますので（基達別表第1「第12号文書」1）、当該契約書における次の事項が「重要な事項」とされます。

(1)　目的物の内容

(2)　目的物の運用の方法

(3)　収益の受益者又は処分方法

(4)　元本の受益者

(5)　報酬の金額

(6)　報酬の支払方法又は支払期日

(7)　信託期間

(8)　契約に付される停止条件又は解除条件

　　前掲1の(9)（p.305）を参照。

(9)　債務不履行の場合の損害賠償の方法

　　前掲1の(10)（p.305）を参照（基達別表第1「第7号文書」12）。

11	第13号文書	債務の保証に関する契約書

重要な事項	
(1)　保証する債務の内容	(4)　保証債務の履行方法
(2)　保証の種類	(5)　契約に付される停止条件又は解除条件
(3)　保証期間	

「債務の保証に関する契約」とは、第三者が債権者との間において、債務者の債務を保証することを約するものをいうものとされますが（基達別表第1「第13号文書」2）、当該契約書における次の事項が「重要な事項」とされます。

(1) 保証する債務の内容

　　【例】連帯保証人の変更（基達17②(3)）

(2) 保証の種類

　　【例】通常の保証、連帯保証、あるいは根保証等の民法上の保証の種類をいうものと解されます。

(3) 保証期間

(4) 保証債務の履行方法

(5) 契約に付される停止条件又は解除条件

　前掲1の(9)（p.305）を参照。

12	第14号文書	金銭又は有価証券の寄託に関する契約書

重要な事項	
(1) 目的物の内容	(6) 利率又は利息金額
(2) 目的物の数量（金額）	(7) 寄託期間
(3) 目的物の引渡方法又は引渡期日	(8) 契約に付される停止条件又は解除条件
(4) 契約金額	(9) 債務不履行の場合の損害賠償の方法
(5) 契約金額の支払方法又は支払期日	

　課税文書とされる寄託に関する契約書は、金銭又は有価証券の寄託に関して作成されるものに限りますが、寄託に関する契約には消費寄託を含むものとされます（基達別表第1「第14号文書」1）。

　この寄託契約又は消費寄託契約についての次の事項が「重要な事項」とされます。

(1)　目的物の内容

(2)　目的物の数量（金額）

(3)　目的物の引渡方法又は引渡期日

(4)　契約金額

(5)　契約金額の支払方法又は支払期日

　　【例】預金（消費寄託契約）の払戻し方法などが、これに該当すること
　　　　になります。

留意点	預金口座振替依頼書

　預金契約を締結している金融機関に対して、電信電話料金、電力料金、租税等を、預金口座振替の方法により支払うことを依頼する場合に作成する預金口座振替依頼書は、預金の払戻し方法の変更を直接証明する目的で作成するものでないことから、第14号文書（金銭の寄託に関する契約書）に該当しないものとして取り扱われます（基達別表第1「第14号文書」7）。

---

(6)　利率又は利息金額

　　【例】利率又は利息を変更又は補充する内容の契約書は第1号の3文書
　　　　に該当します。

(7)　寄託期間

(8)　契約に付される停止条件又は解除条件

　　前掲1の(9)（p.305）を参照。

(9)　債務不履行の場合の損害賠償の方法

　　前掲1の(10)（p.305）を参照（基達別表第1「第7号文書」12）。

13	第15号文書のうち右に掲げる文書	債務引受けに関する契約書

重要な事項	
(1) 目的物の内容	(4) 契約に付される停止条件又は解除条件
(2) 目的物の数量（金額）	(5) 債務不履行の場合の損害賠償の方法
(3) 目的物の引受方法又は引受期日	

「債務引受け」とは、債務をその同一性を失わせないで債務引受人に移転することをいい、併存的債務引受（民法470）及び免責的債務引受（民法472）がこれに含まれますが（基達別表第 1 「第15号文書」 2 ）、この債務の引き受けに関する契約についての次の事項が「重要な事項」とされます。

(1) 目的物の内容

(2) 目的物の数量（金額）

(3) 目的物の引受方法又は引受期日

(4) 契約に付される停止条件又は解除条件

前掲 1 の(9)（p.305）を参照。

(5) 債務不履行の場合の損害賠償の方法

前掲 1 の(10)（p.305）を参照（基達別表第 1 「第 7 号文書」12)。

付　録

別表第1　課税物件表（第2条関係）

番号	課税物件	
	物件名	定義
1	1　不動産、鉱業権、無体財産権、船舶若しくは航空機又は営業の譲渡に関する契約書 2　地上権又は土地の賃借権の設定又は譲渡に関する契約書 3　消費貸借に関する契約書 4　運送に関する契約書（傭船契約書を含む。）	1　不動産には、法律の規定により不動産とみなされるもののほか、鉄道財団、軌道財団及び自動車交通事業財団を含むものとする。 2　無体財産権とは、特許権、実用新案権、商標権、意匠権、回路配置利用権、育成者権、商号及び著作権をいう。 3　運送に関する契約書には、乗車券、乗船券、航空券及び送り状を含まないものとする。 4　傭船契約書には、航空機の傭船契約書を含むものとし、裸傭船契約書を含まないものとする。
	《参考》 ※租税特別措置法第91条第1項の規定により、上記1のうち、不動産の譲渡に関する契約書で記載された契約金額が1,000万円を超え、かつ、平成9年（1997年）4月1日から平成26年（2014年）3月31日までの間に作成されたものは右の税額とされている。	
	《参考》 ※租税特別措置法第91条第2項の規定により、上記1のうち、不動産の譲渡に関する契約書で、平成26年（2014年）4月1日から令和6年（2024年）3月31日までの間に作成されたものは右の税額とされている。 　なお、契約金額の記載のないものは、本則どおり200円の税額となる。	

課税標準及び税率	非課税物件
1　契約金額の記載のある契約書 　次に掲げる契約金額の区分に応じ、1通につき、次に掲げる税率とする。	1　契約金額の記載のある契約書（課税物件表の適用に関する通則3イの規定が適用されることによりこの号に掲げる文書となるものを除く。）のうち、当該契約金額が1万円未満のもの

課税標準及び税率			非課税物件
	10万円以下のもの	200円	
10万円を超え	50万円以下のもの	400円	
50万円を超え	100万円以下のもの	1,000円	
100万円を超え	500万円以下のもの	2,000円	
500万円を超え	1,000万円以下のもの	1万円	
1,000万円を超え	5,000万円以下のもの	2万円	
5,000万円を超え	1億円以下のもの	6万円	
1億円を超え	5億円以下のもの	10万円	
5億円を超え	10億円以下のもの	20万円	
10億円を超え	50億円以下のもの	40万円	
50億円を超えるもの		60万円	

2　契約金額の記載のない契約書

　1通につき　　　　　　　　　　　　　　200円

1,000万円を超え	5,000万円以下のもの	1万5,000円
5,000万円を超え	1億円以下のもの	4万5,000円
1億円を超え	5億円以下のもの	8万円
5億円を超え	10億円以下のもの	18万円
10億円を超え	50億円以下のもの	36万円
50億円を超えるもの		54万円

	50万円以下のもの	200円
50万円を超え	100万円以下のもの	500円
100万円を超え	500万円以下のもの	1,000円
500万円を超え	1,000万円以下のもの	5,000円
1,000万円を超え	5,000万円以下のもの	1万円
5,000万円を超え	1億円以下のもの	3万円
1億円を超え	5億円以下のもの	6万円
5億円を超え	10億円以下のもの	16万円
10億円を超え	50億円以下のもの	32万円
50億円を超えるもの		48万円

番号	課税物件	
	物件名	定義
2	請負に関する契約書	1　請負には、職業野球の選手、映画の俳優その他これらに類する者で政令で定めるものの役務の提供を約することを内容とする契約を含むものとする。

《参考》

※租税特別措置法第91条第１項の規定により、建設業法第２条第１項に規定する建設工事の請負に係る契約に基づき作成されるもので記載された契約金額が1,000万円を超え、かつ、平成９年（1997年）４月１日から平成26年（2014年）３月31日までの間に作成されたものは右の税額とされている。

《参考》

※租税特別措置法第91条第３項の規定により、建設業法第２条第１項に規定する建設工事の請負に係る契約に基づき作成されるもので、平成26年（2014年）４月１日から令和６年（2024年）３月31日までの間に作成されたものは右の税額とされている。

　なお、契約金額の記載のないものは、本則どおり200円の税額となる。

課税標準及び税率	非課税物件
1　契約金額の記載のある契約書 　次に掲げる契約金額の区分に応じ、1通につき、次に掲げる税率とする。 　　　　　　　　　100万円以下のもの　　　　200円 100万円を超え　　200万円以下のもの　　　　400円 200万円を超え　　300万円以下のもの　　　1,000円 300万円を超え　　500万円以下のもの　　　2,000円 500万円を超え　1,000万円以下のもの　　　1万円 1,000万円を超え　5,000万円以下のもの　　2万円 5,000万円を超え　　1億円以下のもの　　　6万円 1億円を超え　　　5億円以下のもの　　　10万円 5億円を超え　　10億円以下のもの　　　20万円 10億円を超え　　50億円以下のもの　　　40万円 50億円を超えるもの　　　　　　　　　　60万円 2　契約金額の記載のない契約書 　1通につき　　　　　　　　　　　　　　200円	1　契約金額の記載のある契約書（課税物件表の適用に関する通則3イの規定が適用されることによりこの号に掲げる文書となるものを除く。）のうち、当該契約金額が1万円未満のもの
1,000万円を超え　5,000万円以下のもの　1万5,000円 5,000万円を超え　　1億円以下のもの　4万5,000円 1億円を超え　　　5億円以下のもの　　8万円 5億円を超え　　10億円以下のもの　　18万円 10億円を超え　　50億円以下のもの　　36万円 50億円を超えるもの　　　　　　　　　54万円	
200万円以下のもの　　　　200円 200万円を超え　　300万円以下のもの　　　　500円 300万円を超え　　500万円以下のもの　　　1,000円 500万円を超え　1,000万円以下のもの　　　5,000円 1,000万円を超え　5,000万円以下のもの　　1万円 5,000万円を超え　　1億円以下のもの　　　3万円 1億円を超え　　　5億円以下のもの　　　6万円 5億円を超え　　10億円以下のもの　　　16万円 10億円を超え　　50億円以下のもの　　　32万円 50億円を超えるもの　　　　　　　　　　48万円	

番号	課税物件	
	物件名	定義
3	約束手形又は為替手形	

課税標準及び税率	非課税物件
1　2に掲げる手形以外の手形 　次に掲げる手形金額の区分に応じ、1通につき、次に掲げる税率とする。 　　　　　　　　　100万円以下のもの　　　200円 　100万円を超え　200万円以下のもの　　400円 　200万円を超え　300万円以下のもの　　600円 　300万円を超え　500万円以下のもの　1,000円 　500万円を超え　1,000万円以下のもの　2,000円 　1,000万円を超え　2,000万円以下のもの　4,000円 　2,000万円を超え　3,000万円以下のもの　6,000円 　3,000万円を超え　5,000万円以下のもの　1万円 　5,000万円を超え　1億円以下のもの　　2万円 　1億円を超え　2億円以下のもの　　4万円 　2億円を超え　3億円以下のもの　　6万円 　3億円を超え　5億円以下のもの　　10万円 　5億円を超え　10億円以下のもの　15万円 　10億円を超えるもの　　　　　　　20万円 2　次に掲げる手形 　1通につき　　　　　　　　　　　　200円 イ　一覧払の手形（手形法（昭和7年法律第20号）第34条第2項（一覧払の為替手形の呈示開始期日の定め）（同法第77条第1項第2号（約束手形への準用）において準用する場合を含む。）の定めをするものを除く。） ロ　日本銀行又は銀行その他政令で定める金融機関を振出人及び受取人とする手形（振出人である銀行その他当該政令で定める金融機関を受取人とするものを除く。） ハ　外国通貨により手形金額が表示される手形 ニ　外国為替及び外国貿易法第6条第1項第6号（定義）に規定する非居住者の本邦にある同法第16条の2（支払等の制限）に規定する銀行等（以下この号において「銀行等」という。）に対する本邦通貨をもつて表示される勘定を通ずる方法により決済される手形で政令で定めるもの	1　手形金額が10万円未満の手形 2　手形金額の記載のない手形 3　手形の複本又は謄本

番号	課税物件	
	物件名	定義
4	株券、出資証券若しくは社債券又は投資信託、貸付信託、特定目的信託若しくは受益証券発行信託の受益証券	1　出資証券とは、相互会社（保険業法（平成7年法律第105号）第2条第5項（定義）に規定する相互会社をいう。以下同じ。）の作成する基金証券及び法人の社員又は出資者たる地位を証する文書（投資信託及び投資法人に関する法律（昭和26年法律第198号）に規定する投資証券を含む。）をいう。 2　社債券には、特別の法律により法人の発行する債券及び相互会社の社債券を含むものとする。

課税標準及び税率	非課税物件
ホ　本邦から貨物を輸出し又は本邦に貨物を輸入する外国為替及び外国貿易法第6条第1項第5号（定義）に規定する居住者が本邦にある銀行等を支払人として振り出す本邦通貨により手形金額が表示される手形で政令で定めるもの ヘ　ホに掲げる手形及び外国の法令に準拠して外国において銀行業を営む者が本邦にある銀行等を支払人として振り出した本邦通貨により手形金額が表示される手形で政令で定めるものを担保として、銀行等が自己を支払人として振り出す本邦通貨により手形金額が標示される手形で政令で定めるもの	
次に掲げる券面金額（券面金額の記載のない証券で株数又は口数の記載のあるものにあつては、1株又は1口につき政令で定める金額に当該株数又は口数を乗じて計算した金額）の区分に応じ、1通につき、次に掲げる税率とする。 　　　　　　　500万円以下のもの　　　200円 500万円を超え　1,000万円以下のもの　1,000円 1,000万円を超え　5,000万円以下のもの　2,000円 5,000万円を超え　　1億円以下のもの　1万円 　1億円を超えるもの　　　　　　　2万円	1　日本銀行その他特別の法律により設立された法人で政令で定めるものの作成する出資証券（協同組織金融機関の優先出資に関する法律（平成5年法律第44号）に規定する優先出資証券を除く。） 2　受益権を他の投資信託の受託者に取得させることを目的とする投資信託の受益証券で政令で定めるもの

番号	課税物件	
	物件名	定義
5	合併契約書又は吸収分割契約書若しくは新設分割計画書	1　合併契約書とは、会社法（平成17年法律第86号）第748条（合併契約の締結）に規定する合併契約（保険業法第159条第1項（相互会社と株式会社の合併）に規定する合併契約を含む。）を証する文書（当該合併契約の変更又は補充の事実を証するものを含む。）をいう。 2　吸収分割契約書とは、会社法第757条（吸収分割契約の締結）に規定する吸収分割契約を証する文書（当該吸収分割契約の変更又は補充の事実を証するものを含む。）をいう。 3　新設分割計画書とは、会社法第762条第1項（新設分割計画の作成）に規定する新設分割計画を証する文書（当該新設分割計画の変更又は補充の事実を証するものを含む。）をいう。
6	定款	1　定款は、会社（相互会社を含む。）の設立のときに作成される定款の原本に限るものとする。
7	継続的取引の基本となる契約書（契約期間の記載のあるもののうち、当該契約期間が3月以内であり、かつ、更新に関する定めのないものを除く。）	1　継続的取引の基本となる契約書とは、特約店契約書、代理店契約書、銀行取引約定書その他の契約書で、特定の相手方との間に継続的に生ずる取引の基本となるもののうち、政令で定めるものをいう。
8	預貯金証書	

課税標準及び税率	非課税物件
1通につき　　　　　　　　　　　4万円	
1通につき　　　　　　　　　　　4万円	1　株式会社又は相互会社の定款のうち、公証人法第62条ノ3第3項（定款の認証手続）の規定により公証人の保存するもの以外のもの
1通につき　　　　　　　　　4,000円	
1通につき　　　　　　　　　　200円	1　信用金庫その他政令で定める金融機関の作成する預貯金証書で、記載された預入額が1万円未満のもの

番号	課税物件	
	物件名	定義
9	倉荷証券、船荷証券又は複合運送証券	1　倉荷証券には、商法（明治32年法律第48号）第601条（倉荷証券の記載事項）の記載事項の一部を欠く証書で、倉荷証券と類似の効用を有するものを含むものとする。 2　船荷証券又は複合運送証券には、商法第758条（船荷証券の記載事項）（同法第769条第2項（複合運送証券）において準用する場合を含む。）の記載事項の一部を欠く証書で、これらの証券と類似の効用を有するものを含むものとする。
10	保険証券	1　保険証券とは、保険証券その他名称のいかんを問わず、保険法（平成20年法律第56号）第6条第1項（損害保険契約の締結時の書面交付）、第40条第1項（生命保険契約の締結時の書面交付）又は第69条第1項（傷害疾病定額保険契約の締結時の書面交付）その他の法令の規定により、保険契約に係る保険者が当該保険契約を締結したときに当該保険契約に係る保険契約者に対して交付する書面（当該保険契約者からの再交付の請求により交付するものを含み、保険業法第3条第5項第3号（免許）に掲げる保険に係る保険契約その他政令で定める保険契約に係るものを除く。）をいう。
11	信用状	

課税標準及び税率	非課税物件
1通につき　　　　　　　　200円	
1通につき　　　　　　　　200円	
1通につき　　　　　　　　200円	

番号	課税物件	
	物件名	定義
12	信託行為に関する契約書	1　信託行為に関する契約書には、信託証書を含むものとする。
13	債務の保証に関する契約書（主たる債務の契約書に併記するものを除く。）	
14	金銭又は有価証券の寄託に関する契約書	
15	債権譲渡又は債務引受けに関する契約書	
16	配当金領収証又は配当金振込通知書	1　配当金領収証とは、配当金領収書その他名称のいかんを問わず、配当金の支払を受ける権利を表彰する証書又は配当金の受領の事実を証するための証書をいう。 2　配当金振込通知書とは、配当金振込票その他名称のいかんを問わず、配当金が銀行その他の金融機関にある株主の預貯金口座その他の勘定に振込済みである旨を株主に通知する文書をいう。

課税標準及び税率	非課税物件
1通につき　　　　　　　　　　200円	
1通につき　　　　　　　　　　200円	1　身元保証ニ関スル法律（昭和8年法律第42号）に定める身元保証に関する契約書
1通につき　　　　　　　　　　200円	
1通につき　　　　　　　　　　200円	1　契約金額の記載のある契約書のうち、当該契約金額が1万円未満のもの
1通につき　　　　　　　　　　200円	1　記載された配当金額が3,000円未満の証書又は文書

番号	課税物件	
	物件名	定義
17	1　売上代金に係る金銭又は有価証券の受取書 2　金銭又は有価証券の受取書で1に掲げる受取書以外のもの	1　売上代金に係る金銭又は有価証券の受取書とは、資産を譲渡し若しくは使用させること（当該資産に係る権利を設定することを含む。）又は役務を提供することによる対価（手付けを含み、金融商品取引法（昭和23年法律第25号）第2条第1項（定義）に規定する有価証券その他これに準ずるもので政令で定めるものの譲渡の対価、保険料その他政令で定めるものを除く。以下「売上代金」という。）として受け取る金銭又は有価証券の受取書をいい、次に掲げる受取書を含むものとする。 イ　当該受取書に記載されている受取金額の一部に売上代金が含まれている金銭又は有価証券の受取書及び当該受取金額の全部又は一部が売上代金であるかどうかが当該受取書の記載事項により明らかにされていない金銭又は有価証券の受取書 ロ　他人の事務の委託を受けた者（以下この欄において「受託者」という。）が当該委託をした者（以下この欄において「委託者」という。）に代わつて売上代金を受け取る場合に作成する金銭又は有価証券の受取書（銀行その他の金融機関が作成する預貯金口座への振込金の受取書その他これに類するもので政令で定めるものを除く。ニにおいて同じ。） ハ　受託者が委託者に代わつて受け取る売上代金の全部又は一部に相当する金額を委託者が受託者から

課税標準及び税率	非課税物件
1　売上代金に係る金銭又は有価証券の受取書で受取金額の記載のあるもの 　次に掲げる受取金額の区分に応じ、1通につき、次に掲げる税率とする。 　　　　　　　　　100万円以下のもの　　　　200円 　100万円を超え　　200万円以下のもの　　　400円 　200万円を超え　　300万円以下のもの　　　600円 　300万円を超え　　500万円以下のもの　　1,000円 　500万円を超え　1,000万円以下のもの　　2,000円 1,000万円を超え　2,000万円以下のもの　　4,000円 2,000万円を超え　3,000万円以下のもの　　6,000円 3,000万円を超え　5,000万円以下のもの　　1万円 5,000万円を超え　　　1億円以下のもの　　2万円 　1億円を超え　　　2億円以下のもの　　　4万円 　2億円を超え　　　3億円以下のもの　　　6万円 　3億円を超え　　　5億円以下のもの　　10万円 　5億円を超え　　10億円以下のもの　　15万円 　10億円を超えるもの　　　　　　　　20万円 2　1に掲げる受取書以外の受取書 　1通につき　　　　　　　　　　　　200円	1　記載された受取金額が5万円未満の受取書 2　営業（会社以外の法人で、法令の規定又は定款の定めにより利益金又は剰余金の配当又は分配をすることができることとなつているものが、その出資者以外の者に対して行う事業を含み、当該出資者がその出資をした法人に対して行う営業を除く。）に関しない受取書 3　有価証券又は第8号、第12号、第14号若しくは前号に掲げる文書に追記した受取書

番号	課税物件	
	物件名	定義
		受け取る場合に作成する金銭又は有価証券の受取書 ニ　受託者が委託者に代わつて支払う売上代金の全部又は一部に相当する金額を委託者から受け取る場合に作成する金銭又は有価証券の受取書
18	預貯金通帳、信託行為に関する通帳、銀行若しくは無尽会社の作成する掛金通帳、生命保険会社の作成する保険料通帳又は生命共済の掛金通帳	1　生命共済の掛金通帳とは、農業協同組合その他の法人が生命共済に係る契約に関し作成する掛金通帳で、政令で定めるものをいう。
19	第1号、第2号、第14号又は第17号に掲げる文書により証されるべき事項を付け込んで証明する目的をもつて作成する通帳（前号に掲げる通帳を除く。）	
20	判取帳	1　判取帳とは、第1号、第2号、第14号又は第17号に掲げる文書により証されるべき事項につき2以上の相手方から付込証明を受ける目的をもつて作成する帳簿をいう。

課税標準及び税率	非課税物件
1通につき　　　　　　　　　　　　　　200円	1　信用金庫その他政令で定める金融機関の作成する預貯金通帳 2　所得税法第9条第1項第2号（非課税所得）に規定する預貯金に係る預貯金通帳その他政令で定める普通預金通帳
1通につき　　　　　　　　　　　　　　400円	
1通につき　　　　　　　　　　　　　4,000円	

消費税法の改正等に伴う印紙税の取扱いについて（平元間消３－２）

　標題のことについては、下記によることとしたから、留意されたい。

（理由）

　所得税法及び消費税法の一部を改正する法律（平成６年法律第109号）及び地方税法等の一部を改正する法律（平成６年法律第111号）の施行に伴い、消費税及び地方消費税の金額が区分記載されている場合の印紙税の記載金額等の取扱いを定めるものである。（平16課消３－５、平26課消３－１、令元課消４－55改正）

記

1　契約書等の記載金額

　印紙税法（昭和42年法律第23号。以下「法」という。）別表第１の課税物件表の課税物件欄に掲げる文書のうち、次の文書に消費税及び地方消費税の金額（以下「消費税額等」という。）が区分記載されている場合又は税込価格及び税抜価格が記載されていることにより、その取引に当たって課されるべき消費税額等が明らかである場合には、消費税額等は記載金額（法別表第１の課税物件表の適用に関する通則４に規定する記載金額をいう。以下同じ。）に含めないものとする。（平16課消３－５、平26課消３－１、令和課消４－55改正）

⑴　第１号文書（不動産の譲渡等に関する契約書）

⑵　第２号文書（請負に関する契約書）

⑶　第17号文書（金銭又は有価証券の受取書）

㈲1　「消費税額等が区分記載されている」とは、その取引に当たって課されるべき消費税額等が具体的に記載されていることをいい、次のいずれもこれに該当することに留意する。

　　イ　請負金額1,100万円

　　　　税抜価格1,000万円　消費税額等100万円

　　ロ　請負金額1,100万円　うち消費税額等100万円

　ハ　請負金額1,000万円　消費税額等100万円　計1,100万円
　2　「税込価格及び税抜価格が記載されていることにより、その取引に当たって課されるべき消費税額等が明らかである」とは、その取引に係る消費税額等を含む金額と消費税額等を含まない金額の両方を具体的に記載していることにより、その取引に当たって課されるべき消費税額等が容易に計算できることをいい、次の場合がこれに該当することに留意する。

　　請負金額1,100万円　税抜価格1,000万円

2　みなし作成の適用

　第19号文書（第1号、第2号、第14号又は第17号に掲げる文書により証されるべき事項を付け込んで証明する目的をもって作成する通帳）又は第20号文書（判取帳）について、法第4条第4項《課税文書の作成とみなす場合》の規定が適用されるかどうかについては、1《契約書等の記載金額》の規定が適用される場合には、消費税額等を含めない金額で判定するものとする。

　なお、消費税額等だけが付け込まれた場合は、同項の規定の適用はないものとする。（平16課消3－5改正）

3　消費税額等のみが記載された金銭又は有価証券の受取書

　消費税額等のみを受領した際に交付する金銭又は有価証券の受取書については、記載金額のない第17号の2文書（売上代金以外の金銭又は有価証券の受取書）とする。

　ただし、当該消費税額等が5万円未満である場合は、非課税文書に該当するものとして取り扱う。（平16課消3－5、平26課消3－1改正）

4　地方消費税が課されない取引

　1から3に規定する文書のうち、その取引に地方消費税が課されないものについては、なお従前の例による。（平16課消3－5改正）

印紙税法　別表第2　非課税法人の表（第5条関係）

名称	根拠法
沖縄振興開発金融公庫	沖縄振興開発金融公庫法（昭和47年法律第31号）
株式会社国際協力銀行	会社法及び株式会社国際協力銀行法（平成23年法律第39号）
株式会社日本政策金融公庫	会社法及び株式会社日本政策金融公庫法（平成19年法律第57号）
株式会社日本貿易保険	会社法及び貿易保険法（昭和25年法律第67号）
漁業信用基金協会	中小漁業融資保証法（昭和27年法律第346号）
軽自動車検査協会	道路運送車両法（昭和26年法律第185号）
広域臨海環境整備センター	広域臨海環境整備センター法（昭和56年法律第76号）
港務局	港湾法（昭和25年法律第218号）
国立大学法人	国立大学法人法（平成15年法律第112号）
市街地再開発組合	都市再開発法（昭和44年法律第38号）
自動車安全運転センター	自動車安全運転センター法（昭和50年法律第57号）
住宅街区整備組合	大都市地域における住宅及び住宅地の供給の促進に関する特別措置法（昭和50年法律第67号）
消防団員等公務災害補償等共済基金	消防団員等公務災害補償等責任共済等に関する法律（昭和31年法律第107号）
信用保証協会	信用保証協会法（昭和28年法律第196号）
大学共同利用機関法人	国立大学法人法
地方公共団体金融機構	地方公共団体金融機構法（平成19年法律第64号）
地方公共団体情報システム機構	地方公共団体情報システム機構法（平成25年法律第29号）
地方公務員災害補償基金	地方公務員災害補償法（昭和42年法律第121号）
地方住宅供給公社	地方住宅供給公社法（昭和40年法律第124号）
地方税共同機構	地方税法（昭和25年法律第226号）
地方道路公社	地方道路公社法（昭和45年法律第82号）
地方独立行政法人	地方独立行政法人法（平成15年法律第118号）
中小企業団体中央会	中小企業等協同組合法（昭和24年法律第181号）

名称	根拠法
独立行政法人（その資本金の額若しくは出資の金額の全部が国若しくは地方公共団体の所有に属しているもの又はこれに類するもののうち、財務大臣が指定をしたものに限る。）	独立行政法人通則法（平成11年法律第103号）及び同法第1条第1項（目的等）に規定する個別法
独立行政法人農林漁業信用基金	独立行政法人農林漁業信用基金法（平成14年法律第128号）
土地開発公社	公有地の拡大の推進に関する法律（昭和47年法律第66号）
土地改良区	土地改良法（昭和24年法律第195号）
土地改良区連合	
土地改良事業団体連合会	
土地区画整理組合	土地区画整理法（昭和29年法律第119号）
日本勤労者住宅協会	日本勤労者住宅協会法（昭和41年法律第133号）
日本下水道事業団	日本下水道事業団法（昭和47年法律第41号）
日本司法支援センター	総合法律支援法（平成16年法律第74号）
日本赤十字社	日本赤十字社法（昭和27年法律第305号）
日本中央競馬会	日本中央競馬会法（昭和29年法律第205号）
日本年金機構	日本年金機構法（平成19年法律第109号）
農業信用基金協会	農業信用保証保険法（昭和36年法律第204号）
防災街区整備事業組合	密集市街地における防災街区の整備の促進に関する法律（平成9年法律第49号）
放送大学学園	放送大学学園法（平成14年法律第156号）

（参考）　印紙税法別表第二独立行政法人の項の規定に基づき、印紙税を
　　　課さない法人を指定する件

平成13年３月15日財務省告示第56号

印紙税法（昭和42年法律第23号）別表第二独立行政法人の項の規定に基づ
き、印紙税を課さない法人を次のように指定する。

別表に掲げる法人
別表（令和４年11月14日現在）

名称	根拠法
国立研究開発法人医薬基盤・健康・栄養研究所	国立研究開発法人医薬基盤・健康・栄養研究所法（平成16年法律第135号）
国立研究開発法人海上・港湾・航空技術研究所	国立研究開発法人海上・港湾・航空技術研究所法（平成11年法律第208号）
国立研究開発法人建築研究所	国立研究開発法人建築研究所法（平成11年法律第206号）
国立研究開発法人国際農林水産業研究センター	国立研究開発法人国際農林水産業研究センター法（平成11年法律第197号）
国立研究開発法人国立環境研究所	国立研究開発法人国立環境研究所法（平成11年法律第216号）
国立研究開発法人国立がん研究センター	高度専門医療に関する研究等を行う国立研究開発法人に関する法律（平成20年法律第93号）
国立研究開発法人国立国際医療研究センター	
国立研究開発法人国立循環器病研究センター	
国立研究開発法人国立成育医療研究センター	
国立研究開発法人国立精神・神経医療研究センター	
国立研究開発法人国立長寿医療研究センター	
国立研究開発法人産業技術総合研究所	国立研究開発法人産業技術総合研究所法（平成11年法律第203号）

名称	根拠法
国立研究開発法人森林研究・整備機構	国立研究開発法人森林研究・整備機構法（平成11年法律第198号）
国立研究開発法人水産研究・教育機構	国立研究開発法人水産研究・教育機構法（平成11年法律第199号）
国立研究開発法人土木研究所	国立研究開発法人土木研究所法（平成11年法律第205号）
国立研究開発法人日本医療研究開発機構	国立研究開発法人日本医療研究開発機構法（平成26年法律第49号）
国立研究開発法人物質・材料研究機構	国立研究開発法人物質・材料研究機構法（平成11年法律第173号）
国立研究開発法人防災科学技術研究所	国立研究開発法人防災科学技術研究所法（平成11年法律第174号）
国立研究開発法人量子科学技術研究開発機構	国立研究開発法人量子科学技術研究開発機構法（平成11年法律第176号）
独立行政法人奄美群島振興開発基金	奄美群島振興開発特別措置法（昭和29年法律第189号）
独立行政法人医薬品医療機器総合機構	独立行政法人医薬品医療機器総合機構法（平成14年法律第192号）
独立行政法人エネルギー・金属鉱物資源機構	独立行政法人エネルギー・金属鉱物資源機構法（平成14年法律第94号）
独立行政法人海技教育機構	独立行政法人海技教育機構法（平成11年法律第214号）
独立行政法人家畜改良センター	独立行政法人家畜改良センター法（平成11年法律第185号）
独立行政法人環境再生保全機構	独立行政法人環境再生保全機構法（平成15年法律第43号）
独立行政法人教職員支援機構	独立行政法人教職員支援機構法（平成12年法律第88号）
独立行政法人空港周辺整備機構	公共用飛行場周辺における航空機騒音による障害の防止等に関する法律（昭和42年法律第110号）
独立行政法人経済産業研究所	独立行政法人経済産業研究所法（平成11年法律第200号）
独立行政法人工業所有権情報・研修館	独立行政法人工業所有権情報・研修館法（平成11年法律第201号）
独立行政法人航空大学校	独立行政法人航空大学校法（平成11年法律第215号）
独立行政法人高齢・障害・求職者雇用支援機構	独立行政法人高齢・障害・求職者雇用支援機構法（平成14年法律第165号）

名称	根拠法
独立行政法人国際観光振興機構	独立行政法人国際観光振興機構法（平成14年法律第181号）
独立行政法人国際協力機構	独立行政法人国際協力機構法（平成14年法律第136号）
独立行政法人国際交流基金	独立行政法人国際交流基金法（平成14年法律第137号）
独立行政法人国民生活センター	独立行政法人国民生活センター法（平成14年法律第123号）
独立行政法人国立印刷局	独立行政法人国立印刷局法（平成14年法律第41号）
独立行政法人国立科学博物館	独立行政法人国立科学博物館法（平成11年法律第172号）
独立行政法人国立高等専門学校機構	独立行政法人国立高等専門学校機構法（平成15年法律第113号）
独立行政法人国立公文書館	国立公文書館法（平成11年法律第79号）
独立行政法人国立重度知的障害者総合施設のぞみの園	独立行政法人国立重度知的障害者総合施設のぞみの園法（平成14年法律第167号）
独立行政法人国立女性教育会館	独立行政法人国立女性教育会館法（平成11年法律第168号）
独立行政法人国立青少年教育振興機構	独立行政法人国立青少年教育振興機構法（平成11年法律第167号）
独立行政法人国立特別支援教育総合研究所	独立行政法人国立特別支援教育総合研究所法（平成11年法律第165号）
独立行政法人国立美術館	独立行政法人国立美術館法（平成11年法律第177号）
独立行政法人国立病院機構	独立行政法人国立病院機構法（平成14年法律第191号）
独立行政法人国立文化財機構	独立行政法人国立文化財機構法（平成11年法律第178号）
独立行政法人自動車技術総合機構	独立行政法人自動車技術総合機構法（平成11年法律第218号）
独立行政法人住宅金融支援機構	独立行政法人住宅金融支援機構法（平成17年法律第82号）
独立行政法人酒類総合研究所	独立行政法人酒類総合研究所法（平成11年法律第百64号）
独立行政法人製品評価技術基盤機構	独立行政法人製品評価技術基盤機構法（平成11年法律第204号）
独立行政法人造幣局	独立行政法人造幣局法（平成14年法律第40号）
独立行政法人大学改革支援・学位授与機構	独立行政法人大学改革支援・学位授与機構法（平成15年法律第114号）
独立行政法人大学入試センター	独立行政法人大学入試センター法（平成11年法律第166号）

名称	根拠法
独立行政法人地域医療機能推進機構	独立行政法人地域医療機能推進機構法（平成17年法律第71号）
独立行政法人駐留軍等労働者労務管理機構	独立行政法人駐留軍等労働者労務管理機構法（平成11年法律第217号）
独立行政法人鉄道建設・運輸施設整備支援機構	独立行政法人鉄道建設・運輸施設整備支援機構法（平成14年法律第180号）
独立行政法人統計センター	独立行政法人統計センター法（平成11年法律第219号）
独立行政法人都市再生機構	独立行政法人都市再生機構法（平成15年法律第100号）
独立行政法人日本学術振興会	独立行政法人日本学術振興会法（平成14年法律第159号）
独立行政法人日本芸術文化振興会	独立行政法人日本芸術文化振興会法（平成14年法律第163号）
独立行政法人日本高速道路保有・債務返済機構	独立行政法人日本高速道路保有・債務返済機構法（平成16年法律第100号）
独立行政法人日本スポーツ振興センター	独立行政法人日本スポーツ振興センター法（平成14年法律第162号）
独立行政法人日本貿易振興機構	独立行政法人日本貿易振興機構法（平成14年法律第172号）
独立行政法人農畜産業振興機構	独立行政法人農畜産業振興機構法（平成14年法律第126号）
独立行政法人農林水産消費安全技術センター	独立行政法人農林水産消費安全技術センター法（平成11年法律第183号）
独立行政法人福祉医療機構	独立行政法人福祉医療機構法（平成14年法律第166号）
独立行政法人北方領土問題対策協会	独立行政法人北方領土問題対策協会法（平成14年法律第132号）
独立行政法人水資源機構	独立行政法人水資源機構法（平成14年法律第182号）
独立行政法人郵便貯金簡易生命保険管理・郵便局ネットワーク支援機構	独立行政法人郵便貯金簡易生命保険管理・郵便局ネットワーク支援機構法（平成17年法律第101号）
独立行政法人労働者健康安全機構	独立行政法人労働者健康安全機構法（平成14年法律第171号）
独立行政法人労働政策研究・研修機構	独立行政法人労働政策研究・研修機構法（平成14年法律第169号）
年金積立金管理運用独立行政法人	年金積立金管理運用独立行政法人法（平成16年法律第105号）

印紙税法　別表第3　非課税文書の表（第5条関係）

文書名	作成者
国庫金又は地方公共団体の公金の取扱いに関する文書	日本銀行その他法令の規定に基づき国庫金又は地方公共団体の公金の取扱いをする者
清酒製造業等の安定に関する特別措置法（昭和45年法律第77号）第3条第1項第1号（中央会の事業の範囲の特例）の事業に関する文書	同法第2条第3項（定義）に規定する中央会
独立行政法人中小企業基盤整備機構法（平成14年法律第147号）第15条第1項第1号から第4号まで、第5号ロ及びハ、第6号、第8号（中心市街地の活性化に関する法律（平成10年法律第92号）第39条第1項の規定による特定の地域における施設の整備等の業務に限る。）、第11号、第13号、第16号並びに第17号（業務の範囲）に掲げる業務並びに独立行政法人中小企業基盤整備機構法第15条第2項の業務（同項第7号に掲げる業務を除く。）並びに同法附則第8条（旧繊維法に係る業務の特例）、第8条の2第1項（旧新事業創出促進法に係る業務の特例）及び第8条の4第1項（旧特定産業集積活性化法に係る業務の特例）の業務並びに同法附則第8条の8第1号及び第2号（改正前中小強化法等に係る業務の特例）に掲げる業務に関する文書	独立行政法人中小企業基盤整備機構
国立研究開発法人情報通信研究機構法（平成11年法律第162号）第14条第1項第1号から第8号まで（業務の範囲）の業務及び特定通信・放送開発事業実施円滑化法（平成2年法律第35号）第6条第1項第1号（機構による特定通信・放送開発事業の推進）の業務に関する文書	国立研究開発法人情報通信研究機構
日本私立学校振興・共済事業団法（平成9年法律第48号）第23条第1項第2号（業務）の業務に関する文書	日本私立学校振興・共済事業団
国立研究開発法人宇宙航空研究開発機構法（平成14年法律第161号）第18条第1項第1号、第2号及び第9号（業務の範囲等）の業務に関する文書	国立研究開発法人宇宙航空研究開発機構
国立研究開発法人農業・食品産業技術総合研究機構法（平成11年法律第192号）第14条第1項第1号から第4号まで及び第2項から第4項まで（業務の範囲）の業務（同法第15条第2項（区分経理）に掲げる業務に該当するものを除く。）に関する文書	国立研究開発法人農業・食品産業技術総合研究機構

文書名	作成者
情報処理の促進に関する法律（昭和45年法律第90号）第43条第1項第3号及び第4号（業務の範囲等）の業務に関する文書	独立行政法人情報処理推進機構
国立研究開発法人海洋研究開発機構法（平成15年法律第95号）第17条第3号（業務の範囲）の業務に関する文書	国立研究開発法人海洋研究開発機構
外国人の技能実習の適正な実施及び技能実習生の保護に関する法律（平成28年法律第89号）第87条第1号及び第6号（同条第1号の業務に係る業務に限る。）（業務の範囲）の業務に関する文書	外国人技能実習機構
独立行政法人日本学生支援機構法（平成15年法律第94号）第13条第1項第1号（業務の範囲）に規定する学資の貸与に係る業務に関する文書	独立行政法人日本学生支援機構、独立行政法人日本学生支援機構の業務の委託を受ける者又は当該業務に係る学資の貸与を受ける者
社会福祉法（昭和26年法律第45号）第2条第2項第7号（定義）に規定する生計困難者に対して無利子又は低利で資金を融通する事業による貸付金に関する文書	社会福祉法人その他当該資金を融通する者又は当該資金の融通を受ける者
船員保険法（昭和14年法律第73号）又は国民健康保険法（昭和33年法律第192号）に定める資金の貸付けに関する文書のうち政令で定めるもの	当該資金の貸付けを受ける者
公衆衛生修学資金貸与法（昭和32年法律第65号）に定める公衆衛生修学資金の貸与に係る消費貸借に関する契約書	当該修学資金の貸与を受ける者
矯正医官修学資金貸与法（昭和36年法律第23号）に定める矯正医官修学資金の貸与に係る消費貸借に関する契約書	当該修学資金の貸与を受ける者
母子及び父子並びに寡婦福祉法（昭和39年法律第129号）に定める資金の貸付けに関する文書	当該資金の貸付けを受ける者
独立行政法人自動車事故対策機構法（平成14年法律第183号）第13条第5号及び第6号（業務の範囲）に規定する資金の貸付けに関する文書	独立行政法人自動車事故対策機構又は当該資金の貸付けを受ける者

文書名	作成者
私立学校教職員共済法（昭和28年法律第245号）第26条第1項第3号（福祉事業）の貸付け並びに同項第4号及び第5号（福祉事業）の事業に関する文書	日本私立学校振興・共済事業団又は同法第14条第1項（加入者）に規定する加入者
国家公務員共済組合法（昭和33年法律第128号）第98条第1項第3号（福祉事業）の貸付け並びに同項第4号及び第5号（福祉事業）の事業に関する文書	国家公務員共済組合、国家公務員共済組合連合会又は国家公務員共済組合の組合員
地方公務員等共済組合法（昭和37年法律第152号）第112条第1項第2号（福祉事業）の貸付け並びに同項第3号及び第4号（福祉事業）の事業に関する文書	地方公務員共済組合、全国市町村職員共済組合連合会又は地方公務員共済組合の組合員
社会保険診療報酬支払基金法（昭和23年法律第129号）に定める診療報酬の支払及び診療報酬請求書の審査に関する文書	社会保険診療報酬支払基金又は同法第1条（目的）に規定する保険者
自動車損害賠償保障法（昭和30年法律第97号）に定める自動車損害賠償責任保険に関する保険証券若しくは保険料受取書又は同法に定める自動車損害賠償責任共済に関する共済掛金受取書	保険会社又は同法第6条第2項に規定する組合
国民健康保険法に定める国民健康保険の業務運営に関する文書	国民健康保険組合又は国民健康保険団体連合会
高齢者の医療の確保に関する法律（昭和57年法律第80号）第139条第1項各号（支払基金の業務）に掲げる業務、同法附則第11条第1項（病床転換助成事業に係る支払基金の業務）に規定する業務、国民健康保険法附則第17条各号（支払基金の業務）に掲げる業務及び介護保険法（平成9年法律第123号）第160条第1項各号（支払基金の業務）に掲げる業務に関する文書	社会保険診療報酬支払基金
国民年金法（昭和34年法律第141号）第128条第1項（基金の業務）又は第137条の15第1項（連合会の業務）に規定する給付及び同条第2項第1号（連合会の業務）に掲げる事業並びに確定拠出年金法（平成13年法律第88号）第73条（企業型年金に係る規定の準用）において準用する同法第33条第3項（支給要件）、第37条第3項（支給要件）及び第40条（支給要件）に規定する給付に関する文書	国民年金基金又は国民年金基金連合会

文書名	作成者
中小企業退職金共済法（昭和34年法律第160号）第７条第３項（退職金共済手帳の交付）の退職金共済手帳又は同法第70条第１項（業務の範囲）に規定する業務のうち、同法第44条第４項（掛金）に規定する退職金共済証紙の受払いに関する業務に係る金銭の受取書	同法第２条第６項（定義）に規定する共済契約者又は同法第72条第１項（業務の委託）の規定に基づき、独立行政法人勤労者退職金共済機構から退職金共済証紙の受払いに関する業務の委託を受けた金融機関
漁業災害補償法（昭和39年法律第158号）第101条第１項（事務の委託）に規定する事務の委託に関する文書又は同法第196条の３第１号（業務）に定める資金の貸付け若しくは同条第２号（業務）に定める債務の保証に係る消費貸借に関する契約書（漁業共済組合又は漁業共済組合連合会が保存するものを除く。）	漁業共済組合若しくはその組合員又は漁業共済組合連合会
労働保険の保険料の徴収等に関する法律（昭和44年法律第84号）に定める労働保険料その他の徴収金に係る還付金の受取書又は同法第33条第１項（労働保険事務組合）の規定による労働保険事務の委託に関する文書	同法の規定による事業主又は同法第33条第３項に規定する労働保険事務組合
独立行政法人農業者年金基金法（平成14年法律第127号）第９条第１号（業務の範囲）に掲げる農業者年金事業に関する文書又は同法附則第６条第１項第１号（業務の特例）に規定する給付に関する文書	独立行政法人農業者年金基金又は同法第10条第１項第２号（業務の委託）に規定する農業協同組合
児童福祉法（昭和22年法律第164号）第56条の５の２（連合会の業務）の規定による業務、高齢者の医療の確保に関する法律第155条第１項（国保連合会の業務）の規定による業務、介護保険法第176条第１項第１号及び第２号並びに第２項第３号（連合会の業務）に掲げる業務並びに障害者の日常生活及び社会生活を総合的に支援するための法律（平成17年法律第123号）第96条の２（連合会の業務）の規定による業務に関する文書	国民健康保険団体連合会
確定給付企業年金法（平成13年法律第50号）第30条第３項（裁定）に規定する給付又は同法第91条の18第４項第１号（連合会の業務）に掲げる事業及び同法第91条の23第２項（裁定）に規定する給付に関する文書	企業年金基金又は企業年金連合会

基本通達別表第1　課税物件、課税標準及び税率の取扱い

非課税文書

> 非課税法人の表、非課税文書の表及び特別法の非課税関係

（非課税法人の範囲）

1　非課税法人の表の非課税法人には、当該非課税法人の業務の委託を受けた者は、含まないのであるから留意する。

（国庫金の取扱いに関する文書の意義等）

2　非課税文書の表の「国庫金の取扱いに関する文書」とは、日本銀行国庫金取扱規程（昭和22年大蔵省令第93号）の規定に基づき、日本銀行（本店、支店及び代理店）が国庫金の出納に関して作成する文書をいい、国庫金とは、単に国の所有に属する現金だけではなく、保管金等政府の保管に属する現金を含む。

　なお、国庫金の取扱いを行うことについての日本銀行と金融機関との間の契約書は、国庫金の取扱いに関する文書として取り扱う。

㊟　法令の規定に基づき、国税や国民年金保険料等（以下この項において「国税等」という。）の納付を受託することについて指定を受けている者（以下この項において「納付受託者」という。）が、国税等の納付を当該納付受託者に委託しようとする者（以下この項において「委託者」という。）から国税等の額に相当する金銭の交付を受けたときに、当該納付受託者が当該委託者に対して交付する金銭の受取書は、国庫金の取扱いに関する文書に含まれる。（平19課消3－47追加）

（公金の取扱いに関する文書の意義等）

3　非課税文書の表の「公金の取扱いに関する文書」とは、地方自治法の規定に基づく指定金融機関、指定代理金融機関、収納代理金融機関等が公金の出納に関して作成する文書をいい、公金とは、単に地方公共団体の所有に属する現金だけではなく、保管金等地方公共団体の保管に属する現金を含む。

　　なお、公金の取扱いを行うことについての地方公共団体と金融機関等との間の契約書は、公金の取扱いに関する文書として取り扱う。

㊟　法令の規定に基づき、地方公共団体から地方税や水道料金等（以下この項において「地方税等」という。）の収納の事務の委託を受けた者（以下この項において「受託者」という。）が、地方税等を納付しようとする者（以下この項において「支払者」という。）から、地方税等の交付を受けたときに、当該受託者が当該支払者に対して交付する金銭の受取書は、公金の取扱いに関する文書に含まれる。（平19課消3−47追加）

（独立行政法人日本学生支援機構法第13条第1項第1号に規定する学資の貸与に係る業務に関する文書の範囲）

4　非課税文書の表の「独立行政法人日本学生支援機構法（平成15年法律第94号）13条第1項第1号《業務の範囲》に規定する学資の貸与に係る業務に関する文書」とは、独立行政法人日本学生支援機構の行う学資の貸与に関する文書に限られるのであって、都道府県、市町村等が高等学校、大学等の生徒、学生等を対象として育英資金を貸し付ける場合に作成する文書を含まない。

㊟　都道府県、市町村等が高等学校、大学等の生徒、学生に対して無利息で学資資金を貸し付ける場合に作成する第1号の3文書（消費貸借に関する契約書）に該当する文書については、租税特別措置法（昭和32年法律第26号）第91条の3《都道府県が行う高等学校の生徒に対する学資としての資金の貸付けに係る消費貸借契約書等の印紙税の非課税》の規定の適用がある場合には、当該規定に定めるところによるのであるから留意する。（平17課消3−14、平28課消3−11、平30課消4−19改正）

（婦人更生資金の貸付けに関する文書）

5　地方公共団体が、売春防止法（昭和31年法律第118号）第34条《婦人相談所》第3項に規定する要保護女子に対して、婦人更生資金を貸し付ける場合に作成する文書は、非課税文書の表の「社会福祉法（昭和26年法律第45号）第2条第2項第7号《定義》に規定する生計困難者に対して無利子又は低利で資金を融通する事業による貸付金に関する文書」として取り扱う。（平13課消3−12、平31課消4−17改正）

（日本私立学校振興・共済事業団等がその組合員に対して住宅貸付けを
　行う場合に作成する文書）

6　日本私立学校振興・共済事業団、国家公務員共済組合、国家公務員共
　済組合連合会、地方公務員共済組合又は全国市町村職員共済組合連合会
　が、当該組合等の組合員等に対して住宅貸付けを行う場合に作成する金
　銭消費貸借契約公正証書は、非課税文書の表の「私立学校教職員共済組
　合法（昭和28年法律第245号）第26条第1項第3号《福祉事業》、国家公務
　員共済組合法（昭和33年法律第128号）第98条第3号《福祉事業》又は地方
　公務員等共済組合法（昭和37年法律第152号）第112条第1項第2号《福祉
　事業》の貸付けに関する文書」として取り扱う。（昭59間消3－24、平元間
　消3－15、平13課消3－12、平14課消3－7改正）

（金融機関等が作成する自動車損害賠償責任保険に関する保険料受取書）

7　自動車損害賠償保障法（昭和30年法律第97号）に定める自動車損害賠償
　責任保険の保険者（以下「保険会社」という。）の代理店及び保険料収納
　取扱者として当該保険会社の指定金融機関が、自動車損害賠償責任保険
　に関して作成する保険料受取書は、非課税文書に該当しない。

（国民健康保険の業務運営に関する文書の範囲）

8　非課税文書の表の「国民健康保険法に定める国民健康保険の業務運営
　に関する文書」には、国民健康保険組合又は国民健康保険組合連合会の
　所有する不動産を譲渡する場合の契約書等を含まない。（平元間消3－15、
　平13課消3－12改正）

（健康保険に関する書類の範囲）

9　健康保険法（大正11年法律第70号）第195条《印紙税の非課税》に規定す
　る「健康保険に関する書類」には、保険施設事業の実施に関する文書、
　同法第150条に規定する事業の施設の用に供する不動産等の取得等に関
　する文書及び組合又は連合会の事務所等の用に供するための不動産の取
　得等に関する文書を含まない。（平元間消3－15、平15課消3－6改正）

（農業保険に関する書類の意義等）

10　農業保険法（昭和22年法律第185号）第9条《印紙税の非課税》に規定する「農業保険に関する書類」とは、農業共済組合若しくは農業共済組合連合会又は市町村（特別区を含む。）の行う農業共済事業若しくは農業共済責任保険事業又は農業経営収入保険事業及び政府の行う再保険事業又は保険事業に直接関係する文書をいう（平元間消3－15、平31課消4－17改正）

（納税貯蓄組合の業務に関する書類の意義等）

11　納税貯蓄組合法（昭和26年法律第145号）第9条《印紙税の非課税》に規定する「納税貯蓄組合の業務に関する書類」とは、納税貯蓄組合又は納税貯蓄組合連合会が、租税の容易かつ確実な納付に資するために行う業務に直接関係する文書をいう。（平元間消3－15改正）

（漁船損害等補償に関する書類の意義）

12　漁船損害等補償法（昭和27年法律第28号）第10条《印紙税の非課税》に規定する「漁船損害等補償に関する書類」とは、漁船船主責任保険事業又は漁船積荷保険事業及び政府の行う再保険事業に関する文書をいう。（平29課消4－7改正）

（額面株式の株券の無効手続に伴い作成する株券の届出）

13　商法等の一部を改正する等の法律の施行に伴う関係法律の整備に関する法律（平成13年法律第80号。以下「商法等整備法」という。）第48条第2項《印紙税法の一部改正等に伴う経過措置》の規定の適用を受けようとする場合における額面株式の株券の無効手続に伴い作成する株券に係る印紙税の非課税に関する省令（平成13年財務省令第56号）第1項に規定する届出書の様式は、別表第3に定めるところによる。

　　なお、商法等整備法第48条第2項に規定する「当該株券を発行しようとする場所」の判定にあたっては、第80条の規定を準用することとして差し支えない。（平13課消3－47追加）

建築業法第2条（定義）第1項

　この法律において「建設工事」とは、土木建築に関する工事で別表第一の上欄（筆者注：下の表の左側です。）に掲げるものをいう。

土木一式工事	土木工事業
建築一式工事	建築工事業
大工工事	大工工事業
左官工事	左官工事業
とび・土工・コンクリート工事	とび・土工工事業
石工事	石工事業
屋根工事	屋根工事業
電気工事	電気工事業
管工事	管工事業
タイル・れんが・ブロック工事	タイル・れんが・ブロック工事業
鋼構造物工事	鋼構造物工事業
鉄筋工事	鉄筋工事業
舗装工事	舗装工事業
しゅんせつ工事	しゅんせつ工事業
板金工事	板金工事業
ガラス工事	ガラス工事業
塗装工事	塗装工事業
防水工事	防水工事業
内装仕上工事	内装仕上工事業
機械器具設置工事	機械器具設置工事業
熱絶縁工事	熱絶縁工事業
電気通信工事	電気通信工事業
造園工事	造園工事業
さく井工事	さく井工事業
建具工事	建具工事業
水道施設工事	水道施設工事業

消防施設工事	消防施設工事業
清掃施設工事	清掃施設工事業
解体工事	解体工事業

建設業法第2条第1項の別表の上欄に掲げる建設工事の内容

昭和47年建設省告示第350号

最終改正　平成29年国土交通省告示第1022号

　最終改正建設業法（昭和24年法律第100号）第2条第1項の別表の上欄に掲げる建設工事の内容を次のとおり告示する。ただし、その効力は昭和47年4月1日から生ずるものとする。

建設工事の種類	建設工事の内容
土木一式工事	総合的な企画、指導、調整のもとに土木工作物を建設する工事（補修、改造又は解体する工事を含む。以下同じ。）
建築一式工事	総合的な企画、指導、調整のもとに建築物を建設する工事
大工工事	木材の加工又は取付けにより工作物を築造し、又は工作物に木製設備を取付ける工事
左官工事	工作物に壁土、モルタル、漆くい、プラスター、繊維等をこて塗り、吹付け、又ははり付ける工事
とび・土工・コンクリート工事	イ　足場の組立て、機械器具・建設資材等の重量物の運搬配置、鉄骨等の組立て等を行う工事 ロ　くい打ち、くい抜き及び場所打ちぐいを行う工事 ハ　土砂等の掘削、盛上げ、締固め等を行う工事 ニ　コンクリートにより工作物を築造する工事 ホ　その他基礎的ないしは準備的工事
石工事	石材（石材に類似のコンクリートブロック及び擬石を含む。）の加工又は積方により工作物を築造し、又は工作物に石材を取付ける工事
屋根工事	瓦、スレート、金属薄板等により屋根をふく工事
電気工事	発電設備、変電設備、送配電設備、構内電気設備等設置する工事
管工事	冷暖房、冷凍冷蔵、空気調和、給排水、衛生等のための設備を設置し、又は金属製等の管を使用して水、油、ガス、水蒸気等を送配するための設備を設置する工事
タイル・れんが・ブロック工事	れんが、コンクリートブロック等により工作物を築造し、又は工作物にれんが、コンクリートブロック、タイル等を取付け、又ははり付ける工事

鋼構造物工事	形鋼、鋼板等の鋼材の加工又は組立てにより工作物を築造する工事
鉄筋工事	棒鋼等の鋼材を加工し、接合し、又は組立てる工事
舗装工事	道路等の地盤面をアスファルト、コンクリート、砂、砂利、砕石等により舗装する工事
しゅんせつ工事	河川、港湾等の水底をしゅんせつする工事
板金工事	金属薄板等を加工して工作物に取付け、又は工作物に金属製等の付属物を取付ける工事
ガラス工事	工作物にガラスを加工して取付ける工事
塗装工事	塗料、塗材等を工作物に吹付け、塗付け、又ははり付ける工事
防水工事	アスファルト、モルタル、シーリング材等によって防水を行う工事
内装仕上工事	木材、石膏ボード、吸音板、壁紙、たたみ、ビニール床タイル、カーペット、ふすま等を用いて建築物の内装仕上げを行う工事
機械器具設置工事	機械器具の組立て等により工作物を建設し、又は工作物に機械器具を取付ける工事
熱絶縁工事	工作物又は工作物の設備を熱絶縁する工事
電気通信工事	有線電気通信設備、無線電気通信設備、ネットワーク設備、情報設備、放送機械設備等の電気通信設備を設置する工事
造園工事	整地、樹木の植栽、景石のすえ付け等により庭園、公園、緑地等の苑地を築造し、道路、建築物等の屋上等を緑化し、又は植生を復元する工事
さく井工事	さく井機械等を用いてさく孔、さく井を行う工事又はこれらの工事に伴う揚水設備設置等を行う工事
建具工事	工作物に木製又は金属製の建具等を取付ける工事
水道施設工事	上水道、工業用水道等のための取水、浄水、配水等の施設を築造する工事又は公共下水道若しくは流域下水道の処理設備を設置する工事
消防施設工事	火災警報設備、消火設備、避難設備若しくは消火活動に必要な設備を設置し、又は工作物に取付ける工事
清掃施設工事	し尿処理施設又はごみ処理施設を設置する工事
解体工事	工作物の解体を行う工事

365

【著者紹介】

内川　毅彦（うちかわ　たけひこ）

税理士、司法書士
関西大学法学部法律学科卒
国税庁課税部諸税第一係長、大阪国税局課税第 2 部消費税課課長補佐、
大阪国税局総務部税務相談室相談官、大阪国税不服審判所副審判官などを
経て平成28年 3 月退職
平成29年 4 月　福井県立大学 経済学部経営学科、同大学院 教授
現在、福井県立大学 経済学部経営学科、同大学院 特任教授（令和 3 年 4 月〜）

【二訂版】
フローチャート**印紙税** ―図解による印紙税課否判定―

令和 5 年 12 月 19 日　印刷
令和 5 年 12 月 25 日　発行

著　者　　内川　毅彦
発行者　　鎌田　順雄

発行所　**法令出版株式会社**
〒 162-0822
東京都新宿区下宮比町 2 − 28 − 1114
TEL03（6265）0826 FAX03（6265）0827
http://e-hourei.com

乱丁・落丁はお取替えします。**禁無断転載**　　　　印　刷：モリモト印刷㈱
ISBN978-4-909600-42-4　C3033